国家社会科学基金教育学一般课题：
深度学习视角下课堂话语互动的分析与改进研究
（BHA190157）的研究成果

深度学习视角下的
课堂话语互动研究

张光陆◎著

Research on
Classroom Discourse Interaction
from the Perspective of Deep Learning

浙江大学出版社
·杭州·

图书在版编目（CIP）数据

深度学习视角下的课堂话语互动研究/张光陆著.
杭州：浙江大学出版社，2024.10. -- ISBN 978-7-308-25479-3

Ⅰ.G424.21

中国国家版本馆CIP数据核字第2024C6602K号

深度学习视角下的课堂话语互动研究

张光陆　著

策划编辑	吴伟伟
责任编辑	宁　檬
责任校对	陈逸行
封面设计	雷建军
出版发行	浙江大学出版社
	（杭州市天目山路148号　邮政编码310007）
	（网址：http://www.zjupress.com）
排　　版	杭州晨特广告有限公司
印　　刷	广东虎彩云印刷有限公司绍兴分公司
开　　本	710mm×1000mm　1/16
印　　张	18.5
字　　数	258千
版 印 次	2024年10月第1版　2024年10月第1次印刷
书　　号	ISBN 978-7-308-25479-3
定　　价	88.00元

版权所有　侵权必究　印装差错　负责调换

浙江大学出版社市场运营中心联系方式：0571-88925591；http://zjdxcbs.tmall.com

目 录

导　论 ··· 1

第一章
深度学习视角下课堂话语互动研究的历史考察

第一节　课堂话语互动与学习关系的量化研究 ················13
第二节　课堂话语互动与学习关系的质性分析 ················19

第二章
理论基础

第一节　维果茨基的社会文化理论与话语互动观 ············28
第二节　巴赫金的话语理论与话语互动观 ························35
第三节　弗莱雷的对话理论与话语互动观 ························41
第四节　伽达默尔的解释学思想与对话观 ························44

第三章
深度学习视角下的课堂话语互动：内涵、特征与价值

第一节　深度学习视角下的课堂话语互动：内涵与特征 ·········50
第二节　深度学习视角下课堂话语互动的价值：促进学生核心素养的养成
　　　　···68

第四章
深度学习视角下课堂话语互动的主要类型

第一节　探究式话语互动 …………………………………………78
第二节　支架式话语互动 …………………………………………84
第三节　争论式话语互动 …………………………………………89
第四节　会话式话语互动 …………………………………………94

第五章
深度学习视角下课堂话语互动分析

第一节　探究式话语互动对学生深度学习的影响：基于课堂话语分析
　　　　………………………………………………………………101
第二节　课堂争论对学生学习的影响：基于交互论证分析 …………113
第三节　课堂话语互动对学生深度学习的影响：基于对论证与争论
　　　　的分析与比较 ……………………………………………126
第四节　支架式话语互动对学生深度学习的影响：以英语阅读教学为例
　　　　………………………………………………………………133
第五节　深度学习视角下课堂话语互动分析框架的构建与实施
　　　　——基于对"教育对话分析框架"的评析 ………………154

第六章
深度学习视角下课堂话语互动的改进

第一节　深度学习视角下课堂话语互动的现存问题与改进对策 ……177
第二节　深度学习视角下课堂话语互动基本规则的改进 …………187
第三节　深度学习视角下课堂话语互动结构的改进 ………………195
第四节　深度学习视角下课堂话语互动能力的内涵与提升 …………203

第五节 促进课堂话语互动的教师身份的构建 …………………235
第六节 深度学习视角下课堂话语互动的改进
　　　——英国"共同思考项目"的实践经验与启示 …………252

参考文献 ………………………………………………………… 265
附　录 ………………………………………………………… 285
后　记 ………………………………………………………… 289

导　论

一、研究背景

毫无疑问,学习样态、学习方式和社会发展密切相关。当今世界社会发展呈现四大主要特征:其一,数字化。如今信息通信技术以及社交媒体快速发展,且它们在人们日常生活中的作用不断凸显,这对我们的学习提出了新要求。一个简单的例子就是过去我们只要了解、知晓传统媒介中的信息就够了,可是在自媒体环境下,仅仅了解、知晓某种信息是不够的,更为重要的是判断该信息的真伪,这就离不开批判性思维。其二,知识社会。不同于农业社会和工业社会,在知识社会中,最有价值的东西是新知识、新想法、新观点等,创新能力被视为最重要的能力之一,所以仅靠机械记忆学习是难以适应知识社会要求的。其三,全球化。近年来,虽然全球化在许多国家受到挑战和批判,但不容否认的是,全球化趋势仍是当今世界发展的重要趋势之一,我们一方面享受全球化带来的经济繁荣和财富,另一方面也需要应对全球化市场的竞争以及思考人类共同面对的问题和困境,如环境问题,这就要求我们不但要具有开放意识、终身学习的能力与意识,而且还要具有世界公民的身份认同。其四,多元文化主义。基于科学技术发展和移民趋向,人们经常要面对多元的甚至相互冲突的声音和世界观,这就意味着我们要学会倾听、包容不同的声音和观点,尤其要学会与异民族、异文化的人们交往与合作。由此可见,在21世纪的教育中,包括批判性思维、问题解决、知识创造与革新、自主决策在内的个体思维能力和包括交流与合作在内的人际思维能力等,普遍被视为重要的能力或技能,这些能力或技能的习得、培养和发展离不开深度学习。传统的以既定事实和程序的传递为主要特征的仅仅关注认知层面的简单学习难以应对当今社会发展的新挑战,在当今的学校里,尤其要重视对学生的交际和合作技能、知识创造能力的培养,这需要深度学习。深度学习的重要性显而易见,深度学习有助于问题解决、知识创造和人际交往与合作。

另外,国内的教育改革与社会发展也提升了深度学习的必要性。2014年,教育部基础教育课程教材发展中心在全国多个实验区开展了"'深度学习'教学改进"项目研究。学习型社会要求学习者从大量的信息中获得所需信息,形成理解并且能自主构建个人知识体系,同时能够把知识有效迁移运用到实际情境中,即要求学习者具备深度学习的能力。2016年9月,《中国学生发展核心素养》框架正式颁布,学生发展核心素养的落实已经成为世界多国基础教育改革的重要任务,深度学习正是学生发展核心素养落实的必然途径。2021年7月,中共中央办公厅、国务院办公厅印发的《关于进一步减轻义务教育阶段学生作业负担和校外培训负担的意见》明确提出要"提升课堂教学质量,优化教学方式,应教尽教,确保学生在校内学足学好"。"一方面,学校要积极推进课堂教学改革,凸显学生的学习主体地位;另一方面,教师要深入开展学科探究教学活动,培养学生融会贯通和问题解决的能力。"[1]这就意味着"双减"政策的有效执行离不开课堂教学质量的提升,因此,需要构建探究式课堂,需要培养学生融会贯通和解决问题的能力,需要提升学生课堂学习的深度与高度。深度学习超越了对单纯的基础知识与基本技能的掌握,强调在不断变化的情境中通过不断反思提升学习者的高阶思维能力、品行修养,这与"双减"政策的精神和目的是一致的。

课堂中的教与学离不开语言。在课堂中,我们正是通过语言获得新知识,习得和发展新技能,澄清和理解问题,清除交流中的障碍,建立和维持人际关系等。产生于20世纪70年代的社会构建主义学习观从一开始就关注学生高阶思维的发展,认为话语是思维和交往的核心媒介,高

---

[1] 刘钧燕.家庭校外培训需求动因及对落实"双减"政策的启示[J].全球教育展望,2021(11):85-98.

阶思维是话语互动的内化,通过考察人们在参与学习活动时的话语互动,就能够考察思维进程,[①]将深度学习与话语互动辩证地联系在一起。"话语互动是课堂中最重要的事情。"[②]课堂教学离不开师生话语互动,但是当我们不管是作为教师还是学生反思自己参与其中的课堂教学时,我们很快就会意识到课堂话语互动是非常复杂的。要想成为高效的教师,不仅仅需要理解课堂话语互动,而且需要改进它。

在课堂话语互动的快速流动中,理解正在发生的所有事情是很困难的,这是因为话语互动不仅很迅速,有多个人参与其中,而且有多个焦点。使用中的话语可能同时发挥多个功能:寻求信息、检验学习效果、提供建议或支架等。沃尔什(Walsh)考虑到话语互动的复杂性及其在教与学中发挥的核心作用,指出"任何意图改善课堂教与学的努力都应从观察课堂话语互动开始"[③]。多项研究表明,师生以及生生之间的话语互动能够有效促进学生的认知发展和学习,也有研究表明虽然新课程改革以来,我国课堂话语互动的数量和质量都有了较大提升,但是毋庸讳言,我国目前诸多课堂话语互动更多发挥了寻求信息、检验学习效果以及课堂组织功能,而较少发挥支架功能,较少有效促进学生的高阶思维发展和人际交往。一方面,经过多年的课程与教学改革,在我国的中小学课堂中,话语互动的频率与深度都有了较大提升,但是课堂话语互动的主导结构依然是教师提问(initiation)—学生回应(response)—教师反馈(feedback)或评价(evaluation)的IRF(E)结构。根据笔者的调查,在大多数的中小学课堂中这一结构占比高达70%。在这一结构中,教师作为课堂话语互动的协调者和组织者,不仅所提出的问题以封闭性问题为主,而且仅仅为学生提供简短回答问题的机会,主要在于检验学生的学习效果。另一方面,虽然教师提供了更多的机会让学生进行小组讨论和交流,但是在生生话语互动中,学生较少通过合作解决问题,平等且深入的

[①] Vygotsky L S. Mind in Society: The Development of Higher Psychological Processes[M]. Cambridge: Harvard University Press, 1978: 28.
[②] Van Lier L. Interaction in the Language Curriculum: Awareness, Autonomy & Authenticity[M]. New York: Addison Wesley Longman Ltd., 1996: 2.
[③] Walsh S. Exploring Classroom Discourse: Language in Action[M]. London: Routledge, 2011: 2.

讨论也较为少见,学生仅仅在小组中学习,而较少作为一个小组而学习,小组话语互动的质量有待进一步提升。为提升课堂话语互动质量,促进学生高阶思维发展、人际交往和自我理解,近年来课堂话语互动已经成为西方学习科学等领域的研究热点,但是在我国的课堂语境下,相关研究尚不多见。基于此,本书将聚焦深度学习视角下的课堂话语互动。

二、研究目的与价值

(一)研究目的

其一,通过分析课堂话语互动,揭示当前课堂话语互动现状及其对深度学习的影响;其二,通过行动研究,提出改进课堂话语互动的策略;其三,通过改进课堂话语互动,促进学生的深度学习。

(二)研究价值

1.学术价值

其一,虽然深度学习研究已经成为目前我国基础教育研究中的热点,但是对课堂话语互动进行实证性考察,直接收集和分析师生话语的研究在国内尚不多见。

其二,传统的课堂话语互动研究多数是分别从教师话语和学生话语角度展开的,缺乏对课堂互动话语真实情境的观照,并且明显侧重于教师话语研究。本书将更侧重于研究实时的课堂话语互动与深度学习的关系。

其三,传统的课堂话语互动研究重分析,轻改进,本书将分析与改进结合,既阐释课堂话语互动对于深度学习的影响,又通过行动研究提出改进课堂话语互动的策略,更好地促进深度学习。

2.应用价值

其一,本研究在对目前课堂话语互动的结构、规则以及环境等进行分析的基础之上,通过行动研究,提出改进课堂话语互动的对策,从而提高课堂话语互动质量。

其二,本研究通过话语分析追踪实时的话语互动和学习,而且基于实证研究提出改进话语互动结构和环境的对策,从而促进学生的深度学习。

其三,本研究将有助于学生发展核心素养的落实。深度学习是学生发展核心素养落实的过程与途径。

三、核心概念界定

(一)深度学习的内涵:发展与界定

自20世纪70年代深度学习概念被提出之后,其内涵发展经历了两次重大转变。

其一,从重视个体的自我构建转向了更加强调互动在高阶思维发展中的作用。早期的深度学习研究主要解释个体如何通过认知的自我构建,来促进高阶思维发展,深度学习被视为浅层学习的对立面。一般认为,深度学习研究源自20世纪70年代对学习过程与结果的关注,瑞典学者马顿(Marton)和萨侨(Saljo)是较早的研究者。他们受布鲁姆教育目标分类理念的影响,发现学习者对学习任务有不同层次的理解、感知和加工,因而产生了不同的学习结果层次。20世纪80年代初期,澳大利亚学者比格斯(Biggs)基于皮亚杰的认知发展阶段论,提出了学习结果的结构水平分类(structure of the observed learning outcome),即SOLO分类法,构建了描述学生思维和理解复杂程度的模型,认为深度学习包含关联结构水平和抽象拓展结构水平等高水平认知结构,与此相对的浅层学习则包含前结构水平、单点结构水平和多点结构水平等低水平认知结构。较之马顿和萨侨,比格斯的研究更加深入,为深度学习的评价提供了可以借鉴的框架。深度学习研究既关注学习过程,也关注学习结果;既研究学习者对知识(包括特定领域的知识)的深刻理解过程,正如马顿、萨侨以及比格斯所指的"深层次的过程",又研究学习结果的特征,就是学者不仅仅掌握知识是什么(包括意义及其价值),而且也掌握如何、为何以及何时运用知识。在深度学习过程中,学习者不仅仅能够背诵、回忆或复制知识,而且能够了解知识的多个方面以及如何运用它。例如英语课程中的单词学习,仅仅靠记住单词来通过学校考试就是一种浅层学习,而深度学习则意味着对这些单词更深层次的理解,包括如何运用这些单词去交际,如何在以前从未遇到过的情境中运用它们,甚至思考这些单词的文化意蕴。深度学习具有情境性,不同的情境考验学习者对知识的灵活应用,从而检验学习者对知识的理解及掌握程度。深度学习不仅仅包括对普遍原理、模式以及规则的抽象理解,而且需要理解不同层面的知识、观点和信息之间的相互联系或关系。美国国家研究委员会将深度学习界定为"一个过程,在其中学习者能够将在一个情境中已经习得的知识应用于另一新情境之中(也就是迁移)"[①]。这是一个很重要的定义,因为它为我们提供了一些方法来判断深度学习发生的时机。

进入20世纪90年代后,受社会文化理论的影响,由拉夫(Lave)、温格(Wenger)、格里诺(Greeno)和斯法德(Sfard)等学者构建和发展的情境认知理论,推动了深度学习理论的发展,特别强调学生与能力更强的他人的互动在高阶思维发展中的作用。对深度学习理念产生重要影响的社会文化理论将互动置于课堂教与学的核心,认为学习和发展是以文化工具为中介的人际的和个体内在的过程,思维产生于合作解决问题的过程之中。心理间和心理内之间存在一种辩证关系,学生对世界的理解产生于与他人的互动之中。从社会文化理论的视角看,深度学习被视为一个话语互动过程,课堂话语互动的质量会影响深度学习。

其二,从聚焦高阶思维发展到关注人的全面发展。进入21世纪之后,深度学习的内涵有了重大变化,深度学习不仅仅是高阶认知和学术发展的过程,而且是个人品行的成长过程。美国基础教育深度学习研究项目(Study of Deeper Learning:Opportunities and Outcomes,SDL)提出的深度学习能力框架包括"认知领域(掌握并应用核心知识内容、批判性

---

① NRC. Education for Life and Work:Developing Transferable Knowledge and Kills in the 21st Century[M]. Washington:The National Academies Press,2012:85.

思维与问题解决能力、创新导向)、人际领域(沟通技能、合作技能)和自我领域(理解如何学习、学术参与、学习动机、自我效能、内外控倾向、毅力、自我管理)等三个方面。深度学习不仅局限于认知领域,而且包括人际领域和自我领域;深度学习不仅包括知识构建,而且包含跨情境的学习迁移以及问题解决"[1]。这一能力框架超越了传统的深度学习能力框架,即认知能力框架,从三个领域进行了阐释,这是深度学习内涵的重要转变。美国国家研究委员会在SDL项目的基础上,借鉴了威廉和弗洛拉·休利特基金会(William and Flora Hewlett Foundation, WFHF)提出的深度学习能力框架,对深度学习能力框架进行了细化分析,"即掌握核心学科知识、具有批判性思维和复杂问题解决能力、团队协作、有效沟通、学会学习、具有学习毅力"[2]。加拿大学者富兰(Fullan)等进一步明晰了深度学习的三维度六能力,进一步凸显了深度学习的全人发展性,明确指出了包括身份认同在内的人的情意领域也是深度学习的重要构成部分,"深度学习的结果就是6Cs,就是习得如下六项全球化能力的过程:品性(character),包括学会学习、勇敢、毅力、耐力、适应力、自律、有责任感与正直;公民身份(citizenship),包括像世界公民那样思考,对全球议题的考虑建立在对多元价值和世界观的深刻理解基础之上,真正有兴趣和能力解决那些影响人类和环境持续发展的有争议的和复杂的世界问题,对他人抱有同情心、同感心与关心;合作(collaboration),包括在团队中相互依赖和相互协作地工作,具有人际的和团队相关的技能,社会的、情感的和跨文化技能,应对团队动态和挑战,既向他人学习又为他人的学习做贡献;交际(communication),包括能够用多样的方式、模式以及多种工具进行有效交际,与不同人进行有效交际,对交际过程进行反思;创新(creativity),包括用'企业家的眼睛'来把握社会和经济机会,提出恰当的

---

[1] Mette H, Catherine B, Jennifer A, et al. The Shape of Deeper Learning: Strategies, Structures, and Cultures in Deeper Learning Network High Schools[M]. Washington: American Institutes for Research, 2014:2.
[2] Mette H, Catherine B, Jennifer A, et al. The Shape of Deeper Learning: Strategies, Structures, and Cultures in Deeper Learning Network High Schools[M]. Washington: American Institutes for Research, 2014:2.

探究性问题,思考和追求新颖的观点和解决办法,具有将观点转化为行动的领导力;批判性思维(critical thinking),包括评估信息和论断,构建有意义的知识,对真实世界的观点进行验证、反思和采取行动"[1]。

正如前文所述,深度学习既是一个结果,又是一个过程。钟启泉教授引用日本学者的观点,指出了深度学习与浅层学习的诸多不同之处(见表0-1)。[2]

表0-1 深度学习与浅层学习的比较

深度学习	把既有知识与经验连接起来进行思考;掌握普遍的范式与内在的原理;基于证据得出结论;关注逻辑与推理,展开批判性探讨;体悟学习中的成长;关注学习内容,孜孜以求
浅层学习	知识碎片化;记忆知识和例行的操作步骤;对新颖思考的意义感到难以理解;几乎不寻求学程或课题的价值与意义;缺乏对学习目的与策略的反思;心理压力过大,忧心忡忡

这一比较也是从三个领域进行的,即认知领域、社会领域与自我领域。

国内关于深度学习的研究起步较晚,始于21世纪之初。作为较早的研究者之一,何玲和黎加厚指出,"深度学习是指在理解学习的基础上,学习者能够批判性地学习新的思想和事实,并将它们融入原有的认知结构中,能够在众多的思想间进行联系,并能够将已有的知识迁移到新的情景中,做出决策和解决问题的学习"[3]。他们的深度学习研究有六个关键词:理解、批判、联系、迁移、做出决策和解决问题,更多聚焦于高阶思维的发展,对社会和自我领域的发展重视不够。段金菊和余胜泉从四个维度进一步区分了深度学习和浅层学习,比较的焦点依然围绕着认知层面,"包括学习者所处的认知目标层次、思维水平、学习行为与认知结果的差别"[4]。郭华则强调了深度学习的互动性,认为深度学习不仅仅是个

---

[1] Fullan M, QuinnJ, Mceachen J. Deep Learning: Engage the World, Change the World[M]. Thousand Oaks: Corwin, 2018:79.
[2] 钟启泉.深度学习:课堂转型的标识[J].全球教育展望,2021(1):15.
[3] 何玲,黎加厚.促进学生深度学习[J].计算机教与学,2005(5):29-30.
[4] 段金菊,余胜泉.学习科学视域下的e-Learning深度学习研究[J].远程教育杂志,2013(4):43-51.

体认知深度加工的过程,更是社会互动的过程,特别是需要与教师以及其他能力更高的人的交流与互动。该定义凸显了社会文化理论的重要价值,"所谓深度学习,就是在教师引领下,学生围绕着具有挑战性的学习主题,全身心积极参与、体验成功、获得发展的有意义的学习过程……成为既具独立性、批判性、创造性又有合作精神、基础扎实的优秀的学习者,成为未来社会历史实践的主人"[1]。这一概念较为全面,关注到了深度学习的三个维度,即认知、社会和自我,且强调了师生互动在深度学习中的重要作用。

综上所述,深度学习既是学习的结果又是学习的过程,不仅仅包括学生的认知思维发展,而且包括人际关系构建以及自我认同;深度学习过程不仅仅是一个个体构建高阶思维的过程,更是一个通过社会互动构建高阶思维、社会关系和自我理解的过程。实际上,从认知思维发展扩展到人的全面发展离不开互动的作用,这是因为不管是学生的社会性发展还是自我认同,都是互动的结果。

(二)课堂话语互动的内涵:发展与界定

互动概念由德国社会学家齐美尔(Simmel)首次提出,后来由美国社会学家米德(Mead)所发展,他认为,互动是一个基于符号和语言的相互作用过程。拉图(Latour)丰富并进一步发展了互动的内涵,认为互动既是框架式的,又是网络式的。首先,人类的互动是框架式互动(framed interaction)。"人类的互动被阻止向外不断扩展,也阻止其他参与者不断向内干涉。"[2]他举例说,"当我们在柜台买邮票时,我们不会谈论我们的家庭,服务员也不会谈论个人事务。其次,人类互动具有时空的非同时性(non-simultaneity)。当我们参与面对面的互动时,我们穿的衣服来自其他地区,我们使用的话语并非为这个场合形成的,我们正在倚靠的墙是某位建筑师为某位客户设计的,而且由今天不在场的工人建造,他们的行为能够被持续感受到。我们正在交谈的某人是历史的产物,远远超

---

[1] 郭华.深度学习及其意义[J].课程·教材·教法,2016(11):25-32.
[2] Latour B. On interobjectivity[J]. Mind, Culture and Activity,1996(4):230.

过我们的关系框架"[1]。根据拉图的观点,列出以某种方式参与互动的所有参与者是不可能的。互动具有一种矛盾形式,因为它既是框架式的,又是网络式的。框架限定了互动的界限,然而网络又将目前互动的时空与其他的时空联系起来。这一概念特别关注互动的彼时彼地(there and then),这提出了一个重大的理论和方法上的挑战:说明不同时空情境之间的关系。这对课堂话语互动的内涵界定具有重要影响。教与学情境既作为一个框架亦作为一个网络,推动我们将学生视为社会活动者,他们不但学习学校内外的知识,并且已经构建了学校所学知识的社会意义和个人意义。

美国教育学者韦尔斯(Wells)指出:"课堂话语互动是一种合作性行为,是信息发出者、信息接收者和语言情境三者间复杂的三角关系的建立。"[2]韦尔斯强调了话语互动的合作性、情境性与构建性。英国剑桥大学的默瑟(Mercer)教授则指出,"课堂话语互动是一个对话过程,是一种人际交往,在话语互动过程中,教师和学生在彼此的言谈中得到启发,从而进一步发展自己的学习能力和认知能力,同时也可以促进其他学习者学习和思维能力的提高"[3]。默瑟更强调课堂话语互动的共同构建性和互惠性。英国著名学者亚历山大(Alexander)通过跨文化分析指出:"为促进深度学习,课堂话语互动需要具有某些特征,如问题结构化。提问的目的在于激发经过深度思考的答案;答案能够进一步激发新问题,被视为对话的'积木'而非终点;每一个师生和生生间的话语互动回合都形成有条理的探究链而非孤立和分离的。"[4]亚历山大特别强调了深度课堂话语互动的链式累积性,即话语互动的回合是相互连接、不断延展的。

正如弗莱雷(Freire)所提出的教师学生(teacher-student)和学生教师(students-teacher)概念,"教师不再仅仅是授业者,在与学生的对话中,教

---

[1] Latour B. On interobjectivity[J]. Mind, Culture and Activity, 1996(4):231.
[2] Wells G. Using L1 to master L2: A response to anton and DicaMilla's "Socio-Cognitive Functions of L1 Collaborative Interaction in the L2 Classroom"[J]. The Modern Language Journal, 1999, 83(2):248-254.
[3] Mercer N. Words and Minds[M]. London: Routledge, 2000:112.
[4] Alexander R J. Towards Dialogic Teaching: Rethinking Classroom Talk[M]. 4th ed. New York: Dialogos, 2008:32.

师本身也能获益,学生在被教的同时反过来也在教育教师,他们合作起来共同成长"①。参与者的立场和身份具有灵活性和动态性,随着课堂话语互动的发展而不断被构建。

总之,课堂话语互动不应被视为单向的知识传递过程,而是一种合作性行为,师生、生生从彼此的言谈中得到启发,不但能促进自身与他人的认知发展,而且也能构建个体身份与主体性,具有共同构建性与互惠性。

四、本书结构

本书主要分为两部分:前四章是第一部分,第五章和第六章是第二部分。

第一部分主要采用文献研究和思辨研究方法,辅以案例研究。第一章主要是文献综述,分析了深度学习与课堂话语互动相关研究的历史发展脉络,其呈现出从以量化研究为主发展到质性分析与量化研究并重的特征。第二章主要分析了本研究的理论基础。本研究以维果茨基(Vygotsky)的社会文化理论为核心,同时也借用了巴赫金(Bakhtin)的话语理论、弗莱雷的对话教育理论以及伽达默尔(Gadamery)的对话观。第三章主要是对深度学习视角下的课堂话语互动本体论的研究,从应然角度分析了深度学习视角下的课堂话语互动的内涵、特征及其价值。第四章分析了深度学习视角下的课堂话语互动的主要类型。与讲解式话语互动相比较,探究式话语互动可被视为契合深度学习需要的话语互动类型,根本而言,支架式话语互动、争论式话语互动以及会话式话语互动都属于探究式话语互动。支架式话语互动强调通过合作、共同构建来解决问题,强调了话语互动的融合取向;而争论式话语互动则强调话语互动的冲突取向,主张通过批判性反思来解决问题。不管是支架式话语互动还是争论式话语互动,其目的都在于解决某个问题或达成某种合意。而会话式话语互动则强调话语互动过程的平等性和包容性,并不寻求达成

---

① 弗莱雷.被压迫者教育学[M].顾建新,赵友华,何曙荣,译.上海:华东师范大学出版社,2001:31.

合意。

  第二部分包括第五章和第六章,主要采用案例研究和行动研究方法,辅以文献研究。第五章是对深度学习视角下的课堂话语互动的分析,主要分析了探究式话语互动、争论式话语互动、支架式话语互动对深度学习的影响。第六章论述了深度学习视角下课堂话语互动的改进策略,主要从课堂话语互动基本规则、课堂话语互动结构、课堂话语互动能力、教师身份以及对国外经验的借鉴等方面进行论述。

第一章 深度学习视角下课堂话语互动研究的历史考察

由于深度学习在国内的研究起步较晚,因此深度学习视角下课堂话语互动的研究起步也较晚。尽管国内深度学习视角下课堂话语互动的研究颇少,但是我国对于课堂话语互动的研究早在20世纪80年代就已经开启。由于受传统的灌输式教学理念的影响,当时的课堂话语互动研究更加关注如何更好地实现教师的知识传递过程,这与深度学习的理念不符。到了20世纪90年代中后期,国内课堂话语互动研究开始反思课堂话语的结构、特征及局限性,逐渐关注课堂话语互动的功能及作用,但研究一方面较少揭示课堂话语互动背后更为深刻的权力关系及社会因素等对课堂话语互动的影响;另一方面也较少从实证的角度分析课堂话语互动对学生学习的影响。深度学习视角下课堂话语互动应当更加关注师生之间通过话语互动进行知识共建,以此来促进学习者的学习。

从国际上来看,课堂话语互动与学习关系的研究长期以来一直是教育领域的研究热点,早在20世纪40年代就已经开始了。大致而言,早期的研究主要采用量化研究方法,而近期的研究中质性分析的比重不断增加。

第一节 课堂话语互动与学习关系的量化研究

运用观察工具,特别是观察量表对课堂话语互动与学习关系进行观察是早期相关研究最主要和流行的方法之一。其大致经历了两个阶段:

从系统观察到点对点观察。

一、系统观察

从20世纪40年代后期到70年代,相关研究的主流是系统观察课堂话语互动与学习的关系。在40年代后期之前,对课堂教学的系统观察主要聚焦于教师行为,之后,随着勒温(Lewin)互动概念的影响不断扩大,对课堂教学系统观察的焦点逐渐转移到课堂互动上来,而非仅仅聚焦于教师行为。勒温认为,"小组是一个动态整体,它以相互依赖而非相似为基础"[1]。勒温强调了社会互动的相互依赖性和互惠性,假定了互动中的每一个体的行为都是由其他参与者的行为引起的。由此可见,仅仅聚焦于教师单方面的行为是不够的,这是因为互动中的教师行为的发展变化必定与学生的行为密切相关。观察虽然以互动而非个体行为为基本单位,但总体而言,早期的课堂互动观察具有任意性和随机性,缺乏观察框架和量表。到了50年代,这一状况开始有了本质上的转变。贝尔斯(Bales)根据勒温的互动定义,开发了一套编码框架来分析小组互动。"编码方法主要在于为每一位成员的行为赋予某种意义,假定这一行为与小组成员之前的行为有关。这种编码框架既能够显示每一位成员的贡献,也能够提供小组互动的全貌。"[2]

20世纪六七十年代,最为流行且使用最广的分析课堂话语互动的方法方法之一是互动分析——主要通过使用观察工具或编码系统来记录特定时刻正在发生的事情,利用这些记录和随后的统计处理,建立课堂档案。贝拉克(Bellack)等人在1966年提出的互动分析系统 I 较具有影响力,该工具主要确认了一些可被归类为经常发生的教学循环中的教学行为。贝拉克等人提出了三部分互动,即"请求、回应、反馈"[3],现在更常

---

[1] Lewin K. Resolving Social Conflicts[M]. New York: Harper, 1948: 184.
[2] Bales R F. Interaction Process Analysis: A Method for the Study of Small Groups[M]. Cambridge: Addison-Wesley Press, 1950: 76.
[3] Bellack A, Kliebard H, Hyman R, et al. The Language of the Classroom[M]. New York: Teachers College Press, 1966: 83.

称为"启动—回应—反馈"(initiation-response-feedback,IRF)。即使在今天,这也被视为典型的课堂话语互动结构。这一框架揭示了许多有关师生交流方式的信息,对我们理解课堂话语互动做出了重大贡献。进入70年代后,在贝拉克等人的研究基础之上,弗兰德斯(Flanders)提出了更具影响力的系统性的课堂观察框架,即互动分析系统,将课堂话语互动分为三个主要范畴:教师话语、学生话语和课堂沉默。每一范畴的具体分类如表1-1所示。[①]

表1-1 课堂话语互动分析范畴

范畴	具体分类
教师话语	接受情感;表扬或鼓励;接受或使用学生的想法;提问;讲课;指令;批评或使用权威
学生话语	回应;主动发起
课堂沉默	沉默或困惑时期

基于其互动分析系统,弗兰德斯提出了著名的"三分之二规则",即在一堂课中,话语互动通常占三分之二的时间,而教师话语又占了三分之二的互动时间。

利用量化研究,研究者能够找到特定特征的发生频率与其他教育变量和学习结果之间的联系。后来,工具变得越来越复杂,且包含的类别也越来越多,旨在展现课堂话语互动的复杂性。例如COLT(communicative orientation to language teaching)系统。该系统共包含73个类别。COLT系统的主要目的是使观察者在教学方法和语言使用之间建立联系。它包含两部分:A部分侧重于课堂组织、任务、材料和学习者参与度,而B部分侧重于学习者和教师的话语互动。

虽然20世纪70年代之后,系统观察不再是占据绝对主导地位的研究方法,但直到今天,系统观察一直被用作研究课堂话语互动的重要方法。例如,从70年代开始,在英国小学越来越多地应用系统观察来研究课堂互动模式。"通过五年的观察研究和课堂学习评价项目发现,弗兰德

[①] Flanders N A. Analysing Teacher Behaviour[M]. Cambridge: Addison-Wesley, 1970: 48.

斯的三分之二规则正在英国小学中慢慢发展,教师的话语量已经由三分之二慢慢增长到四分之三,教师主要讲述知识,提出事实性和封闭性问题,而非提出开放性问题,以学生的答案为基础提问。"[1]类似的是,亚历山大所进行的为期四年的研究揭示:"教师所提出的问题大多数是低认知层次的,仅仅需要一到两个词回应,而且许多问题还是反问,学生主动提出问题的情况是很少的。"[2]

进入21世纪以来,随着我国基础教育课程改革的不断推进,批评师生之间话语权力不平衡并试图重建课堂话语互动结构成为我国相关研究的重要内容。但已有的关于课堂话语互动和学习之关系的研究更多采用的是思辨方式,缺少对学习和课堂话语互动之间动态关系的实证研究。"通过言语行为严格控制课堂活动,教师个人的'权力意志'过度膨胀,课堂教学成了教师话语的'殖民世界'。"[3]同时也有学者试图指出话语权力失衡,导致教师话语霸权的产生和课堂教学中异化的师生交往等。[4]这些研究关注到了在课堂话语互动背后发挥重要作用的权力关系,但较少从实证的角度来分析它并提出合理的解决方案。

数量不多的实证研究则较多使用弗兰德斯的互动分析系统,主要集中在教师课堂话语输入、课堂提问、课堂反馈、三个语步互动模式、话语量等方面。"对于师生话语互动与深度学习的关系采用质性研究方法来描述课堂话语互动的真实情境,并揭示其多义性和复杂性的研究并不常见。"[5]只有很少的实证研究关注到学习和话语以及话语互动之间的关系。王兄和方燕萍在已有话语分析结构的基础上,"通过话语分析编码表的开发以及Nvivo软件的数据操作对新加坡数学研究课进行了分析,并揭示了课堂话语的质性对促进学生学习的影响"[6]。

---

[1] Galton M, Hargreaves L, Comber C, et al. Inside the Primary Classroom: 20 Years on [M]. London: Routledge, 1999: 126.
[2] Alexander R, Willcocks J, Nelson N. Discourse, pedagogy and the national curriculum: Change and continuity in primary schools[J]. Research Papers in Education, 1996(1): 81-120.
[3] 刘世清,姚本先.课堂教学中的话语现象探析[J].当代教育论坛,2004(2):56-58.
[4] 邢思珍,李森.课堂教学话语权力的反思与重建[J].教育科学研究,2004(12):13-15.
[5] 安桂清.话语分析视角的课堂研究:脉络与展望[J].全球教育展望,2013,42(11):21-28,59.
[6] 王兄,方燕萍.课堂话语分析技术:以新加坡数学研究课为例[J].教育学报,2011(4):64-73.

系统观察作为研究课堂话语互动与学习之关系的一种重要方法,之所以到目前为止仍然受到许多研究者的欢迎,是因为它具有如下优点:其一,系统观察框架是现成的,无须从头开始设计,且任何系统观察框架都可以实时使用或记录后再使用;其二,系统观察是一种有效处理大量数据的方法,一位研究者能够相对迅速地调研大量的课堂话语互动并分析代表性的样例;其三,能够对数据样本进行数量比较,有助于统计分析。

虽然20世纪60年代以来,以弗兰德斯、贝拉克等为代表的课堂话语互动研究颇具影响力,但这种研究取向以量化研究为主,借助各种编码系统把分析对象的"话语"范畴化,无视人类学习过程中的多义性和复杂性。作为数据的实际交谈可能在分析的早期就失去了其本真样态,这是因为研究者仅仅运用预先确定的范畴进行研究,可能会失去新的洞察;运用预先确定的范畴或其他目标项目可能会降低分析者对实际发生情况的敏感性;编码依赖于对语言特征的去情境化识别,但是任何言语的意义的确定都依赖于它的历史,这与被观察的对话本身以及参与者之前的经历都相关,而预先确定的编码不能应对这些情况。

二、点对点观察

高度结构化的系统观察工具不太可能充分解释大多数课堂的复杂性。为了解释特定情境的特征,少结构化且量身定做的工具似乎更合适。"虽然仍然遵循广泛的互动分析方法,但这些'点对点'的观察工具对情境更敏感,并且通常在设计时就考虑到特定目标。因此,这种观察工具提供的描述可能更准确、更真实。"[1]与基于系统的交互分析方法相比,点对点观察提供了一个更灵活的工具。例如,对于特定的课堂问题或兴趣领域,该工具可被设计为行动研究的一部分。

颇具影响力的分析框架是由英国剑桥大学教育对话中心的亨尼西(Hennessy)教授主持和引领建立的教师教学对话分析框架,即T-SEDA

---

[1] Walsh S. Exploring Classroom Discourse: Language in Action[M]. London: Routledge, 2011: 79.

(teacher scheme for educational dialogue analysis)。这是一个资源包，既能让教师意识到自身在师生关系、认知要求以及对对话价值的认识等方面存在的问题，又支持教师在课堂上、在整个课堂话语中以及在学生小组活动中系统性探究对话实践，努力克服一系列教育学的、认知的、逻辑的和人际的障碍，生成并发展高质量的课堂对话。课堂话语实践瞬息万变，许多问题稍纵即逝。T-SEDA将反思性探究置于教学的中心地位，鼓励教师去反思和讨论自己的课堂与学习之关系，利用自我审查表发现问题是开展反思性探究的重要一步，但是有可能同时存在诸多问题，或者有些问题难以立即解决，这时教师需要聚焦研究问题。研究问题的确定既可以是通过教师个体的自我反思，也可以是教师与同事之间或者师生之间合作反思的结果。T-SEDA有助于聚焦研究问题并进行小型课堂观察，有助于教师更加清晰认识课堂话语实践并深化理解。循环反思圈行动尤其适用于教师已经对某个特定的问题感兴趣或对课堂话语对学生学习的影响结果不甚满意的情况。

T-SEDA支持是否干预聚焦的研究问题以及如何干预。这一探究过程类似于基于学校的行动研究，即通过计划、行动、观察、评估、反思与改进等不断提升课堂话语质量。这是一个需要进行多轮的循环过程，目的在于获得深刻理解并通过反思性实践正面影响课堂话语互动与学生的学习结果，从而有助于整体改进课堂话语实践。教师通过对当前实践谨慎地自我评价与反思，不断解决对话教学中所面临的各种问题。当然，随着时间或目标的变化，探究焦点也会发生变化。

这种互动分析方法的主要优点是：它允许我们作为观察者，关注、描述、解释互动中的具体细节。在整个过程中，更多的是从内部向外部看，而不是从外部向内部看。换句话说，点对点观察与上面讨论的系统观察相比，更有可能促进理解和生成解释，这些工具的设计是针对特定语境下特定的疑问或问题的，这让整个研究过程更有意义和现实性。也许最重要的是，我们更有可能相信这些数据。

不管是系统观察框架还是点对点系统分析，都往往把互动分解为个体行为，但这些编码系统并不能完全说明参与者共同做的事。而且，由于运用预先确定的范畴,编码系统忽视了能够赋予行为多种多样的意义,而且未能处理参与者的相互解释。编码系统在解释互动序列时也面临困难,它不适合用来检测话语互动的结构和内容是如何在课堂中发展的,或者特定的参与者是如何为共享的理解做出贡献的。随着相关实证研究的发展,研究和理解课堂话语互动过程提出了相当多的理论与实践挑战,所运用的范畴化的编码系统经常忽视教育发生的历史、机构和文化情境。这需要研究者通过录音或录像来记录课堂,这样就可以转写,并且有利于之后的细致研究。

第二节 课堂话语互动与学习关系的质性分析

早在20世纪70年代以及80年代早期,心理学家、社会学家、人类学家及语言学家等逐渐开始研究社会互动中语言的社会功能和认知功能。这产生了一种新的社会学,即常人方法学。不同于系统观察,这一方法聚焦微观层面的社会互动,产生了一门新的且独特的话语互动分析方法——会话分析。"会话分析的起源来自对语言作为一种社会互动方式的功能的兴趣。"[1]会话分析基于如下前提:"社会语境不是静态的,而是参与者通过对语言的使用而不断形成的,包括话轮转换、开启和关闭、行为序列的形成等。互动研究是与意义和语境相关的;行为排序的方式是这一过程的核心。"[2]根据这一观点,互动是情境塑造的,而且随情境的变化而更新;也就是说,一个贡献依赖于之前的贡献,之前的行为为随后的行为创造新的语境。在这种微观的语境视角下,一个人的贡献与另一个人的贡献是密不可分的。口头话语的顺序是通过序列组织建立的,即一种话语与另一种话语之间的联系方式。

到了20世纪90年代,系统性的课堂观察研究的影响力开始逐渐减弱。这主要是因为研究课堂实践的社会文化理论以及语言的和人种志

---

[1] Sacks H, Schegloff E A, Jefferson G. A simplest systematics for the organization of turn-taking for conversation[J]. Language,1974(50):696-735.
[2] Walsh S. Exploring Classroom Discourse:Language in Action[M]. London:Routledge,2011:84.

方法的发展。维果茨基强调社会互动在认知发展中发挥了根本性作用。这种方法主要基于话语分析和会话分析,并与质性分析相结合,质性分析能够阐释参与者的贡献是如何连接在一起的,也就是相互依靠性。课堂话语互动与学习关系的质性分析主要关注如下几方面。

一、课堂话语互动结构或功能对学生高阶思维的影响

维果茨基强调话语互动对学生认知发展具有重要性,他认为语言和思维之间有特殊的关系。这一观念对教育研究产生了重要影响。在20世纪七八十年代,不同学科背景的学者通过实证研究指出,学生参与话语互动的性质与质量对他们的教育成就有重要影响。英国的巴恩斯(Barnes)及美国的卡茨登(Cazden)等学者是这一领域的开拓者,他们对师生话语互动的研究有助于我们理解教育是如何发生的。

社会文化理论认为,"语言从本质上讲是社会的,产生于人与人之间的互动"[1]。也就是说语言形成于个体在不同的交际情境中发生的一系列与他人的互动。另一个值得关注的问题是,许多课堂话语互动研究基于"语言社会化"(language socialization)的观点,这种观点认为话语互动是一个社会团体或者社区中新成员(例如课堂情境中的学生们)与知识更加广博的成员(例如课堂情境中的教师)之间通过互动来使用、发展语言和与文化程度相符的知识的过程。同时,"语言社会化"研究"将话语和人种志方法结合起来,以符号形式获取实践和意识形态的结构及文化解释,从而使新成员可以更好地与他人互动"[2]。

英国语言学家辛克莱(Sinclair)和库尔哈德(Coulthard)是课堂话语互动研究的支持者,他们遵循结构—功能语言学的分析路线,于20世纪70年代编制了包含22种言语行为的列表,其表征了教师和学生在小学课堂的主要言语行为。他们"提出了一套由五个层级构成的课堂话语互动

---

[1] Lantolf J P, Thorne S. The Sociogenesis of Second Language Development[M]. Oxford: Oxford University Press, 2006: 68.
[2] Ochs E, Schieffelin B B. The theory of language socialization[J]. The Handbook of Language Socialization, 2011(1): 1-11.

模式：课（lesson）—课段（transaction）—话回（exchange）—话步（move）—话目（act），并将课堂话语互动单位界定为启动—回应—跟进（initiation-response-follow up）"[1]，但是许多英国教育研究者将其修改为启动—回应—反馈。辛克莱和库尔哈德并未试图改善课堂教育，仅仅将课堂话语互动作为探究话语互动文本结构的数据，用话回与话步、话目等单位构建了一个层级体系来描写课堂话语互动结构。这也揭示了其作为一种独特语类的衔接性。而美国社会学家梅汉（Mehan）则将其界定为启动—回应—评价（IRE），即教师引发（initiation）、学生应答（response）和教师评价（evaluation），[2]该模式对之后的课堂话语互动研究影响深远。目前，这种课堂话语互动特征在大多数中小学课堂里依然很容易被发现。梅汉对IRE结构的兴趣集中在课堂的社会秩序，主要包括它的权力关系以及课堂话语互动如何维系这种秩序。美国哈佛大学教育研究所的卡茨登通过研究发现，课堂话语互动IRE结构大量存在，并以此来描述课堂中的话语互动。在卡茨登看来，"启动—回应—评价"的话轮转换方式反映了课堂话语互动结构的序列向度。研究者意识到课堂话语互动IRE结构不利于课堂话语互动深入且丰富地展开，难以促进学生高阶思维的发展，主张对其进行改进。韦尔斯提出IRE结构中的"E"应当改为"F"，即"跟进"或者"反馈"。[3]康纳（Conner）和迈克尔斯（Michaels）在IRE结构中添加了"回音"[4]（revoicing），形成IRRvF结构。英国学者维格瑞夫（Wegerif）指出，"在公开回应教师的问题之前，学生之间的讨论（discussion）可让思考和学习更有深度，IRF结构应转变为IDRF结构"[5]。在课堂公开回应之

---

[1] Sinclair J, Coulthard M. Towards an Analysis of Discourse: The English Used by Teachers and Pupils [M]. Oxford: Oxford University Press, 1975: 73.

[2] Mehan H. Learning Lessons: Social Organization in the Classroom [M]. Cambridge: Harvard University Press, 1973: 82.

[3] Wells G. Reevaluating the IRF sequence: A proposal for the articulation of theories of activity and discourse for the analysis of teaching and learning in the classroom[J]. Linguistics & Education, 1993(1): 1-37.

[4] Connor M C, Michaels S. Shifting participant frameworks: Orchestrating thinking practices in group discussion[J]. Discourse, Learning, and Schooling, 1996(63): 103.

[5] Wegerif R, Dawes L. Thingking and Learning with ICT[M]. Abingdon: Routledge, 2004: 61.

前的小组讨论不但可让学生在一个安全的平台上展示他们的想法,而且可使学习成为一个合作与交际的过程,有可能产生多元的有深度的观点。讨论是深度学习视角下课堂话语互动中的重要一环,课堂话语互动结构应为 IDRF。卡茨登也发现了该序列的多个变式,某些序列有时不是完整的 IRE 结构,而只是 IR;有些问题经过多个话轮才会被回答与评价,形成相互嵌套的复杂结构。在此之后,IRF 结构的变化仍在继续,如"I1-R1-I2-R2-F"和"I1-R1-F1-I2-R2-F2"结构等。

该阶段的课堂话语互动主要通过结构的改进来促进学习者思维的发展,例如,韦尔斯提出的"跟进"或"反馈"要求针对回应进一步互动沟通,或者说是继续对话,但此结构还是以教师掌握话轮的主动权为主,教师引导课堂话语互动的发展和变化,这会使学生的话语互动表达和思维发展受到限制。再者,并非通过对课堂话语互动的引导就能够充分培养学习者的高阶思维,课堂话语互动的研究者应当像社会学家一样通过田野研究去呈现参与者对某一活动或事件的多种不同的观点,并描述其中占据主导地位的因素是如何发挥作用的。

二、课堂话语环境对深度学习的影响

社会文化理论主张任何学习都是发生在一定的文化历史背景下和特定的社会文化情境中的,是一种社会性知识和关系的构建。此时学者试图探究课堂话语环境对学习者学习的影响。早在 20 世纪 80 年代后期,卡茨登就运用人种志方法对课堂话语环境进行分析。进入 90 年代后,受维果茨基社会文化理论的影响,拉夫、温格、格里诺、恩格斯特朗和斯法德等学者构建和发展了情境认知理论,对学习的本质和机制有了革新性的理解,深度学习研究开始关注学习的社会与情境认知层面,即从对学习内部过程的解释,转向了对学习内部与外部过程的整合。拉夫和温格提及"合法边缘性参与"[①],对新手和熟手之间的关系进行了论述,通

---

① Lave J, Wenger E. Situated Learning: Legitimate Peripheral Participation[M]. New York: Cambridge University Press, 1991:115.

过逐渐实现对社会文化实践的充分参与,一个人的学习意图会被调动起来,学习的意义也在不断形成。情境学习是指个体相互协助、解决问题的活动过程,关键在于对情境的整体认知,良好的情境有利于个体的学习。由此看出,情境学习强调社会互动环境为学习者提供学习的机会及空间。

20世纪90年代之后,福柯(Foucault)和费尔克劳夫(Fairclough)等学者的批评话语分析思想也开始影响对课堂话语环境的研究。批评话语分析学派认为语言不仅是对社会过程和结构的一种反映,而且有助于巩固已存在的社会结构和物质条件。吉(Gee)区分了小写的话语(discourse)和大写的话语(Discourse),并指出"不是个人在言说和行动,而是由历史和社会界定的话语通过个体在相互言说"[1]。李(Lee)提出了"文化模仿理论"[2]。古铁雷斯(Gutiérrez)等发出疑问:"谁拥有建立与塑造课堂规范的权力?"[3]课堂话语互动研究的焦点逐渐扩大到课堂文化乃至更广泛的家庭、社区、社会文化层面,认为社会历史文化、个人成长史、话语实践和学习之间有紧密的辩证关系。研究呈现出从强调课堂规范和角色的预先设置或安排向动态构建与生成特征转变。

三、学习者身份认同和深度学习之间的关系

尽管学习是个体与社会环境相互作用的结果,但是学习者才是真正赋予学习以意义的主体,只有学习者意识到所学内容对自身有意义时,学习才真正被赋予意义。因此,学习者认识到自己的学习者身份格外重要。学生的学习者身份认同也影响着深度学习。拉夫和温格早已揭示了学习和身份之间的关系,认为学习和身份是同一事物的两个方面,学习的结果即身份的获得。身份认同与主体性发展被认为是深度学习不

---

[1] Gee J P. Social Linguisitcs and Literacies: Ideology in Discourse[M]. New York: Falmer, 1990: 28.
[2] Lee C D. Signifying as a scaffold for literary interpretation[J]. Journal of Black Psychology, 1995(4): 357-381.
[3] Gutiérrez K D, Baquedano-Lopez P, Tejeda C. Rethinking diversity: Hybridity and hybrid language practices in the third space[J]. Mind, Culture and Activity, 1999(4): 286-303.

可或缺的一部分,话语互动本质上是一种主体性参与。"学生的身份认同影响深度学习,学习困难可以归因为不同话语之间存在矛盾。"[①]学习者身份是构成其他身份的首要条件,这是由于任何身份的形成都是通过学习实现的,唯有构建起自己的学习者身份才能够使学习者真正主动积极学习,参与学习活动,遇到困难时也会根据自己的学习者身份采取一定策略。与此同时,深度学习也影响着学习者身份认同。深度学习过程的复杂性和曲折性要求学习者不断形成对自己学习者身份的认同,使得学习者能在身份认同的基础上做出更加有利于促进深度学习的话语表达及价值判断。

四、课堂话语互动的合作性与深度学习的关系

从社会文化理论的视角看,知识与意义是共同构建的,语言在这一过程中发挥了核心的中介作用。所以,社会文化理论视角下的学习观认为让学生在社会互动中更娴熟地运用语言应该成为教育的核心目标之一。实现这一目标的重要方式就是话语互动,具体为鼓励学生主动提出观点以及详细阐释自己或其他同学的想法,其目的在于给予学生更多机会来进行意义协商和知识构建。在这种视角下,互动被界定为共同构建,被视为一个单独的分析单位,其主要目的在于促进合作,并构建特定的话语空间,这是一种对话式互动。

英国剑桥大学默瑟等以此为基础提出了"共同思考"[②]这一术语。作为一种社会性思维模式,共同思考在学习中发挥了核心作用,当共同解决复杂任务和问题时,师生、生生之间不仅仅在互动,而且在"共同思考"。课堂话语互动是一个"对话"的过程,是一种社会交往,在互动过程中,所有的参与者都能够参与对他人观点的批判和构建,教师、学生能够从彼此的交谈中获得启发,从而进一步发展自己和他人的学习能力和思

---

① Brown B A, Spang E. Double talk: Synthesizing everyday and science language in the classroom[J]. Science Education,2008(4):708-732.
② Mercer N, Littleton K. Dialogue and the Development of Children's Thinking[M]. London:Routledge, 2007:60.

维能力。课堂话语互动不但为学生创造了交流的机会,更为重要的是能够提升学生的认知能力,使学生的学习行为与社会行为更好结合起来,能够增进生生之间的情感和提高他们的思维水平,这正是深度学习所需要达到的目标。康纳和雷斯尼科(Resnick)提出"'负责性话语'(accountable talk),即不但应倾听共同体中他人所说的话,而且应以此为基础发展他人的话语"。[1]学习的过程被视为一个合作与共建的过程,且话语具有明显的合作性与推理性。深度学习要求学习者学会学习,在课堂话语互动中体现为话语互动的合作性,参与者共同作用于话语互动,共同对话以及形成共同的理解。话语互动的合作性也让学习者在学习过程中不断批判反思自己的理解以及培养人际沟通交往能力。

近年来,国内对课堂话语互动的合作性、协同性与深度学习关系的研究也逐渐增多。"探究式话语互动本质上是一种兼具批判性和建构性的话语互动,与学习者个体深层次的知识构建水平密切相关,对学习者群体的协同知识构建水平会产生重要影响。"[2]"班级成员认真倾听彼此、共享知识,并使用理由和证据支撑自己的观点,同时礼貌地回应和质疑他人的观点,这样的课堂鼓励成员公开分享推理过程和冲突,为班级成员通过对话达成共识提供了有效路径,能够培养学生的深度辨析能力、批判性思考能力和质疑精神。[3]因此,课堂话语互动为个体创造了与他人交流思想的机会,为个体的认知发展提供了丰富的刺激,促使个体将外部信息纳入已有的认知结构当中。"尤其是,话语互动中不同观点的提出打破了个体原有的认知平衡,引发认知结构的解构和重构,促进了认知结构的更新。"[4]当个体发现他人与自己持不同的观点或者提出不同的问题解决方案时,会自发地审视自己的思维并反思自己的推理,进一步形成新的想法、观点和解决方案。"探究式话语互动有益于学生群体及个人的问题解决过程,并且,通过这种方式,学生的思维过程能够清晰可

---

[1] Connor M C, Resnick L B. Deliberative discourse idealized and realized: Accountable talk in the classroom and in civic life[J]. Studies in Philosophy and Education,2008,27(4):283-297.
[2] 熊剑.在线学习环境下的协同知识建构:互动质量研究[J].中国教育信息化,2019(5):1-7,28.
[3] 石雨晨.论证式议题教学及其应用[J].全球教育展望,2022,51(5):68-78.
[4] 马淑风,杨向东.促进高阶思维发展的合作推理式学习[J].教育发展研究,2021,41(24):64-73.

见。"① 话语互动中学生所表现出的"扩延、整合、调整等话语行为和特征正是高阶思维在对话过程中的重要体现"②。"学生以协作学习的方式对别人的观点进行批判性的、有建设性的思考,同时提供陈述和建议以便做出共同决定,这在一定程度上提升了学生的思维能力、问题解决能力,以及协作和交际能力。"③ 师生间要以一种理智的和平等的方式分享知识、挑战观点、评估证据和考虑选项,从而形成共同理解,在倾听他者意见的过程中,学生能够不断反思自己的观点,从而不断加深对自己的理解,促进自我理解。

基于人类学家和社会语言学家所创造的方法,运用质性分析方法来分析课堂话语互动越来越普遍。随着电子信息技术和人工智能的发展,这种方法的转变也得到了计算机软件发展的支持,这些软件在课堂观察和语料库分析方面提供了帮助。这些软件可作为有力的工具来梳理、储存、组织和系统化分析大量的课堂数据。近年来,对互动的多模态话语分析也成为研究重点。华东师范大学课程与教学研究所逐渐重视对课堂话语互动与学习关系的实证研究,成立了国际课堂分析实验室。肖思汉基于视频对部分案例进行学习过程分析,"探究原本习以为常或无法理解的课堂互动和学习机制"④。杨晓哲主张运用人工智能进行课堂分析,指出:"没有智能技术的深度运用,大规模的课堂分析难以真正实现,课堂教学仍然是一个'黑箱'。从课堂效率、课堂公平、课堂民主三个维度提出了高品质的课堂智能分析标准。"⑤

采用质性分析方法能够揭示学生或者教师的话语方式,并以此为基础来调控课堂的互动氛围、对话内容、话语功能和学习结果等。学习科学对话语互动的分析是要在实时发生的维度上探索三个主要问题:"第一,学习者之间的关系和他们的互动模式,以及这些关系和模式的变化;

---

① 吴媛媛,杨向东.集体创造性写作中学生讨论过程的会话分析[J].全球教育展望,2019,48(2):95-105.
② 张光陆.探究式交谈:特征、实践价值与实施对策[J].课程·教材·教法,2021,41(7):84-90.
③ 李吉婧,向俊.浅析思维型教学法及其运用[J].海外英语,2014(21):55-56,79.
④ 肖思汉.基于互动分析取径的课堂教学评价[J].教育发展研究,2017(18):22-29,64.
⑤ 杨晓哲.基于人工智能的课堂分析架构:一种智能的课堂教学研究[J].全球教育展望,2021(12):55-65.

第二,学习者参与到学习过程中的具体实践,以及这些实践的变化;第三,学习者个体的学习结果。"[①]在特定学科里,何种说话方式是最根本、最独特、最核心的?质性分析方法依靠的是各种类型的话语分析,特别受会话分析的影响。另外一些方法借助于特定的理论,如语用逻辑或者争论理论,对推理或论证的社会话语过程进行细颗粒度的分析。

这方面的研究逐渐将学习视为一个社会过程,认为学习产生于每时每刻意义的共同构建之中,可以通过会话分析追踪实时发生的话语互动和学习,而且基于实证研究改进话语互动。但是课堂话语互动的质性分析也存在诸多困难。在方法论层面上,这一方法面临诸多问题。首先,很难应用于长期的话语互动,不适合量化,且难以在不同情境之间进行比较。其次,倾向于忽视权力关系对话语互动的影响。

基于此,未来的研究具有如下趋势:其一,融合不同方法,如参与者观察、访谈、记录分析或案例研究,目的在于从不同视角看待同一个情境,特别是要把运用编码的系统观察研究与微观的课堂话语互动分析以及包括人工智能在内的新技术研究相结合;其二,从学校内部、学校外部或不同情境观察学习过程,也包括将面对面教学与线上数字教学相结合的融合式教学;其三,跨越学校界限,在校外构建教与学情境。

[①] 索耶.剑桥学习科学手册[M].徐晓东,等,译.北京:教育科学出版社,2010:4.

第二章 理论基础

本书主要以维果茨基的社会文化理论为理论基础。此外,巴赫金的话语理论、弗莱雷与伽达默尔的对话思想也是重要的理论基础。这些理论关注了话语互动的不同方面,能够相互补充,这有助于更加深刻和全面地研究课堂话语互动与深度学习之间的关系以及如何改进课堂话语互动,从而促进学生的深度学习。

第一节 维果茨基的社会文化理论与话语互动观

社会文化理论的代表性人物是维果茨基。维果茨基认为知识是在与他人互动过程中构建的,"学习"不是个人头脑中的操作,而是处于社会参与的过程之中。社会文化的交融碰撞促进了人类思维的发展和高级认知功能的获得。由此可知,知识的构建是一种社会性活动,离不开与他人的协作交流。认知发展本质上是一个与他人一道构建意义的过程,认知不仅是由个体构建的,而且是人们在参与相关文化活动过程中共同构建的。维果茨基聚焦了语言在构建高阶思维方面发挥的作用,认为人的思维是话语互动的内化,将话语互动与思维发展辩证地连接在一起,还认为话语在所有层次的教育中发挥了核心作用。维果茨基进一步指出,他的理论不是一种解决办法,而是一种有力的工具,其能够作为进一步的理解和行为的中介。

维果茨基有关言语与思维的研究是一项综合性研究的一部分。为了充分说明人的思维发展过程,维果茨基规定了四个需要运用发生学方法的领域。它们分别是种类发生学(phylogenesis),即人种演化的发展;社会文化历史(sociocultural history),即某种特定文化随着时间的推移而发展;个体发生学(ontogenesis),即个体生命的发展;微观发生学(microgenesis),即在一个过程中,在特定的社会文化情境中因特定的互动而出现的发展。[1]尽管一直以来研究重点是对发展的个体发生学和微观发生学进行分析,但近来越来越多的著作涉及这四个领域。个体心理发展过程是在社会文化环境影响下,通过中介(mediation)、内化(internalization)和最近发展区(zone of proximal development, ZPD)等方式,最终实现由低级心理机能发展成为高级心理机能的过程。社会文化理论主要包括中介论、内化论、活动理论(activity theory)及最近发展区等内容。

一、中介论

维果茨基认为人的高阶思维必然既是历史的又是文化的:完全成熟的成人的思维活动并非仅仅是自然成熟和个体经验的结果,它需要通过个体参与社会活动和互动,以符号工具为中介,吸收人类的经验才能得到极大充实和转变。这里需要区分低级心理发展机能和高级心理发展机能。前者是生物进化的结果,是先天决定的,不可改变;后者是在前者的基础上由社会文化历史发展而来的。中介借助不同的形式(符号的、物质的等)把人类低级心理发展机能转化为高级心理发展机能,是个体高级心理机能发展的核心。

维果茨基认为,"语言作为社会互动的中介,让参与者能够通过外在的言语计划,协调和评估他们的行为;此外,作为一种中介,它也提供了这样一种工具,在内部话语中中介相关的思维活动"[2]。语言是人类高阶认知的重要中介,学习者可以借助语言来参与社会活动,与他人进行交

---

[1] 韦尔斯.在对话中学习:社会文化理论下的课堂实践[M].北京:外语教学与研究出版社,2010:5.
[2] Vygotsky L. Mind in Society: The Development of Higher Psychological Process[M]. Cambridge: Harvard University Press, 1978: 82.

流互动,不断进行知识的构建,从而获得认知发展。维果茨基认为,语言和基于语言的话语互动是构建知识的重要方法,人类凭借这一社会交际活动的工具才有了互相交流、沟通的机会,因此个体的知识构建才得以突破个体系统的约束,进而投入更开放的社会环境中。维果茨基认为语言是人类的一项重大"发明",是被用作实现社会生活目标的重要工具。所有工具作为人造制品都具有双重性:它们既是物质的又是意念的,所以使用者既要参与身体的又要参与认知的活动。维果茨基的兴趣在于工具在人类和其环境之间所发挥的转变性效果上,特别是作为心理工具的符号在中介人类活动中所发挥的效果。

维果茨基所阐释的"日常概念"与"科学概念"的关系及其相互影响可以很好地阐明语言作为重要中介的功能。维果茨基认为从日常概念发展到科学概念是人的高阶思维的重要体现,指出教学的重要作用之一在于帮助学生吸收后者的思维方式。总体而言,日常概念的概括化水平较低,而科学概念的概括化水平较高。然而,维果茨基认为这两种概念的关键不同在于是否系统化,而这离不开语言作为中介所发挥的重要作用。学校教育是学生低级心理机能向高级心理机能转变的重要外部环境,对于教师而言,"中介者"可为学生高级心理机能的发展提供帮助,在学校教育中,教师对学生的学习具有干预和影响作用。正如维果茨基指出的那样,"以语言符号为中介是发展高级心理机能的重要途径,而课堂教学正是教师借助语言符号,推动学生将自身经验逐步内化为个人认知系统的过程"[①]。

二、内化论

内化论与中介论紧密联系,被学习者内化后中介才能转化成高级心理活动形式。"内化是个体高级心理机能的发生和发展机制,指个体在社会交际活动中将社会平台的行为和思维方式转化到个体心理平台,从而

---

① Vygotsky L. Thought and Language[M]. Cambridge:MIT Press,1962:78.

调节自身行为和思维方式的发展过程。"[1]这种由外部、心理间的活动转向内部的心理过程就是内化机制。维果茨基指出,"学生思维发展有两个界面:社会界面和心理界面。内化过程是从人际交互活动中的社会界面转向个体的心理界面的过程,即人在获得经验后,在社会环境的影响下,通过'同化'与'顺应'在大脑中形成一个相对稳定的认知结构的过程"[2]。这两个界面之间的连接在于符号,特别是语言的中介功能。经历与他人的互动后,语言的功能被逐渐内化,语言成为自我引导的思维活动的工具。"符号最初总是被用于社交,是一种影响他人的工具,后来才成为影响自身的工具。"[3]换言之,高级心理机能首先发生在人与人之间的交往过程中,以外部活动的形式存在,然后个体将外部活动内化,使其逐渐成为心理层面的活动。维果茨基认为人具有概念思维、逻辑记忆、有意注意等动物不具备的高级心理机能,这是以语言和符号为工具,在各种社会活动和人与人的交往中不断内化的结果。

关于内化,维果茨基提出两条重要的原则。一是若没有考虑到个体与他人在社会环境中的互动就不能理解他的认知发展,正如他解释的那样:"支撑高阶思维的机制是对社会互动的复制;所有的高阶思维都是内化了的社会关系。"[4]二是这些社会环境本身也受到更广泛的文化的影响,由于活动的形式和组织不同而呈现多元性。学生在学校里有效参与不同任务的能力取决于他们内化特定话语模式的社会语义功能的程度,这些话语是指那些在人际交往和个体内部中介了这些任务的话语。因此,社会环境和社会交际是个体高级心理机能发展的关键。当然,内化不是机械地模仿、复制与照搬,而是新旧的交替碰撞和不断构建,在这个过程中是可以改变、重组与转化的。由此可知,个体知识的获得离不开

---

[1] Vygotsky L S. Mind in Society: The Development of Higher Psychological Process[M]. Cambridge: Harvard University Press,1978:125.
[2] Lantolf J P, Thorne S L. Sociocultural Theory and Genesis of Second Language Development[M]. Oxford:Oxford University Press,2006:28.
[3] Vygotsky L S. The genesis of higher mental functions[M]// Wertsch J V. The Concept of Activity in Soviet Psychology. Armonk:Sharpe,1981:157.
[4] Vygotsky L S. The genesis of higher mental functions[M]// Wertsch J V. The Concept of Activity in Soviet Psychology. Armonk:Sharpe,1981:164.

与社会的互动交往,同时在这一过程中,个体在新旧知识的碰撞中,不断对知识进行构建与完善,最终获得认知的发展。

三、活动理论

活动理论由维果茨基提出,后经列昂捷夫(Leontyev)发展成为独立理论。该理论强调活动在知识技能内化过程中的桥梁作用,关注实践的过程而不是知识本身,核心观点为"人类的创造性中介在活动中处于优先地位。中介过程指人类借助文化产物、概念和活动调节物质世界和彼此之间的社会与思维活动"[1]。在中介过程中,活动具有对象性和社会性,即学习者的经历和社会文化有着重要作用。该理论指出人类与环境之间的关系由文化、工具和符号所构建。活动理论的基本单位是活动,其主要包括三个核心成分[主体(学生)、客体(教学目标)、共同体(学习过程参与者)]和三个次要成分[工具(教学环境)、规则(一种约定)、劳动分工(不同成员完成不同任务)]。根据活动理论,学习者通过参与共同体中的社会活动,与成员相互交流合作,使相关的概念、符号、规则等内化,达到外部活动和心理发展的辩证统一。

列昂捷夫指出,维果茨基意识到正是在活动(劳动)的互动中的人际心理过程,人类继承了前人的经验,因为这些经验被编码在工具之中,特别是在外在语言的符号工具之中。通过参与那些产生于日常活动的会话,他与这种文化的其他成员一起参与活动,儿童学会了运用语言的符号工具,这能够让他与其他人连接;同时,利用语言在这些活动中所发挥的中介作用,儿童吸收了人类的经验,因为这些被编码在文化语言的语义系统中。

活动理论认为人的高级认知功能是在社会活动实践中发展起来的,不仅仅要关注语言的技能、信息的处理和概念的应用,而且要重点研究

---

[1] Lantolf J P, Thorne S L. Sociocultural Theory and Genesis of Second Language Development[M]. Oxford: Oxford University Press, 2006:78.

"个体或者群体在特殊情境下开展哪种活动"①。此外,活动理论认为教学不能只以教师和学生任何一方为中心,而应关注彼此的共同合作,"因为活动理论把人的行动视为社会和个体相互影响的动态系统,认为活动是社会多层面合作的过程"②。

四、最近发展区

维果茨基提出的最近发展区是社会文化理论的重要部分,也是最直接的理论支持。维果茨基基于"发展的社会情境",形成了最近发展区概念。最近发展区是社会文化理论的核心概念,"指个体实际发展水平与潜在发展水平之间的距离"③。"实际发展水平"指学习者独立解决问题的水平,"潜在发展水平"指学习者在助学者或水平较高同伴的指导帮助下所能达到的完成任务的水平,教学的作用是帮助学生跨越最近发展区。维果茨基指出,这种形式的辅助学习应该被视为一种普遍的发展规则:"学习的一个必要特征就是创造最近发展区,也就是学习唤起了多种多样的内在发展过程,只有当学生与情境中的人们以及与同伴合作之时这些过程才能运行。"④最近发展区不是个体学习者特有的,而是一种有助于人际思维发展的潜势,它由人际互动所创造,产生于学习者与他人在某项活动中合作之时。维果茨基强调最近发展区应该以帮助的形式呈现,让学习者能够通过与他人的合作完成自己不能独立完成的任务。维果茨基认为:"只有走在发展前面的学习才是好学习。"⑤但是也并非任意

---

① Vygotsky L S. Mind in Society: The Development of Higher Psychological Process [M]. Cambridge: Harvard University Press, 1978:46.
② Lantolf J P, Thorne S L. Sociocultural Theory and Genesis of Second Language Development [M]. Oxford: Oxford University Press, 2006:56.
③ Vygotsky L S. Mind in Society: The Development of Higher Psychological Process [M]. Cambridge: Harvard University Press, 1978:38.
④ Vygotsky L S. Mind in Society: The Development of Higher Psychological Process [M]. Cambridge: Harvard University Press, 1978:90.
⑤ Vygotsky L S. Mind in Society: The Development of Higher Psychological Process [M]. Cambridge: Harvard University Press, 1978:89.

的,上限是由学习者的发展状态和认知潜势确定的。维果茨基还强调帮助应该与学习者自身的目的相关。如果教学是有效的,那么设计的活动才能被认为是有意义的,是能满足学习者内在需求的。

跨越最近发展区需要人与人之间的互动和协作,从依靠他人到能独立完成行动,也就是从人际交互活动中的心理间平台到个体的心理内平台,实现内化。这要求教师在学生的最近发展区内进行教学,以免教学内容过难导致学生接受困难,同时教学内容也要在学生实际水平之上,以此激发学生的潜在能力。学习者的最近发展区是动态发展的,通过教师指导和团队写作,学习者不断地发展能力,创造新的发展区。在设置教学任务时,要根据任务难度将任务拆分成不同的小任务,引导学习者一步步达成目标。

在最近发展区理论基础上,布鲁纳(Bruner)提出了"支架教学",搭建支架的目的在于为学生的学习提供适当的线索,让学生通过支架逐步攀升,解决学习中的问题,掌握知识,提高问题解决能力,成为一个独立自主的学习者。支架教学是社会文化理论支撑下的教学法之一,注重以学生为中心,强调教学过程中学生的主动构建。从原本需要教师和同伴的帮助完成任务到最终能独立完成任务,学习者在人际交往中实现知识的内化,跨越最近发展区,活动在中间起桥梁作用。根据最近发展区理论,支架教学不仅需要关注教学任务本身,还要关注学生已有的经验知识、目前水平,以及发展的过程中存在的障碍,力图通过搭建支架帮助学生跨越最近发展区。当学习者达到潜在发展水平时,要及时撤掉支架,给予其充分的独立探索时间。

虽然维果茨基并未充分阐释他的教育理论,但他所强调的社会性建构思想对教学具有重要的启示意义。长期以来,教育改革一直在两种争论之间摇摆:一种主张进步主义的、儿童中心的教育改革,另一种倡导回归到强调基础知识和基本技能的更结构化的教师主导的课程。然而,维果茨基的社会文化理论认识到文化的持续性和个体的创造性是互补的和相互依靠的,提供了一种克服困境的思路,一方面,代替了传统的传递式教学,另一方面,也代替了无结构的探究学习。维果茨基的理论强调师生共同参与活动,共建知识。维果茨基的理论也聚焦符号中介,并以其为主要方式帮助不成熟的学生吸收现存的文化资源,引导学生解决他认为重要的问题。他的理论提出了一种合作共同体以取代竞争性的人文主义,教师是引导者,所有参与者参与对话性探究,共同构建,互相学习。

第二节　巴赫金的话语理论与话语互动观

巴赫金是苏联著名的文艺理论家、语言学家、历史文化学家、人类学家。20世纪80年代,巴赫金主要以陀思妥耶夫斯基(Dostoevsky)的研究者身份出现在中国学术界,学者仍主要针对其复调理论进行探讨。随着90年代的研究逐渐深入,巴赫金理论的核心概念话语理论逐渐成为中国学者的研究热点。

一、话语是一种超语言学现象

巴赫金的对话理论或对话主义的核心概念是话语。"巴赫金把与语言相对立的言语称为'话语'。巴赫金认为语言实际的存在方式是'话语'"[1]。巴赫金将"话语"作为自己的研究对象。"话语"是言语交际的现实单位,指具体个人的讲话或文学成品(包括口头的和书面的),是主体独一无二的社会性行为,体现主体独特的思想意识,代表主体与众不同的观点见解和价值立场,实现主体唯一的存在含义。特别需要注意的是,在巴赫金看来,一方面话语体现了主体性,另一方面话语并非主体的任意行为。实际上,话语并不是个人的,而是社会制约性行为,体现了某种社会关系。"说者通过话语,表达自己对外部世界的观点立场和情意态度的重要因素,是最终使自己话语积极指向他人话语,又彻底区别于他人话语的关键环节。"[2]总之,话语是语言实际的存在方式,具有绝对的社

---

[1] 周启超,王加兴.中国学者论巴赫金[M].南京:南京大学出版社,2014:80-85.
[2] 周启超,王加兴.中国学者论巴赫金[M].南京:南京大学出版社,2014:80-85.

会性和相对的个人性。"在几乎每一个言语内部,自己和他人话语之间强烈的互动和斗争一直在持续,在这个过程中,它们相互反对或对话性地激活对方。"①在此基础上,巴赫金构建了超语言学,即超出词汇语义学的范围,把表现对话关系的活的话语作为超语言学的研究对象。对话者之间存在"同意和反对的关系、肯定和补充的关系、问和答的关系,巴赫金称此为纯粹的对话关系"②。这是一种在各种价值相等、意义平等的意识之间相互作用的特殊形式。超语言学不是在语言体系中研究语言,也不是在脱离对话交际的篇章中研究语言;它恰恰是在这种对话交际之中,亦即在语言的真实生命之中来研究语言。

二、对话是人存在的方式

巴赫金认为,人是对话的存在,对话是人存在的方式,存在就意味着进行对话交往,个体是通过他者来显示自己的,他者也是基于其他个体的参照才得以体现的。巴赫金把对话上升到哲学的高度,认为对话是人存在的最基本条件,"一切莫不归结于对话,归结于对话式的对立,这是一切的中心。一切都是手段,对话才是目的。单一的声音,什么也结束不了,什么也解决不了。两个声音才是生命的最低条件,生存的最低条件"③。人的存在意味着建立相互关系,我为他人而存在,这意味着我被他人看到、听到,而他人亦进入我的视野,因我而实现其自身,进而形成交往。而交往则通过言语的交往来实现,在相互的表述中实现。"这种言语的交往与表述,与生俱来就是一种对话的关系,人类生活本身的对话性在言语的交往中显现了出来。从而言语、话语与表述,确证了人的具体的存在方式,确证了人是一种言语交往中的存在、对话的存在。"④巴赫金认为,生活的本质是对话,对话体现了人类最基本的相互关系,对话有狭义和广义两种理解。狭义的对话是指对话者之间的一种言语互动形

---

① Bakhtin M M. The Dialogic Imagination[M]. Austin: University of Texas Press, 1981: 354.
② 周启超,王加兴.中国学者论巴赫金[M].南京:南京大学出版社,2014:9.
③ 巴赫金.巴赫金全集:第二卷[M].钱中文,译.石家庄:河北教育出版社,2009:340.
④ 钱中文.巴赫金:交往、对话的哲学[J].哲学研究,1998(1):53-62.

式。从广义上讲,对话包括四种不同范围和层次的言语互动形式。第一种是直接的、现实的、面对面的人与人之间的言语交流;第二种是书报刊中的语言交际,涉及直接生动的对话,以及不同形式的书面回应;第三种是对话不限于生活在同一时代或说同一语言的主体;第四种是对话的范围包括意识形态对话以及来自不同国家、民族和政党的各种言语交际行为。[1]巴赫金的对话不受时空、主体的限制,可以发生在人与人之间,也可以发生在不同领域之间;可以是我和他者的对话,也可以是今天与历史的对话等。巴赫金认为,人是对话的存在,人是交往的存在。一方面,巴赫金承认生活中的每一个人(自我)在存在当中都占据独一无二的时空,每一自我在世界上的位置是唯一的和不可取代的,也就是说,每一个人都是独一无二的主体。另一方面,巴赫金指出,自我与他人都是人的整体的组成部分,我的生活是在时间上包容其他人存在的一种东西。[2]这样,巴赫金认为自我并不是封闭的存在,它只能存在于和他人的对话交往中。因此,处在这种存在关系中的人的对话交往,是主体和主体之间的对话交往。

巴赫金把对话看作人类基本的生存方式,一个人的"言谈"总是带有对某种观点和价值观的表达,但这种表达并不是站在一个固定的立场上,而是一个过程,是在和对象的对话中完成其功能的,并且和其他"言谈"一起构建了话语的公共空间,各种不同的声音借此汇成一个充满张力的复合体。巴赫金指出,我们所有的话都充斥着他人的话,对于我们的任何一次言谈,不能把它只归在言谈这一人身上,它是说话的人们相互作用的产物,是发生言谈的整个复杂的社会情境的产物。[3]巴赫金把主体的构建看成自我与他者关系的建构。正是与他人的相遇,才促使对话的产生。人的主体是在自我与他者的交流、对话过程中,通过对他者的认识和与他者的价值交换而建立起来的。

---

[1] Bakhtin M M. The Dialogic Imagination[M]. Austin:University of Texas Press,1981:82.
[2] 陈太胜.巴赫金对话理论的人文精神[J].学术交流,2000(1):108-114.
[3] Bakhtin M M. The Dialogic Imagination[M]. Austin:University of Texas Press,1981:126.

三、狂欢（carnival）理论

巴赫金认为对话是人存在的方式，这表明了对话在本质上是不同声音之间的"博弈"，合意或真理的获得不可能一帆风顺。事实上，在对话过程中，由于制度和结构的因素赋予某些对话参与者一些特权，而压制另外一些声音，对话参与者在地位、受尊重程度或者权力等方面难免会受到不平等的待遇。但是在某些情况下，用一种"游戏"的态度和方法可以缓解张力。游戏精神能够把对话参与者之间的分歧或歧义，更少地看作威胁，更多地看作机遇。对话游戏能够宽容某种程度的竞争，既不会让竞争升级，把对抗变为战斗，也不会通过排除所有的歧见而消除张力。如果对话游戏中存在对抗，我们应该欣赏对话伙伴的差异性，把它视为产生兴趣和让对话游戏丰富多彩的条件。

巴赫金用狂欢概念表达了他的对话游戏观。巴赫金指出，"狂欢节"这一民间文化是对等级森严的官方规范文化的颠覆，使人们从日常生活中一些僵化的、不可逾越的关系中解放出来。所有人既是表演者，又是欣赏者，这是一个平等自由、人人尽情展现自我的世界。"因为每个人都有参加狂欢节的潜在可能，所以狂欢节就提供了对话和复调的舞台……狂欢节悬置了那些维系社会秩序的规范。狂欢节的参与者颠覆了等级森严的官方规范文化，并且创造出一种新的关系模式，从本质上说是对话的模式"[1]。

四、基于内在对话性的话语互动观

巴赫金不仅关注在场的听者，而且把不在场的听者也纳入话语范围。巴赫金的话语性存在三层内在对话性，分别表现为说话者（作者）与同一话题已有的他人话语和他人意见展开对话；说话者（作者）与话语预期的受话人（addressee，又称为听者或者第二者）及其统觉背景

---

[1] Bauer D M. Feminist Dialogics: A Theory of Failed Community [M]. Albany: State University of New York Press, 1988: 4.

(apperception background)展开对话以及说话者(作者)与长远时间内的超受话人(super addressee,又称理解者或者第三者)展开对话。在后两层对话中,说话者与虚设的受话人(统觉背景)和超受话人的对话只是虚拟的阐释活动,但是,巴赫金将这种虚拟的对话和对话角色看作话语不可或缺的"构建要素",并将这些构建要素及其关联视为"应答结构"(structure of response)。这一结构在召唤实际阐释中积极的应答性理解。"巴赫金的话语'应答结构'召唤阐释者在应答性理解中也实现复数性、公度性、共享性、公正性、真理性的阐释,推动阐释活动由个体性转向公共性。"[1]巴赫金正是通过话语的内在对话性,最终揭示出个人行为的实现方式,以及整个道德的存在形态——平等对话性。他认为任何话语都具有内在的对话性。不管我们的一段话看起来多么具有独白性,实际上它都是对他人的回应,都同先于它的其他话语处在程度不同的对话关系之中,是先前话语的继续和反响;另外,任何话语都希望被人聆听、让人理解、得到应答。[2]在这种对话性存在的基础上,言说者必须时刻表现出对听者的关注。

在巴赫金看来,语言是"活的词语",通过具体言说者在具体情境中的运用而不断转变。它是对话链的一部分,回应了不在场的和之前的言说者的"声音",任何言语都在回应其他的话语。"在历史存在的任何时刻,语言从上到下都是杂语(heteroglot),它表征了如下社会意识对立的共在:现在与过去、过去的不同时代、现在不同的社会意识形态群体、不同的趋向、不同的学校以及不同的圈子等,所有这一切都有其独特的'体型'。这些'杂语'的语言以多种方式相互交织,形成一种新的典型的社会性'语言'。"[3]所以,表达一句话并不是编码和解码言说者发出的信息和听者收到的信息,否则就假定了理解一句话是被动的。在巴赫金看来,"这种理解是主动的和反应性的。当我们发出声音时,我们所用的词语之前存在于他人的嘴里,在他人的语境中,为他人的意图服务"[4]。说

---

[1] 文浩.巴赫金的对话理论和阐释的公共性[J].中国文学研究,2019(1):28-34.
[2] 萧净宇.超越语言学:巴赫金语言哲学研究[M].上海:上海人民出版社,2007:136.
[3] Bakhtin M M. The Dialogic Imagination[M]. Austin:University of Texas Press,1981:291.
[4] Bakhtin M M. The Dialogic Imagination[M]. Austin:University of Texas Press,1981:294.

话是主动的和反应性的,我们总是试图根据我们的意图给词语添加某些新内容。倾听也是主动的和反应性的。听者不仅仅解码话语,他也要理解为什么这样说,将其与自己的兴趣和假设相联系,并且评价它所引起的回应类型。所以,一句话的意义存在于至少两个声音的界限之内:言说者根据自己的意图给之前他人已经用过的话语增添新内容,听者用自己的声音来理解它。

语言的杂语性解释了人们能够经常在合作情境中构建不同的知识。我们每个人与相同话语的互动是不相同的,所以,即使听到相同的话语也会让我们每个人有不同的收获。而且,与每一段话语相关的个人知识可能包括作者、情境、回应以及与其他的话语、情境和回应的关系。对每个人而言,这是一种独特的且永远不会有最终结论的知识。巴赫金的对话观,特别是他的"内在说服性话语"(internally persuasive discourse)指出,任何话语都是不同声音之间的对话,具有"内在对话性"的重要特征。[1]

根据巴赫金的对话观,可用内在说服性话语来描述成功的合作学习的新概念,这与外在权威性话语(externally authoritarian discourse)相对。在内在说服性话语中,话语及其意义是能够协商和修正的,学习者能够根据其他说话者的批评以及提出的替代性观点验证和改善自己的观点。这些对话者可能提供了一个机会,让我们能够意识到自身本体论上的局限性,并最终超越它。内在说服性话语让参与者处于自己的真理与他人真理的界限内。内在说服性话语的成功实施未必需要参与者完成相同的目标,也不期望参与者的声音被"消融"或"聚合"成一种声音。内在说服性话语强调合作中对话主体性的展现,不去特别关注参与者之间知识的相似度是否增加。

内在说服性话语非常适合多元文化主义时代的要求。多元文化主义认为文化处于持续的构建中。因此在一个多声音的社会中,不同声音之间的互动障碍或冲突不仅是不可避免的,反而是话语变革的推动力,因为参与者被迫将注意力从信息转移到互动本身和相互关系上。内在

---

[1] Bakhtin M M. The Dialogic Imagination[M]. Austin:University of Texas Press,1981:354.

说服性话语概念与21世纪的学校教育目标一致,因为它强调知识创造和知识生产的主体性。它也强调了交际和合作作为持续的知识提升手段的重要性,是终身学习的重要资产。可以说,巴赫金的对话理论最显著的特点之一是主体间对话的平等性和开放性;而对话中思想的交流则是对人的价值的极大关注。这些与21世纪教育关注的问题是一致的。

第三节 弗莱雷的对话理论与话语互动观

巴西著名教育学者弗莱雷称得上是对话教学中的里程碑式人物。

一、用提问式教育代替灌输式教育

弗莱雷尝试用提问式教育(problem-posing)来代替灌输式教育。他认为灌输式教育把知识视为一种具体化的和静止的财产,教育实践变成了"储蓄"行为,在这种教育理论中,一种非常有价值的商品——真理能够被"储存"在学习者那里。提问式教育则认为对话是不可或缺的。"真正投身于解放的人必须彻底摒弃灌输式教育,代之以接受人是有意识的存在这一观念,这里的意识是针对世界的意识。他们必须放弃储存信息的教育目标,代之以把人类与世界的关系问题提出来的教育目标。提问式教育摒弃公报,体现交流。"[1]弗莱雷把对话置于"被压迫者教育学"的核心,认为这是提问式教育的本质:"对话是师生合作共同寻求和再寻求学习目标的行为……教学不是把作为教师的固定财产的知识传递给学生,而是一个对话过程,这是一个动态的不断接近学习目标的过程。"[2]在弗莱雷看来,对话教学的目的在于通过一个共同探究的过程形成相互理解,而不是把真理从一个知识渊博的专家传递给一个被动的接受者。"提问式教育者从学生的反思中可以不断更新自己的反思。学生不再是温

---

[1] 弗莱雷.被压迫者教育学[M].顾建新,赵友华,何曙荣,译.上海:华东师范大学出版社,2001:30-31.
[2] Shor I, Freire P. What is the "dialogical method" of teaching?[J]. Journal of Education, 1987, 169(3):14.

顺的听众,而是在与教师进行对话的过程中批判性的合作调查者。"[1]在对话教学中,学生不再是教师讲述内容的记忆者和背诵者,而是一个批判性的独立思考者。教师把自己的观点提供给学生,不能强迫学生不假思索地接受这些观点,而是希望学生表达自己的观点,再根据学生的反应重新考虑自己先前的观点。

提问式教育的作用就是教师与学生共同进行创造,在这种情况下,"信念(doxa)层面的知识被理念(logos)层面的真正知识所替代"[2]。弗莱雷认为,真正的知识也就是理念层面的知识,这是师生联合创造的。教师在自己的书房,甚至实验室中获得的知识都是信念层面的知识,这种层面的知识不是固定不变的,而是随着教师与学生对话的深入,随着教师不断倾听学生所持有的不同观点,在批判反思的基础之上被不断修正,直至师生之间获得合意。师生之间达到合意的知识就是理念层面的知识。

二、对话关系的平等性

弗莱雷强调对话关系的平等性。对话关系的平等性体现在对话参与者之间相互关联,内在统一,特别是要消除传统教学中所形成的教师对学生的压迫关系。他认为对话最基本、最重要的理念之一就是平等,应该根据对话参与者推理的有效性而非依据权力的高低来判断对话内容的重要性。"通过对话,教师的学生(students-of-the-teacher)及学生的教师(teacher-of-the-students)等字眼不复存在,新的术语随之出现:教师学生(teacher-student)及学生教师(students-teacher)。"[3]教师与学生的身份是人为设定的,并非固定不变的。事实上,只有打破这种固定的身份关系,真正的对话才有可能。权威不是建立在盲目的服从之上,而必须建立在独立思考之后。

---

[1] 弗莱雷.被压迫者教育学[M].顾建新,赵友华,何曙荣,译.上海:华东师范大学出版社,2001:32.
[2] 弗莱雷.被压迫者教育学[M].顾建新,赵友华,何曙荣,译.上海:华东师范大学出版社,2001:32.
[3] 弗莱雷.被压迫者教育学[M].顾建新,赵友华,何曙荣,译.上海:华东师范大学出版社,2001:31.

三、对话需要反思与行动

"对话不可能发生在否认他人具有说出他们的词的权利的人和说话权利被否认了的人之间展开……对话需要对话双方的联合反思与行动,并且指向待改造和待人性化的世界。对话是一种创造行为。"[1]对话不是一方向另一方"灌输"思想的行为,也不能变成待对话者"消费"的简单思想交流。弗莱雷认为,反思与行动是对话的精髓。对话的任何一方都需要在命名世界的实践中,倾听另一方的观点,然后再反思自己的观点,换言之,对话双方是内在统一的,而不是一分为二的。所以在对话教学中,首先要打破那种把教师与学生一分为二的观点,打破这种人为的身份关系,建立起动态的、内在统一的师生关系。

弗莱雷认为对话需要意识形态批判。弗莱雷质疑教师权威的身份化,质疑所有静止的惯例和公认的真理。弗莱雷的教育学寻求把"被压迫者"从意识形态和依赖他人的枷锁中解放出来。弗莱雷主要关注教授成年人读写能力,但是对他来说,"读写能力"是一种暗喻,用来指一种更加广泛的能力——"解读世界"的能力,这不仅仅指解码文本的能力,而且还包含对文化和政治批判的能力。教师、文本和国家不再是一种强制的和权威的力量,而是成为需要被仔细检查和质疑的对象。对话鼓励参与者对现实做出真正的反思与行动,成为批判性的思想者。

四、对话的情感性

弗莱雷强调对话的情感性。弗莱雷指出,对话不仅仅是一个认知的过程,更是一个情感交融的过程,对话的维持需要对话参与者投入自己的情感,而不仅仅把对话视为一个共同获得知识的认知过程。具体来说,弗莱雷提出了如下的情感要求:一是爱。爱是对话的基础和对话本身,缺乏对世界、对人的挚爱,对话就不能存在。二是谦虚的态度。总是注意别人的无知而从不注意到自己的无知,就不能对话。三是信任。离

---

[1]弗莱雷.被压迫者教育学[M].顾建新,赵友华,何曙荣,译.上海:华东师范大学出版社,2001:38.

开了对人的信任,对话就无可避免地退化到家长式操控的局面。四是希望。希望扎根于人的不完善性之中,人通过不断探索摆脱不完善——这种探索只有在与他人的沟通中才能实现。[1]

第四节　伽达默尔的解释学思想与对话观

德国解释学大师伽达默尔的解释学思想对对话教学产生了重要影响,是对话教学的重要理论基础之一。

一、对话即视域融合

伽达默尔认为,对话就是要碰撞和生成一种新的理解,实现不同视域的融合。"理解其实总是这样一些被误认为是独自存在的视域(horizont)的融合过程。"[2]"视域概念本质上就属于处境概念。视域就是看视区域,这个区域囊括和包容了从某个立足点出发所能看到的一切。"[3]视域概念具有两个重要特点:首先,视域概念确定了理解的出发点,视域概念表明理解总是从一个特定的立足点出发,而且是有界限的,从而表明任何理解都是有限的。在伽达默尔看来,这个特定的立足点就是前见、传统或历史。其次,视域概念意味着,具有视域就不局限于近在眼前的东西,而能够超出这种东西向外去观看,"获得一个视域,这总是意味着,我们学会了超出近在咫尺的东西去观看,但这不是为了避而不见这种东西,而是为了在一个更大的整体中按照一个更正确的尺度去更好地观看这种东西"[4]。视域融合既不是把自己的个性移入另一个人的个性之中,也不是使另一个人受制于我们自己的标准,而总是意味着这两者共同向一种更高的普遍性提升,这种普遍性不仅克服了我们自己的

---

[1] 弗莱雷.被压迫者教育学[M].顾建新,赵友华,何曙荣,译.上海:华东师范大学出版社,2001:38-40.
[2] 伽达默尔.真理与方法:哲学诠释学的基本特征[M].洪汉鼎,译.上海:上海译文出版社,2004:396.
[3] 伽达默尔.真理与方法:哲学诠释学的基本特征[M].洪汉鼎,译.上海:上海译文出版社,2004:391.
[4] 伽达默尔.真理与方法:哲学诠释学的基本特征[M].洪汉鼎,译.上海:上海译文出版社,2004:394-395.

个别性，而且也克服了他人的个别性。在碰撞和相互作用中，调动出两者最大的潜力，喷射出绚丽的火花，从而使对话成为一个活泼的事件。用一种形象的话说，在这种对话中，文本就像是一部乐谱，在其演奏中不断得到读者的反应；又像是一个具有无限魅力的提问者，用自己一个又一个深邃而迷人的问题，迫使理解者做出回答，而理解者一接触到这样的问题，就会受到启发和感悟。[1]伽达默尔的对话观强调理解是一种分享的理解。分享是伽达默尔对话观的核心，所谓分享是指解释者与文本的分享，而要实现分享，就需要解释者的视域与文本的视域相融合。

在伽达默尔看来，文本理解的本质实际上就是解释者视域与文本视域不断融合的过程，换言之，就是解释者和文本从各自的视域出发不断进行对话，直至相互理解。解释者和文本具有不同的视域，理解的过程就是两种视域不断交融，不断对话，直至"视域融合"，形成一个新的视域。任何的理解都是"视域融合"的过程，都是对话的过程。这个新视域既受解释者和文本的原视域的限制，又超越了这两个视域，从而形成新的理解。可以说，任何视域都是流动生成的，所以任何理解都是开放的，绝对的理解是不存在的。

二、理解不是单方面的理解而是相互理解和自我理解

伽达默尔认为理解不是人的行为方式，而是人的存在方式。境缘性的理解（befindliche Verstehen）和理解着的境缘性就构成此在的基本生存论环节。伽达默尔认为，理解不是再现而是调解，理解在本质上是把过去的意义置入当前情境的一种调解或翻译。我国著名的解释学研究学者洪汉鼎对两种理解观进行了区分："一种是认知观点，它强调主客二分，理解是静观，把握对象的意义，其标准是客观性和中立性。另一种是经验观点，它强调主客统一，理解是与某物周旋，打交道，其理想是参与性。"[2]通常我们说的"理解"就是把握一些东西，如理解一本书，就是把握

---

[1] 滕守尧.对话理论[M].台北:扬智文化事业股份有限公司,1997:41.
[2] 洪汉鼎.中国诠释学第二辑[M].济南:山东人民出版社,2004:23.

这本书中的一些意义,好像意义就存在于这本书中等待我们去发现。但是伽达默尔的"理解"概念不是这个意思,他的"理解"概念指和某人、某物打交道,可以翻译成"周旋",实际上,"理解"就是与某个东西周旋,打交道。理解一个文本,就是不断地周旋,不断地对话,它能向我提问,我也能对它进行回答。

在伽达默尔看来,理解首先是一种相互理解,理解双方达成一致意见。理解的原始形式就是同意或相互一致(Einverstandnis),即理解者与被理解的东西取得一致意见,文本理解的目的不在于探究作者的原意,而在于理解文本所提出的某种可能的真理要求。"理解首先指相互理解。了解首先是相互一致。所以,人们大多是直接地相互理解的,也就是说,他们相互了解直到取得相互一致为止。了解也总是对某物的了解。相互理解就是对某物的相互理解。"①理解的结果是不同视域的融合。

另外,伽达默尔也经常说,在一切理解当中,都包含着自我理解,自我理解只在我们遭遇到他物而不是自我时才发生,理解永远是自我与他物的统一。"所有理解最终都是自我理解……谁理解,谁就知道按照他自身的可能性去筹划自身。"②对任何文本进行理解,都一定是在某个具体情境中对它进行理解,理解在任何时候都包含一种旨在实现过去和现在沟通的具体应用。首先,自我理解意味着追求知识的意义性。海德格尔说,"意义是某某东西的可领悟性的栖身之所。在领会着的展开活动中加以勾连的东西,我们称之为意义"③。自我理解就是要超越知识的工具价值去追寻人的生命活动的出发点和归宿,怎样用某种使生活得以延续下去的方式来解释人生。"任何以阐释学名义从事的研究……均要求研究人员应在研究过程中,不断深化对于他(她)本人的自我理解……它更多是关注人生的意义问题。"④其次,自我理解是对话教学的道德性要求。在对话过程中,对话参与者应该通过倾听对方不同的观点,从而不断自

---

① 伽达默尔.真理与方法:哲学诠释学的基本特征[M].洪汉鼎,译.上海:上海译文出版社,2004:233.
② 伽达默尔.真理与方法:哲学诠释学的基本特征[M].洪汉鼎,译.上海:上海译文出版社,2004:337-338.
③ 秦光涛.意义世界[M].长春:吉林教育出版社,1998:67.
④ 史密斯.全球化与后现代教育学[M].郭洋生,译.北京:教育科学出版社,2000:126-130.

我反思,加深自我理解,修正自己原有的观点。那种仅仅要求他人去理解自己的做法是不道德的。"成人"的过程就是一个不断认识自我的过程。正如卡西尔所说,人被宣称为应当是不断探究他自身的存在物——一个在他生的每时每刻都必须查问和审视他的生存状况的存在物。人类生活的真正价值,恰恰就存在于这种审视中,存在于这种对人类生活的批判态度中。[1]

对话双方的视域融合形成新的理解,这种新理解不仅仅是认知性的,更包含精神性。"教化"概念表明理解的过程不仅仅是一个获得普遍知识的过程,而且还包含以"异化"为前提的返回自身的运动,也就是说,获得知识的个人意义,促进个体的精神成长。在理解中,自我的构成和意义的构成是同时的。师生在与文本的对话中,首先获得促进个体精神成长的人类的普遍文化,然后又以此为基础,返回自身,获得知识的个人意义。知识的个人意义的不同正是师生对话的前提,此外,在对话的过程中,在倾听对方的观点的过程中,个体精神不断"异化",进一步反思知识的个人意义,从而促使个体精神的不断成长。总之,对话教学的目的在于促进师生双方的精神成长,全面实现人的自由,关怀人的生命生成。

三、对话中的问题优先性

伽达默尔在《真理与方法:哲学诠释学的基本特征》中用专章论证了"问题在解释学里的优先性"。问题具有方向性意义。"问题的本质包含:问题具有某种意义。但是,意义是指方向的意义。所以,问题的意义就是这样一种使答复惟一能被给出的方向,假如答复想是有意义的、意味深长的答复的话;问题使被问的东西转入某种特定的背景中。问题的出现好像开启了被问东西的存在。"[2]在伽达默尔看来,问题是处理文本的普遍性与读者的特殊性之间张力的关键,问题正好构成了普遍和特殊之间的中介。如果我们把理解视为一种读者与文本之间的对话,那么只有

---

[1] 卡西尔.人论[M].甘阳,译.上海:上海译文出版社,1985:8.
[2] 伽达默尔.真理与方法:哲学诠释学的基本特征[M].洪汉鼎,译.上海:上海译文出版社,2004:471.

先提出问题,才能开启被问东西的存在,答案是否具有意义,在很大程度上取决于问题,因为问题引导着回答的方向。换言之,如果读者提不出问题,也就不能得到任何答复,也就不能理解文本的意义。

在课堂教学中,只有真问题才能阻止教师声音过于强大,这是因为真问题是没有标准答案的问题,这样学生就会有展示自己观点的机会。这样的问题必定能够激励学生独立思考,不盲目接受一些所谓的权威观点,这是因为在这种情况下,自己的观点才是最重要的。这样学生就能充分意识到自己声音的价值和力量。

四、对话的关系性

对话的视域融合观与伽达默尔对前见的正名分不开。伽达默尔接受了海德格尔的观点:"解释绝非是对呈现给我们的事物没有预先假设的理解,而实际上理解都是在解释者清楚但又不能言说的假设的指引下。"[1]这里的预先假设就是解释者的前见,在海德格尔看来,理解必须建立在前见的基础之上。前见不是理解的障碍而是理解的前提和基础。同样,在伽达默尔看来,前见仅仅是理解之前的判断而已,并非意味着一种错误的判断。"实际上,前见就是一种判断,它是在一切对于事情具有决定性作用的要素被最后考察之前被给予的……'前见'其实并不意味着一种错误的判断。它的概念包含它可以具有肯定和否定的价值。"[2]前见具有开放性和关系性。虽然理解是以前见为基础,但是这绝不意味着我们可以固执地坚持我们的前见,我们需要持一种开放态度,在理解的过程中随时准备修正它们,并且把它们置于一种关系思维之中。"我们不能盲目地坚持我们自己对于事情的前见解,假如我们想理解他人的见解的话。当然,这并不是说,当我们倾听某人讲话或阅读某个著作时,我们必须忘掉所有关于内容的前见解和所有我们自己的见解。我们只是要求对他人的和文本的见解保持开放

---

[1] 加拉格尔.解释学与教育[M].张光陆,译.上海:华东师范大学出版社,2009:50.
[2] 伽达默尔.真理与方法:哲学诠释学的基本特征[M].洪汉鼎,译.上海:上海译文出版社,2004:349-350.

的态度。但是这种开放性总是包含着我们要把他人的见解放入与我们自己整个见解的关系中,或者把我们自己的见解放入他人整个见解的关系中。"[1]所以通过努力倾听文本向我们诉说的内容,我们能够批判地意识到我们的偏见,从而不断修正这种偏见。但是这种对偏见所做的修正不再被视为对所有偏见的超越,从而可以达到对文本的无偏见的理解。存在着这样一种能够被修正的偏见而不是存在一种永恒的、固定的偏见。伯恩斯坦(Bernstein)认为,对于伽达默尔来说,真正重要的是"相互性、尊重,真正寻求理解对话伙伴正在说的话,通过这样的一种相遇开放并评估自己的观点"[2]。

对话的视域融合观对于教学有重大的启示和影响。在教学实践中,因为教师和学生具有不同的视域和"前理解",所以师生之间就可能产生不同的理解,而理解总是一种创造,绝对的理解是不存在的。所以教师不应以自己的理解作为衡量学生理解的终极标准,而应视学生的理解为一个新的文本,对话的结果不是学生获得教师的预设答案或标准答案,或者把教师的理解作为主导的或唯一的理解强加给学生,而是师生的"视域融合",形成一种新的理解。对话就是师生的相互理解和自我理解,绝不是学生对教师的单方面理解。

---

[1] 伽达默尔.真理与方法:哲学诠释学的基本特征[M].洪汉鼎,译.上海:上海译文出版社,2004:347.
[2] Bernstein R J. Philosophical Profiles[M]. Philadelphia:University of Pennsylvania Press,1986:113.

第三章　深度学习视角下的课堂话语互动：内涵、特征与价值

本章主要在文献研究的基础上,基于对深度学习的内涵以及相关理论基础的分析,通过思辨的方式揭示了深度学习视角下课堂话语互动的内涵及其应然特征;也进一步阐释了深度学习视角下课堂话语互动的应然价值,促进学生核心素养的落实。

第一节　深度学习视角下的课堂话语互动：内涵与特征[①]

产生于20世纪70年代的社会文化理论关注学生高阶思维的发展,认为话语是思维和交际的核心媒介,高阶思维是话语互动的内化,特别强调学生与能力更强的他人的互动在高阶思维发展中的作用。正如维果茨基所解释的那样:"学生文化发展的任何机能会在两个界面中出现两次。它先出现在社会界面,然后出现在心理界面。首先作为一种人际心理范畴出现在人与人之间,然后作为一种内在心理范畴出现在内部……内化转变了过程本身,也改变了结构和功能。社会关系或人们之间的关系基因性地成为所有高阶机能和他们之间关系的基础。"[②]维果茨基认为高阶思维发展是一个构建过程,但是学生无法独自完成这一构建过程,也不能主要依靠与物理世界的互动而构建,高阶思维的发展本质上是一种社会活动。社会文化理论认为互动、思维和学习是一个由文化形

[①] 张光陆.促进深度学习的师生话语互动:特征与提升对策[J].全球教育展望,2020,49(10):27-38.
[②] Vygostsky L S. The genesis of higher mental functions [M]// Wertsch J V. The Concept of Activity in Soviet Psychology. Armon:Sharpe,1981:163.

成的过程,在文化中,知识被分享,理解被共同构建,互动事件由文化和历史形成,若不考虑人类生活内在的文化和互动本质,就不能理解思维、学习和发展。

一、深度学习视角下课堂话语互动的内涵

深度学习凸显学生的主体地位,强调合作、交际、创新以及批判性思维等能力,是系统性的、理解性的、发展性的和全面性的学习。深度学习不但使新旧知识与经验连接,而且使已习得的知识也相互关联;学生不但需要深刻理解学习内容和社会议题,而且需要深刻理解并反思知识的构建过程和问题的解决过程;深度学习不但能够促进学生的认知发展,而且能够促进其社会性和自我发展,使学生的知识、能力、情感、态度、价值观全面发展。从社会文化理论的视角看,学生的深度学习是与师生间和学生间的交流、沟通、合作等活动同时展开的,依赖于与文化和世界的交往,产生于与他人的主体间性的交往之中。富兰指出,深度学习具有如下特征:包含高阶认知过程,达到对内容和现代社会重要议题的深度理解;经常深入参与解决一些跨学科议题或问题;融合学术和个人能力;具有主动性、真问题性、挑战性和学生中心性;经常被设计用来影响世界,不管是地方性的或更广泛的区域;发生在一系列的情境中,越来越多地运用数字技术和各种连接。[①]深度学习是一个话语互动的过程,学生和教师在特定情境中工作,教育的成功或失败不能仅仅考虑学生的个体能力或教师的教学技能,而师生课堂话语互动的质量可能影响教育的成功或失败。

尽管课堂话语互动的有效性必须在具体课堂情境中进行评价,但是依然可以通过概括指出某些特定的话语互动所具有的相对有效性。"这种话语互动具有如下四个特征:努力达成让每位参与者都满意的共同理解;力图用证据来验证每个问题和命题;努力扩延通过合作而达成的有

---

① Fullan M, Quinn J, Mceachen J. Deep Learning: Engage the World, Change the World[M]. Thousand Oaks: Corwin, 2018: 21.

效命题的主干;让每一种观点都接受评论。"①以一种宽容的、和睦的方式一起学习绝不是课堂话语互动的全部,课堂话语互动是指为了解决一个问题、完成一个共同的目标或者以某种方式构建共同的理解而参与的一种协同性的、持续性的努力。20世纪90年代,英国剑桥大学教育对话研究中心的默瑟教授开展了"共同思考"(Thinking Together)教学项目,该项目主要研究的是课堂交谈对学生高阶思维及合作关系的影响。"共同思考项目"通过话语互动发展学生的推理能力、知识构建能力,从而促进探究式话语互动的开展。"共同思考项目"为后来学者深入研究课堂话语互动奠定了重要的基础。亚历山大提出高质量的课堂话语互动是指师生围绕一个共同话题互相倾听、互相分享、互相探讨,学生可以自由表达自己的想法,不必担心答案"错误"而产生尴尬,教师和学生的对话都是建立在彼此的基础上,并将其联结成连贯的思考和探究路线。在促进学生深度学习方面,效果特别明显的话语互动行为有:构建想法、请他人参与构建想法、礼貌地挑战并质疑他人的观点等。这主要强调了课堂话语互动中个人贡献的扩延,每位参与者构建或阐释来自他自身或他人的贡献;强调对分歧的认可、探究或批判,但需要提供理由,而且观点需要以此为基础。利特尔顿(Littleton)和默瑟认为探究式话语互动是指"参与者批判而又建设性地分享彼此的观点,在认真思考的基础上,参与推理并提供相关信息,在每一个阶段结束前竭力达成协议"②。探究式话语互动需要参与者在认真倾听他人想法的基础上,相互合作并分享自己的想法,同时不断地进行推理并参与他人的推理过程。在共同构建知识和共同思考的互动过程中,师生都做出实质性的和重要的贡献,且互相从对方的贡献中获得启发,从而不断扩大和转变自身的理解。

同样在20世纪90年代,福柯和费尔克劳夫等学者关于批评话语分析的思想开始影响对课堂话语环境的研究。吉认为,"这种在'恰当的地点''恰当的时间',按照'恰当的目标'使用语言的方法,以及思考、评价、

---

①Bereiter C. Implications of postmodernism for science, or, science as progressive discourse[J]. Educational Psychology,1994,29(1):7.
②Littleton K, Mercer N. The significance of educational dialogues between primary school children[M]// Littleton K, Howe C. Educational Dialogues. London:Routledge,2010:276.

行动和交流的方法所形成的被社会接受的关系成为大写的话语,大写的话语总是语言加上'其他材料'"[1]。话语互动是语言的,但是又不仅仅是语言的。课堂话语互动所遵循的不是简单的"语法规则",而是一种比较复杂的"文化规则"和"权力规则",课堂话语互动不仅仅是一种语言学现象,更是一种社会现象,不能忽视参与者之间的关系。深度学习视角下的课堂话语互动把课堂话语环境的平等性或者师生之间关系的平等性置于重要位置。

总之,深度学习视角下的课堂话语互动不是为了获得标准答案而实施的背诵加考查的问答教学,而是指师生或生生为了解决一个问题、完成一个共同目标或者以某种方式共同构建知识而参与的一种协同性的、持续性的活动,其目的在于促进学生的高阶思维、社会关系和自我理解的发展。需要特别指出的是,本书所指的课堂话语互动既包括师生之间的互动,也包括生生之间的互动。

二、深度学习视角下课堂话语互动的特征

(一)课堂话语互动的链式性

不同于传统的"孤立式"课堂话语互动,即基于IRF(E)结构的课堂话语互动,深度学习视角下的课堂话语互动打破了传统的IRF(E)结构,单个回合的课堂话语互动明显延长,不同回合的课堂话语互动是相互连接的。具体而言,链式性呈现如下特征。

1. 延展性

所谓延展性是指师生的观点都要建立在自己的前观点和他人观点的基础之上,不同观点构成一个有条理的思维链和探究链。师生话语互动成为连贯的探究链的一部分而非彼此分离。一方面,教师和学生之间的回应和反馈是一个不断循环的过程,是教师与学生相互作用、共同分享的构建过程,而且回应需要能够激发更多的问题。另一方面,在一个

---

[1] 吉.话语分析导论:理论与方法[M].杨炳钧,译.重庆:重庆大学出版社,2011:28.

课段当中,问题与回应都要围绕着主题,师生都要相互倾听,特别对学生而言,不但要倾听教师,而且要倾听其他同学,不但应倾听他人所说的话,而且应以此为基础发展他人的话语。

课堂话语互动延展性的一个重要条件就是负责任性。话语互动对学习至关重要,但是并非所有的话语互动都能维持学习或提升认知。为了促进学习,话语互动必须具有某些特征,让它负责任(accountable)。"深度学习的一个重要方面就是提升学生参与负责任话语的能力,这种话语的主要特征就是对参与互动的学习共同体负责任,也就是说,这种话语回应共同体中他人已经说过的话,并且有所发展。更为重要的是,这种话语要对特定学科普遍接受的论证标准负责,运用适合特定学科的证据和论据,也要对知识负责,也就是论证需要与正在讨论的议题一致或相关。"[1]负责任话语互动不但很认真地回应和进一步发展互动中的他人的观点,使其与正在讨论的议题相关,而且要以符合学科规范的方式运用证据,遵循已经确立的良好的论证规范,通过推动学生适切地运用知识让学生的思维更敏锐。

2. 探究性

深度学习视角下的课堂话语互动不是陈述他们已经知道的事情,而是一个逐渐理解、尝试阐释、互相理解的过程,它可以促进思维发展,也就是说通过分享、质疑以及反思等形成一种新的理解,这种新理解超越了每位参与者以前的理解,本质上是一种探究性话语互动。主要体现在如下方面。

其一,师生能够尝试不同的观点。特别对学生而言,他们能够自由表达观点,不会因为发表了所谓的"错误"答案而感到尴尬。"探究性话语是犹豫的、不完整的,因为它能够让说话者尝试不同的观点,能听到它们是如何发出的,能看到其他人是如何创造它们的,能够把信息和各种观点排列成不同的模式。"[2]探究性话语互动的参与者容许不同的声音存

---

[1] Connor M C, Resnick L B. Deliberative discourse idealized and realized: Accountable talk in the classroom and in civic life[J]. Studies in Philosophy and Education, 2008, 27(4): 283-297.

[2] Barnes D. Exploratory talk for learning[M]// Mercer N, Hodgkinson S. Exploring Talk in Schools. London: Sage, 2008: 5.

在,能敞开心扉去倾听对方的声音,能随时与听众和情境展开互动,能尝试新的观点,从而不断创新。

其二,教师运用问题—回答这一序列的目的不仅仅是检测知识,更重要的是引导学生理解的发展。教师一方面经常运用问题来发现学生理解的初始水平,并且相应地调整他们的教学;另一方面提出一些寻求理解、应用、分析、综合和评价的问题,提出具有挑战性的真实问题,经常运用why问题激发学生的推理和反思。课堂话语互动是致力于理解的过程,主要包括构建、运用并逐渐完善各种表征,从而达到系统、连贯和一致。

其三,教师不仅仅教授学科内容知识,而且教授学生解决问题和理解经验的程序知识。教师为学生展示问题解决策略的使用,向学生解释课堂活动的意义和目的,把与学生的互动作为鼓励学生清晰阐明其思维过程的机会。鼓励学生提出问题,学生有能力并且有效运用话语从事探究,而非被动接受教师的答案,问题比答案更有价值,学习、发现和表达的过程与结果一样重要。

3.互惠性

互惠性是指师生倾听彼此,共享观点和考虑不同的立场,师生既批判性又建设性地参与彼此的观点。课堂话语互动应以理智的论证为前提,师生都积极参与互动,在共同做出决定之前寻求和考虑各种观点。教师和学生在话语互动中都做出了实质性的和重要贡献,特别是学生对某个既定观点或主题有深入思考,能够表达、反思和修正自身的理解。课堂中的观点可能受到挑战或反挑战,但是挑战或反挑战必须是合理的,需要提供各种可能的假设和符合逻辑的论证。话语互动表征了一个合作的协调一致的共同论证的语言形式,参与者以一种理智的和平等的方式分享知识、挑战观点、评估证据和考虑选项。师生一道参与意义的构建,试图扩大和转变自身的理解,这就是深度学习的过程,就是高阶思维、合作能力以及交际能力等产生的过程。互惠性具有两层意蕴:一方面,是指参与课堂话语互动的各方都要为课堂话语互动的深化发展做出实质性的和重要贡献,尤其是学生在课堂话语互动中不能仅仅被动地盲目地接受教师所传递的观点或信息，而应深入思考相关的观点或主题，在理智思考的基础之上提出自己的观点或想法，基于证据挑战自己不认同的观点；另一方面，是指参与者在互动时，需要对自己的观点、信念、评价、解释和阐释等持一种开放心态，真诚地、仔细地了解他人对某一主题的所思、所想或所知，随时准备修正自己的前理解，并根据其他说话者的批评以及提出的替代性观点验证和改善自己的观点，这也就是说参与者通过分享、质疑以及反思等形成一种新的理解，这种新理解超越了每位参与者之前的理解。

4.合作性

合作性是指师生、生生共同完成学习任务。当共同解决问题时，师生不仅仅在互动，而且在共同思考，用创造性的方式整合他们的思考，可能导致整体大于部分之和。在这种问题解决情境中，参与者的观点会实现动态互动，语言作为主要的方式，确立共同理解、尝试可能的解决方法以及竭力达成协议，这样的协同性活动依赖于参与者建立和维持一种主体间性。参与者不是在小组中(in groups)工作，而是作为一个小组(as groups)而工作。课堂话语互动中的学生是社会性行动者而非仅仅是发展中的个体。根本而言，深度学习视角下的课堂话语互动不应仅仅被视为知识的传递手段，更意味着关系的构建，话语互动是从各个方面积极地建造或构筑社会关系的过程。课堂话语互动不仅构建同课题或教材之间的认知性关系，也构建师生、生生的人际关系，当然，这也是一个自我构建、自我展现的过程。"这个过程，是通过表现自己来实现自我发现的过程，同时，也是通过倾听来实现相互发现的过程。"[1]一方面，需要对自己的观点、前见进行反思，随着互动的深入，不断修改自己的前见，从而形成新的自我理解，是一个自我发现、自我认同的过程；另一方面，是一种敞开心扉去倾听对方声音的方式，需要对参与者的观点进行反思，形成相互理解。这种话语互动可不断强化学生的相互理解与自我理解，促进学生知情意的全面发展，这正是深度学习所需要的。

---

[1] 钟启泉.课堂话语分析刍议[J].全球教育展望，2013(11):14.

(二)课堂话语互动的情境性

课堂话语互动深受内外双重因素的影响,即内在的张力与外在的多元情境,这决定了课堂话语互动必须立足于具体的情境。"不应提出一种话语互动的理想模式,从而指责学校没有达到这一标准。我认为理想的话语互动模式将会最终危害正式的教育实践,话语互动需要一种对内在于话语互动之中的各种张力保持敏感的情境模式,这是一种适应当前的学校文化和结构的话语互动模式。"[1]

1. 课堂话语互动的内在张力决定了其情境性

课堂话语互动中内含无法克服的压力和张力,这决定了课堂话语互动需要对情境保持敏感。话语互动中的威胁和张力不可能被消除,话语互动不是一个问题的答案,而是提出一个新问题。课堂话语互动需要对内在于互动之中的张力保持敏感,试图提出一种理想化的话语互动模式,并以此作为衡量学校实践的标准最终是非常有害的。"话语互动作为交际活动,包含多个维度,包括元交际的、意念的、人际的,若思考课堂话语互动或有效性互动时不把这三个维度考虑在内是不完整的。包括话语互动在内的交际包含着张力:参与者之间的、观点之间的,不同维度的关注之间的,这些张力内在于话语互动之中,所以有效的话语互动需要接受这些张力并与这些张力共舞,而非忽视它们或消除它们。"[2]

其一,作为互动结构的话语互动内含张力。从元交际维度看,话语互动是一种互动结构,就是师生、生生之间的一种人际互动。课堂话语互动的顺利进行一方面需要某些话语规则的保障,另一方面又不能不考虑参与者之间的关系;既需要某种外在的结构形式,又需要体现话语互动的内在精神。事实上,在许多情形下以上两两之间都会构成一对无法克服的张力。"话语互动之中内含着一对张力:一方面强调话语互动结构和规则,另一方面关注话语互动参与者之间的关系。当人们试图在亲密

---

[1] Lefstein A. More helpful as problem than solution [M] // Karen L, Christine H. Educational Dialogues. New York: Routledge, 2010: 171.
[2] Lefstein A. More helpful as problem than solution [M] // Karen L, Christine H. Educational Dialogues. New York: Routledge, 2010: 171.

关系之中引入规则或试图在高度官僚化的环境中发展友谊,这种张力就会很明显。只要话语互动忽视了话语互动的精神,仅仅关注外在的形式、程序或规则就会出现问题。"[1]换言之,仅仅把话语互动简化为某种话语模式或程序就是一种简单化倾向,仅仅把话语模式视为话语互动关系的一种外在表现就会导致问题。

其二,作为认知活动的话语互动内含张力。从意念维度看,话语互动是一种认知活动,课堂话语互动的一个重要目标就在于促进学生的认知发展,这就需要权衡自身的固有观点与他人的观点之间的关系,就需要考虑坚持己见与开放自身的关系,就需要考虑接受他人的观点与批判质疑他人的观点之间的关系。话语互动意味着在自我和他者的视域之间的一种来来回回的运动,参与者会有不同的对于彼此的成见,这是一种非常正常的现象,不能简单地用"对"与"错"来评判。话语互动正是以成见为基础的,但是这绝不意味着我们应该固执地坚持成见,我们需要持一种开放态度,在话语互动的过程中随时准备修正它们。开放的态度亦非意味着全盘接受他人的观点,而是意味着将他人的见解与我们自己的见解联系在一起,而不是彼此分离。所以,话语互动必须维持两种形式的开放性:对他者的开放和对自身的开放。这一张力可以被概述为"说"(肯定个人的视域)和"听"(搁置个人的前见是为了接受他人的视域)之间的张力。

其三,作为关系的话语互动内含张力。从人际维度看,话语互动就是一种关系,参与者之间构成一种互动关系,每个参与者都是关系中的自我而不是分离的个体,从根本上讲要投入到这种关系之中。话语互动关系的本质就是能够让参与者不完全受理智的控制,身不由己地参与互动,引导他们超越预期目标,从而获得一种新的意料不到的洞察力。这种动态互动所包含的不仅仅是把两个独立的个人的视域和知识结合起来,正如伽达默尔指出,如果一个人参与了与另一个人的话语互动并将话语互动持续下去,那么单个人的意愿便无法阻止话语互动或控制话语

---

[1] Lefstein A. More helpful as problem than solution[M]// Karen L, Christine H. Educational Dialogues. New York: Routledge, 2010: 175.

互动进程了。越具有话语互动性,话语互动的进程就越不受任何一位参与者的主观意愿所控制,毋宁说,我们陷入话语互动之中,或者被卷入其中。话语互动不是两个孤立的人之间的事情,话语互动的核心在于自我和他者之间的关系,而这两者构成一对无法克服的张力。一旦参与话语互动,话语互动就使参与者进入了一个相互融合的过程,没有人能够完全有意识地指导或指引这一过程。参与者都会被卷入,都会被融合。

这些张力内在于课堂话语互动之中,是课堂话语互动的本质规定,是无法清除的,参与课堂话语互动就意味着必须接受它们,与它们共舞,必须适应内含这些张力的教育情境,这表明不存在理想化的话语互动模式,不存在去情境化的话语互动方法。

2. 课堂话语互动的外在多元性决定了其情境性

课堂话语互动中不仅存在着难以克服的内在张力,而且又不可能避免地受外在的多元情境的影响,课堂话语互动必定发生在具体的社会文化环境中,必定围绕具体学科的具体学习任务展开。具体而言,影响课堂话语互动的外在情境主要包括文化情境、学科情境与学习任务情境等。

其一,有效的课堂话语互动需要具有文化敏感性。课堂话语互动不仅仅是一种语言学现象,更是一种社会现象、一种文化现象。课堂就是一个微型社会,必然深受社会制度、文化惯习的影响。在话语互动过程中,人们的价值观念、生活方式乃至人生信仰都不可避免地影响着课堂话语互动的走向。从根本上讲,课堂话语互动不是一种具体的提问和回应的交流形式,而是一种让师生参与其中的社会关系。师生之间、生生之间在角色、地位、环境和文化等方面所处的情境是不同的,这种差异会影响师生在课堂话语互动中的表现。课堂话语互动深受国家、学校以及课堂等不同层面的社会文化的影响,国家、学校和课堂的文化往往以一种无意识的或潜在的方式制约着话语互动教学实践,不同的社会文化情境影响甚至决定了课堂话语互动模式。

不论是宏观还是微观的社会文化都影响着课堂话语互动实践,仅仅具有话语互动教学理念,而缺乏适切的课堂文化环境,话语互动往往难以展开或扭曲。"如果我们不够小心,课堂可能会成为教师而非学生说更多话的地方;在这种课堂里,假定的开放性问题从根本而言是封闭性的,学生竭力认出正确的答案,假定的平等被转变为……一种话语互动的'不平等的交际权利'。很明显,如果课堂话语互动就是对学生的学习和理解做出有意义的贡献,那就必须超越这些限制认知发展的规矩。"[1]在充满了霸权和意识形态的课堂文化环境中,必须通过批判反思,消除制度上和权利上的扭曲和阻碍,构建一种新的文化环境,这样才能实现师生之间真正的话语互动。

其二,有效的课堂话语互动需要立足于具体的学科内容与学习任务。学科内容有其自身的学科逻辑,教学内容的展开必须基于学科内容的知识体系,话语互动教学的实施亦要对学科内容保持敏感。学科内容对课堂话语互动产生了重要影响,不但影响着课堂话语互动的形式,甚至影响着课堂话语互动实践。

不但学科内容影响着课堂话语互动,而且具体的学习任务亦对课堂话语互动产生影响。教学任务的性质不同,其所需要的课堂话语互动模式亦不同。"有效的课堂话语互动与教学任务的性质有着不可分割的联系,聚合性(封闭性)任务所需要的话语互动模式可能与辐射性(开放性)任务不同。对于聚合性任务而言,探究性话语互动很可能是有效的,然而对辐射性任务而言,共同构建性话语互动是有效的,学生融合、阐释或重新表述彼此的观点,不断协商意义。"[2]

开放性的、具有挑战性的任务比封闭性的任务更能有效促进课堂互动。开放性的学习任务能够激发学习者的想象力,能够促使多元声音的产生。"就激发话语互动而言,隐喻比逻辑更有效。隐喻是生产性的,帮助我们看到我们所没有看到的。隐喻是开放性的、启发性的、引发话语互动的。逻辑是界定性的,帮助我们更清楚地看到我们已经看到的,它

---

[1] Alexander R. Culture, dialogue and learning: Notes on an emerging pedagogy [M]// Mercer N, Hodgkinson S. Exploring Talk in Schools. London: Sage, 2008: 99.
[2] Littleton K, Howe C. Introduction Part Ⅱ [C]// Karen L, Christine H. Educational Dialogues. New York: Routledge, 2010: 86.

旨在结束和排除。"[1]正是因为教学任务影响着课堂话语互动模式,所以适切的任务设计对于促进话语互动是非常重要的。

(三)课堂话语互动的广义他者性

1.深度学习视角下的话语互动:"他者"的多重性

话语互动不是两个孤立的人之间的事情,话语互动具有情感性与关系性,一方之所以愿意参与话语互动在相当大程度上是受到他者的感召和对他者的伦理责任。话语互动双方的关系对参与者认知的、社会的和情感的发展具有重要价值。布伯(Buber)认为"真正的话语互动——无论是开口说话还是沉默不语——在那里每一位参与者都真正心怀对方或他人的当下和特殊存在,并带着在自己与他们之间建立一种活生生的相互关系的动机而转向他们"[2]。列维纳斯(Levinas)所主张的"他者性"认为自我应该为他者负责,自我与他者之间应始终构建一种为他者负责的伦理关系,这确立了他者在话语互动过程中的优先性,确保了他者的核心地位。加入话语互动就意味着双重身份或声音随着时间的流逝在两者之间摇摆。简单来说,在说的时候,认为自己是话语互动之中的一种声音;在听的时候,将话语互动视为一个整体。在话语互动中,我们总是位于两边,既在自身之内又在自身之外,既从话语互动体内部来面向他者,又从外部来界定自身。一方面,在话语互动中,当我说给你听时,你已经在我之内了;为了能够与你交谈,我已经将你具身;另一方面,当你说给我听时,我必须站在你的立场来看待我自己。这种"由内及外"和"由外及内"的话语互动能够解释学习是如何发生的。"话语互动中既将他者视为'真实的'他者,又视为人的心灵的内在特征。"[3]这就说明话语互动中的他者不是在传递过程结束时才被发现,而总是在每项发言的开始阶段就到场了。"我们不是为了与婴儿交流我们的内在情感而微笑,而

---

[1] 多尔.后现代课程观[M].王红宇,译.北京:教育科学出版社,2006:240.
[2] 布伯.人与人[M].张健,韦海英,译.北京:作家出版社,1992:30-31.
[3] Markova I. The Dialogical Mind: Common Sense and Ethics[M]. Cambridge: Cambridge University Press, 2016:18.

是被婴儿召唤时而回应微笑。"①这充分说明了他者在话语互动中的重要性以及界定他者的必要性。

在儿童发展的开始阶段,聚焦于明显的特定他者如妈妈的教育作用是很容易理解的。当接受正式教育时,无形的不在场的广义文化他者发挥了更加明显的作用。教师作为专业人士,代表了更加广义的文化声音,而这些文化声音是学生必须融入其中的。正如维果茨基指出的那样,在最近发展区之中,存在一个话语互动性张力,一方是基于学生的经验产生的自我理解,另一方是代表了文化知识的教师的声音,学生即时产生的概念需要被嫁接到一个预先存在的文化概念体系之中。默瑟进一步发展了维果茨基的最近发展区概念,形成了"人际思维发展区"(intermental development zone),在其中,教师必须融合学生的观点,在话语互动中共同构建新知识。②而在信息社会中,广义他者的内涵需要被重新构建,这是因为信息社会是一个没有边界的社会,是无限的,更为重要的是,信息社会中经常能够听到课堂共同体之外的声音。以互联网为媒介的话语互动中,发出的每一个问题都面向一个未知视域,除非在封闭的站点之内互动,否则那个视域是没有清晰边界的。"互联网是没有边界的而且经常扩展,在互联网进行话语互动,无限他者的观点就会成形,其就会成为一个具体的话语互动参与者。这意味着不管你认为的这个他者的人数有多大,总是有一个比其更大的数字。类似的是,无限他者的无限性总是超越我们已经形成的关于他者的意象。"③由此可见,信息社会背景下话语互动教育中的"他者"具有多重性。

(1)特定他者。在不使用互联网的话语互动中,从表面来看,话语互动中参与者的身份总是确定的,不管是"他人""他物"或"自身"。特别是对学龄前儿童而言,特定他者的身份比较容易确定。与特定他者的关系对于学龄前儿童的学习特别重要,而且将持续其整个学习生涯。弗莱雷

---

① Braton S. Participant perception of others' acts: Virtual otherness in infants and adults [J]. Cultural Psychology, 2003(3): 261-276.
② Mercer N. Words and Minds: How We Use Language to Think Together[M]. London: Routledge, 2000: 19.
③ Wegerif R. Towards a dialogic theory of education for the internet age[M]// Mercer N, Wegerif R. The Routledge International Handbook of Research on Dialogic Education. New York: Routledge, 2020: 14-24.

认为"话语互动是人与人之间的接触,以世界为中介,旨在命名世界"[①]。日本学者佐藤学认为话语互动实践可分为三种形式:"第一种话语互动实践,是同客体的话语互动。儿童直面教育内容的概念、原理和结构,从事具体客体的观察、实验和操作,运用概括化的概念和符号,构建客体的意义世界并且构筑结构化的控制关系。第二种话语互动实践,是同自己的话语互动。学习者通过自我内的话语互动,改造自己所拥有的意义关系,重建自己的内部经验。第三种话语互动实践,是在同他人的沟通这种话语互动的社会过程中实现的。包括师生之间和伙伴关系之间的话语互动。"[②]由此可见,在非信息社会中,话语互动的"他者"身份在表面上是能够确定的,当然这个特定他者未必是"他人",也可能是"他物",甚至也可能是自己,但是不管怎样,话语互动参与者的身份是能够确定的,是特定的。

(2)广义他者。正式教育与广义他者建立了关系。广义他者是米德提出的一个观点。他借用学习玩有组织的游戏为例进行阐释,"例如玩足球,儿童并不仅仅与特定他者建立关系而且学习与普遍的规范和文化规则建立关系,也就是学会在一个共同体之内进行思考的规范和原则。"[③]米德将广义他者视为共同体的声音,认为维持共同体需要规范与文化。由于米德的观点产生于互联网出现之前,那时共同体通常被视为是同质化的,所以这种声音是单一的和一致的。课堂可以成为一个共同体,这是因为课堂中的师生必定共享某些规范与文化。当然课堂中的师生也必然具有不同的个人经历与体验,进入信息社会后,通过互联网,能够在不需要旅行的极短时间内参与不同的多元文化共同体,这会更丰富个体的经历与体验,原有共同体的界限就会被打破。同一个课堂之内必然具有多种文化,既有共享的文化与规则,也有不同的文化与体验,即课堂共同体之内的文化和共同体之外的文化。值得注意的是,在非信息社会中,学科的或教师的声音往往代表了课堂共同体之内共享的规范与文

---

① 弗莱雷.被压迫者教育学[M].顾建新,赵友华,何曙荣,译.上海:华东师范大学出版社,2001:38.
② 佐藤学.学习的快乐:走向对话[M].钟启泉,译.北京:教育科学出版社,2004:38-39.
③ Mead G H. Mind, Self and Society[M]. Chicago: University of Chicago Press, 1934:48.

化,具有优势地位和主宰地位,而在信息化社会中这种优势地位和主宰地位可能被完全或部分消解,学生可能对课堂共同体之内的主流规范和文化提出质疑与挑战,认为课堂共同体内之外的文化地位是平等的,都需要与其进行平等的话语互动。所以,在信息社会中,课堂话语互动中的广义他者就可以分为两种:共同体之内的广义他者和共同体之外的广义他者。

其一,共同体之内的广义他者。正如米德所言,共同体之内的广义他者是指共同体的声音,换言之,课堂共同体之内的广义他者也就是课堂共同体的声音。例如,课堂中所教与所学的科目、教材编写者所代表的历史与文化、教师所代表的历史与文化以及课堂中的物理环境和人文环境的历史与发展变迁等。在正式的学校教育中,学生不能仅仅学习数学、科学或历史等具体的学科知识,而要学会如何利用数学、科学或历史的声音且与那种声音一同思考,学会与某门学科的历史与文化进行话语互动,学会与任课教师所代表的历史与文化进行话语互动。教育的过程就是部分地运用历史与文化声音作为思维工具,部分地让自身被历史与文化声音所控制,并能够将这些声音化为自身的一部分,以这种共享的话语互动方式产生新的教育自我。这与维果茨基的社会文化理论的主张一致,维果茨基认为人的高阶思维的发展必然既是历史的又是文化的,在最近发展区中,学生受到教师的有效引导,在他们自发产生的理解与已经存在于文化之中的概念建立联系。

学校课程诸如数学、历史、科学等学科都有自己的声音和个性,这一理论曾对教育实践产生了重要影响。例如,让学生在课堂上反思等同于让其与广义的数学、历史、科学等文化声音进行公开话语互动。一些学生可能反应良好,这是因为其喜欢这些文化声音;一些学生可能害怕这些文化声音,结果反应就较差。那些成功与召唤他们的广义文化声音建立起一种温暖关系的学生能够继续前行,而那些不能构建这样一种关系的学生将落后甚至感到恐惧。这里的前提是课堂共同体之内的规范与文化是主流的和主导的,学生个体的不同文化和体验是需要被融合到主流文化之中的,但互联网上的世界是一个多元文化世界,"例如,针对少数族群学生所进行的大量实证研究揭示,他们在学习历史时被要求与主流族群的叙述融合,他们经常感到很困难,这是因为课堂中的叙述与他们自己族群的叙述相冲突"[1]。这就说明,与课堂共同体之外的文化与声音进行话语互动是很有必要的。

其二,共同体之外的广义他者。共同体之外的广义他者是杂语,是众声喧哗。在信息社会背景下,当某人遇到问题时,他可能将问题输入搜索引擎,在互联网中找到之前的交流,找到问题的解决办法。这种搜索不但很容易地间接参与他人之前的交流,而且也会被卷入持续的分享性探究,这就可能会超越原有的共同体界限,进入无限时空。学生通过互联网获得的信息或知识很可能会超出课堂共同体文化或历史所能界定的范围,课堂中的声音也不再是单一的共同体声音,而表现为众声喧哗,成为无限他者。

无限他者的概念非常类似于巴赫金提出的"超级受话人"。巴赫金指出,"在每次的话语互动中总是有一种结构化的'第三声音',即见证者声音"[2]。超级受话人这样一类听众的存在是为了让我们能够了解对词语意义的理解是无限的,不能在任何一点上停止。这就是为什么在巴赫金看来词语没有最终意义。根据巴赫金的阐释,如果你为了与超级受话人进行话语互动从而想竭力确定他的位置,你将总是发现另一个超级受话人会突然出现。尽管在一个特定的文化情境中,超级受话人可能以某种可与之进行话语互动的特定意象呈现,但是该次话语互动也总是会产生一位新的见证者或超级受话人,挑战原有的意象。换言之,如果一个人在话语互动中持开放态度且认真倾听,那么就不会有最终的立场,所有的立场或观点都是暂时的。

在当前社会背景下课堂话语互动的参与者既受特定师生的感召,又受课堂共同体内外的广义他者的感召。课堂话语互动所需要的双重身份或声音呈现出一种新的和有趣的形式,课堂话语互动中他者的身份既

---

[1] Wertsch J. Is it possible to teach beliefs, as well as knowledge about history [M]// Stearns P, Seixas P, Wineburg S. Knowing, Teaching, and Learning History. New York: New York University Press, 2000: 38-50.
[2] Bakhtin M. Speech Genres and Other Late Essays[M]. Austin: University of Texas Press, 1986: 168.

可能是特定的,又可能是广义的,甚至是无限的,展现出新的样态和特征,具有不同的教育意蕴。

课堂话语互动中围绕着分歧经常会汇聚不同的视角。这种分歧对于通过话语互动产生新意义来说是必要的,新意义作为一种创造,正是产生于话语互动之内的分歧所构成的创造性张力。话语互动中的分歧像铰链一样运转,围绕着它,参与者能够转变视角,从其他的视角来看待事物。在信息社会中,这些不同视角不仅仅来自特定他者以及共同体之内的广义他者,而且来自共同体之外的广义他者,所以,视角必然是无限的和多元的,既有在场的又有不在场的,这也就意味着课堂话语互动是一个持续的过程,新意义的创造也是一个持续的过程。信息社会背景下的课堂话语互动既具有话语互动的普遍性,又有其独特性。

2.彼时彼地的声音加倍影响此时此地的话语互动

在巴赫金看来,语言是"活的词语",通过具体言说者在具体情境中的运用而不断转变,它是话语互动链的一部分,回应了不在场的和之前言说者的"声音"。之前的话语是历史发展的一部分,任何言语都在回应其他的话语。它以之前话语的"话语互动式的弦外音"的形式呈现,而且当被运用于其他情境时创造了新意义。

深度学习视角下的课堂话语互动中必然渗透着遥远的声音,必然有不在场的第三方的间接参与。"话语互动可分为在场的话语互动(dialogue in presence)与不在场的话语互动(dialogue in absence)。"[①]课堂话语互动情境可被界定为一位教师和一位或多位学习者在特定的情境中围绕特定的学科内容进行的交际情境,这种在场的话语互动,也就是说此时此地的话语互动,必然被不在场的彼时彼地的声音所影响,这正是广义他者的重要体现。这等同于以下几点:其一,教师选择的情境受不在场的第三方的启示,诸如受教学方法、教育专家设计的教材或者他以前的经历所启示;其二,学科内容是知识的历史发展的结果,具有社会意义,已经经历了不同的教学方法的转变,以便能够被教授,对于学生、教师以及他们各自的社会圈子而言,它也具有个人意义;其三,教师

[①] Francois F. Interpretation and Dialogue in Children and Some Others[M]. Paris:ENS,2005:56.

和学生是社会活动者,他们在校外经历了不同的社会情境,有个人的生活轨迹,具有可能与学校情境相关或不相关的知识、技能和实践。所以作为教师或学生仅仅是他们部分的个人和社会身份。在以互联网为媒介的话语互动中,扮演了构成性角色的不在场的看不见的声音就更加明显,彼时彼地的声音会加倍影响此时此地的话语互动,话语互动被不断扩延。这就意味着,深度学习视角下的课堂话语互动既受教学方法及学科内容的历史发展、教材及其设计者的经历、师生的经验等影响,也受实时的不在场的"超级受话人"的影响。

(四)课堂话语互动的批判反思性

深度学习视角下的课堂话语互动应该是由多元声音构成,每一种声音都有自己的独特风格,而且每一种都相对独立。然而,如果课堂话语互动被理想化地认为没有霸权、没有等级,而且不需要参与的资格,那么很容易发现某些声音主宰着话语互动,而另外一些声音被排除掉。实际上,话语互动在某种程度上总是受其发生的社会条件和权力关系的限制。在现实的课堂情境中,确实存在着许多导致课堂话语互动扭曲的因素,教师由于某些制度上或文化上的因素而享有特权,这样一些因素的存在必定会导致师生之间话语互动的扭曲。天真地希望在一个存在着权力和限制的课堂结构中,单凭良好的意愿和讨论就能在师生所有分歧之间架起桥梁,并试图强行达成一致或合意,结果往往造成教师主导的话语互动中学生的不同声音被淹没。

深度学习视角下的课堂话语互动需要师生之间"非扭曲的"互动。通过批判反思,消除制度上和权力上的扭曲和阻碍,才能实现师生之间真正的话语互动。"除非话语互动双方进行批判性反思,否则真正的话语互动也无从谈起。"[1]批判反思可以使那些在参与者背后发挥作用的语言、传统及超语言因素显现,使参与者能够识别并且最终打破互动中的客观限制和权力结构。批判反思能够保证参与者、话题和意见不受限制,除了更有说服力的论证不存在任何强制,除了共同解决问题或构建

---

[1] 弗莱雷.被压迫者教育学[M].顾建新,赵友华,何曙荣,译.上海:华东师范大学出版社,2001:41.

共同知识,任何其他的动机都必须被摒弃。从这个意义上讲,师生之间各种不同的充满歧义的声音进行斗争和共存,而不是强行压制学生的某些声音,这是值得肯定的,而且也是进步的。随着话语互动的展开,新的师生、生生关系也会不断被构建和再构,能够让背景各异、观念多样的人相互理解,亲密地、和谐地共同学习与思考,能够容许视角的丰富性和复杂性,能够促进学生的认知、社会性以及个性的发展,有助于实现深度学习。

第二节 深度学习视角下课堂话语互动的价值：促进学生核心素养的养成[①]

2016年9月,《中国学生发展核心素养》框架正式公布,如何在教学实践中促进学生核心素养的养成必将成为今后基础教育课程改革的重要内容。学生核心素养的落实与养成要求必须变革传统的灌输式教学方式,走向深度课堂话语互动,深度课堂话语互动不但为学生创造了交流的机会,更为重要的是能够提升学生的认知能力,使学生的学习行为与社会行为更好地结合起来,能够增进生生之间的情感和提高他们的思维水平,这正是学生核心素养落实的题中应有之义。

一、学生核心素养的基本特征

核心素养是指为了适应信息社会、知识社会和全球化时代的需要,每个人发展自我、融入社会及胜任工作所必需的一系列知识、能力、情感、态度、价值观等多方面的整合;是每一名学生获得成功生活、适应个人终身发展和社会发展所不可或缺的共同素养。学生核心素养超越了对单纯的学科知识与技能的掌握,强调在不断变化的情境中通过不断反思融合知识、技能和情感。普遍认为核心素养具有如下特征。

首先,核心素养具有整合性。一是指功能的整合,指向胜任工作、适

[①] 张光陆.有效的课堂对话与学生核心素养的养成[J].课程·教材·教法,2017,37(3):52-57.

应社会和个体发展三项功能的整合,"核心素养不仅限于满足基本生活和工作需要,而更有助于使学生发展成为更为健全的个体,能够更好地适应未来社会的发展变化,能够达到促进社会良好运行的目的"[1]。核心素养不仅有助于学生发展成为更为健全的个体,过上幸福生活,而且能够使学生更好地适应未来社会的发展变化,达到促进社会良好运行的目的,从而推动个体与社会的协调发展。二是指内容的整合,"素养与知识(或认知)、能力(或技能)、态度(或情意)等概念的不同之处在于它强调知识、能力、态度的统整"[2]。核心素养包含三个层次:从双基指向到问题解决指向再到科学思维指向。[3]核心素养强调知识、能力、情感的整合。三是指核心素养的习得与养成具有整合性,"核心素养的习得与养成必须具有整体性、综合性和系统性"[4]。

其次,核心素养具有关键性和普遍性。一是指每个学生都应养成的重要的共同素养,核心素养不仅是共同的素养,更是关键的、必要的、重要的素养。二是指跨学科性和跨领域性,核心素养是一种"跨学科素养,是最关键的普遍素养,核心素养是最基础的,并不指向某一学科知识,并不针对具体领域的具体问题,跨学科跨情境地规定了对每一个人都具有重要意义的素养"[5]。

最后,核心素养具有成长性。一是核心素养有助于个体的发展,是最具生长性的关键素养之一;有助于学生发展成为更为健全的个体,更好地适应未来社会的发展变化;不仅有助于满足个人"优质生活"需求,更有助于建立功能健全的社会,实现"优质社会"发展愿景。二是核心素养并不是与生俱来的,而是后天学习的结果,它是在个体与情境的有效互动中生成的。

---

[1] 辛涛,姜宇,王烨辉.基于学生核心素养的课程体系建构[J].北京师范大学学报(社会科学版),2014(1):5-11.
[2] 柳夕浪.从"素质"到"核心素养"——关于"培养什么样的人"的进一步追问[J].教育科学研究,2014(3):5-7.
[3] 李艺,钟柏昌.谈"核心素养"[J].教育研究,2015(9):17-23.
[4] 张华.论核心素养的内涵[J].全球教育展望,2016(4):10-23.
[5] 张华.论核心素养的内涵[J].全球教育展望,2016(4):10-23.

二、促进学生核心素养落实的课堂教学的应然特征

学生核心素养的落实与养成必然要求转变传统的课堂教学方式,促进学生核心素养养成的新课堂教学方式应具有如下特征。

其一,促进学生核心素养落实的课堂教学是学生自主学习与合作学习融合的过程。核心素养不仅仅会促进个人的终身发展,而且会促进社会的发展,这就要求学生不仅学会自主学习,而且学会合作学习,学会在异质社群中生活,所以未来的课堂教学应将个体的自主学习与合作学习融为一体。

其二,促进学生核心素养落实的课堂教学是推动学生的认知发展与情感培养统一的过程。学生核心素养是学生知识、技能与情感的融合,三者融为一体,而非彼此分离。所以未来的课堂教学应将知识与技能的习得与情感的培养融为一体。

其三,促进学生核心素养落实的课堂教学是促进学生相互理解与自我理解的过程。学生核心素养的养成一方面需要开放自身,倾听各种声音,不断开阔视野,从而习得多方面、多领域的知识与技能,另一方面亦需要不断自我反思,探寻知识的个人意义。

三、课堂话语互动:学生核心素养落实的题中应有之义

作为一种关系存在和社会存在的课堂话语互动内含了三个维度:元交际的、意念的、人际的维度。[1]一方面,课堂话语互动是学生的知识、技能与情感展现与提升的过程,课堂话语互动能够让三者有机融为一体,这种三位一体的有机融合正好符合学生核心素养的内在精神;另一方面,课堂话语互动可促进学生的自主学习与合作学习有机融合,从而推动学生个体与社会的共同发展。由此可见,这正是学生核心素养落实所需要的课堂教学方式。促进学生核心素养养成的课堂教学离不开高质

---

[1] Lefstein A. More helpful as problem than solution[M]// Karen L, Christine H. Educational Dialogues. New York:Routledge,2010:171.

量的课堂话语互动,这是因为课堂话语互动的过程不仅仅是一个认知发展过程,更是一个情感交融过程;不仅仅可以促进自我发展,而且可以推动社会发展。课堂话语互动具有关系性,课堂话语互动不是师生或生生两个孤立的人之间的事情,课堂话语互动本身已经把师生或生生作为一个整体融入其中,在这个过程中,师生或生生都无法完全主观控制自己的观点,必须根据对方的观点而不断调整自己的观点,课堂话语互动的关系性要求话语互动双方互相合作,平等相待,特别是需要包容不同的声音。毫无疑问,课堂话语互动的这一特性可有效推动学生自主学习与合作学习的融合。课堂话语互动是一个持续的过程,其目的不在于获得某个客观真理或者解决某个问题,而在于促进彼此之间的相互理解和自我理解。课堂话语互动不仅仅体现了一种认知关系,而且是一种情感关系。这种情感关系是话语互动在遭遇挫折和分歧时依然能够持续下去的重要动力。在话语互动中,话语互动的双方,特别是教师不仅应该关注学生的认知成长,更要注意与学生的情感交融。课堂话语互动的关系性建立在充分尊重每一个参与者的自主性前提之下。话语互动双方需要真正心怀对方或他人的当下和特殊存在,话语互动的过程就是每一位参与者感受生命真谛的过程。

具体而言,课堂话语互动的四个主要特征,即链式性、情境性、广义他者性与批判反思性正应和了学生核心素养落实的要求。

(一)课堂话语互动的链式性不仅能促进学生的认知发展,而且也能形成个体身份和主体性

课堂话语互动的链式性意味着参与者通过观点的动态互动建立共同理解、尝试可能的解决方法以及竭力达成协议,参与者建立和维持了一种主体间性,这不仅促进了学生的认知发展,更重要的是构建和形成了一种新的人际关系和身份认同。在链式课堂话语互动中,师生的参与地位不能被视为稳定的和固定的,而应被视为动态的,且由微观情境确定,是社会性构建的。作为课堂共同体的成员,教师和学生可以以某种标明其成员身份的方式理解和参与课堂话语互动,但在这一过程中,每

个成员并非仅仅展现他原有的教师或学生身份,而是既可能展示他在其他社会群体中的成员身份,也可能构建新的身份。正如弗莱雷所提出的教师学生和学生教师概念意味着教师或学生的原有身份可能被打破,从而构建新的师生关系。

(二)课堂话语互动的情境性有助于促进学生认知理性与德性的统一

课堂话语互动必须立足于具体的情境,需要对真实的教育情境需求保持敏感。课堂话语互动的情境是动态的、模糊的,没有任何现成的话语互动规则或技术可以应用到所有的情境中。这就要求我们必须摒弃课堂话语互动的技术思维,以及对理想化的、普适性的话语互动模式的追求,仅仅遵循某些所谓的秘诀或者规则远远不能确保话语互动的成功,必须不断进行实践,反思自己的实践经验。课堂话语互动需要参与者不断地实践反思,深入理解自身独特的情境。把话语互动视为一种关系会使参与者在持续的交流中"缠绕"在一起,通过每一位参与者的不同选择改变基调、目的以及方向。话语互动与其说是一种技术方法,倒不如说是一种实践智慧。

那种需要灵活性、适应性和判断力的话语互动"方法"实际上不应该被称为方法,而应该被称为实践智慧。为推动话语互动的深入发展,不仅要求教师具有实践智慧,而且要求学生也具备某种程度的实践智慧,这是因为成功的课堂话语互动需要所有参与者的协同与合作。一方面,参与者的实践智慧具有很强的情境敏感性,这是指在具体的教学情境中的推理、洞察和顿悟,体现了具体情境中的实践理性,并不具有普遍性和客观性,这与那种可以简单应用的技术知识是不同的;另一方面,参与者的实践智慧绝不仅仅是一种实践理性,还与参与者是一个什么样的人不可分割地联系在一起。与作为"方法"的理性不同,作为"美德"的理性具有如下特征:"对我们周围的人的观点容忍及尊重,愿意倾听,依靠说服而不是暴力。"①实践智慧是一种德性,与人的品行密不可分。实践智慧与美德之间的关系是相互的。没有美德就没有实践智慧,同样没有实践智慧也就没有美德。"实践智慧是一个知道如何幸福生活的人的基本特征……它是一种关于个人的知识,这是因为它体现和表达了那个人属于什么类型。"②由此可见,一个具有话语互动智慧的参与者必定是一个认知理性与德性相统一的人。

(三)课堂话语互动的广义他者性能够发展学生的多元思维与创新意识

广义他者性意味着他者身份的无限性和隐匿性,导致传统的外在权威性话语难以发挥作用,强调参与者对彼此的影响,话语互动的成功实施并不意味着参与者的声音被"消融"或"聚合"成一种声音。广义他者性强调话语及其意义是能够被协商和修正的,学习者能够根据其他说话者的批评以及提出的替代性观点验证和提升自己的观点。这就意味着广义他者性能够极大地扩大学生的视野,使学生有更多机会听到多元声音,有助于知识创新。广义他者性强调课堂共同体内外的规范与文化具有同等地位,仅仅学习课堂共同体之内的规范和文化是不能适应社会要求的,学生必须学会与课堂共同体之外的规范和文化进行对话,应具有多元思维与意识。这与学生核心素养养成的目标一致,因为广义他者性强调知识创造和知识生产的主体性,也强调了交际和合作作为持续的知识提升手段的重要性。因此在一个多声音的社会中,不同声音之间的互动障碍或冲突不仅是不可避免的,而且也不应该被视为一种需要被消除的负资产,实际上这反而是话语变革的推动力,是推动学生多元思维发展和知识创新的原动力。

---

① Rorty R. Science as solidarity[M]// Nelson J S, Megill A, McCloskey D N. The Rhetoric of the Human Sciences. Madison: University of Wisconsin Press, 1987: 40.
② Dunne J. Back to the Rough Ground: Practical Judgment and the Lure of Technique[M]. Notre Dame: University of Notre Dame Press, 1993: 244.

(四)课堂话语互动的批判反思性有助于师生、生生之间的合作与团结

学生的独立思考和批判反思精神是共建知识和共同思考的重要前提条件。一方面,批判反思是对他人观点的检验,特别是对教师观点的检验,如果将教师的观点视为绝对真理,学生就不能参与知识共建,只能盲目接受教师的答案;另一方面,批判反思也是对自己观点的检验,以他人的观点和见解为镜来反思自己的观点,只有开放自己,不固执己见,不断修改自己的前见才能真正实现知识共建,这需要展现参与者的主体性,需要参与者承担更大的责任,敢于表达自己的真实想法或观点,参与者不再是被动的知识接受者,而要成为知识的共建者和创新者。

更为重要的是,课堂话语互动的批判反思性意味着平等的民主的课堂话语互动环境的创设,教师或每个学生在课堂话语互动中尊重其他人的观点,竭力维持话语互动中多元声音的共存,让每一个人都具有表达、被倾听、交往的能力和权利,能够让背景各异、观念多样的人相互理解,亲密地、和谐地生活在一起,但并不奢求共同的主张。批判反思可以使那些在课堂话语互动参与者背后发挥作用的语言、传统及超语言因素显现,使参与者能够识别并且最终打破互动中的客观限制和权力结构。这有助于促进师生和生生之间的团结与合作,有助于视角更加丰富和复杂,有助于促进学生的认知、社会性以及个性的发展,有助于促进学生核心素养的养成和发展。

第四章 深度学习视角下课堂话语互动的主要类型

美国伊利诺斯大学著名教育学者博布勒斯(Burbules)指出,虽然几乎所有的对话模式都宣称与"苏格拉底方法"(Socratic method)有关联,但是所谓的苏格拉底方法并不是一个单一进程,而是可以被分为许多不同的对话方法。他从对话与知识的关系及其对待对话伙伴的态度两个维度对对话的类型进行区分,他认为至少可以分为四种类型,即会话型(conversation)对话、探究型(inquiry)对话、辩论型(debate)对话和指导型(instruction)对话。[1]首先,从对话与知识的关系方面进行区分,可以分为向心型(convergent)对话和离心型(divergent)对话。所谓向心型对话是指,至少从原则上讲,对话者的不同立场都能够消解在一个合意中,获得一个正确的答案。[2]所谓离心型对话主要是由巴赫金在他有关"复调"的观点中提出。在巴赫金看来,对话必须是离心型的,即对话中的每一个主张都具有多元性。其次,从对待对话伙伴的态度上进行区分,可以分为包容型(inclusive)对话和批判型(critical)对话。所谓包容型对话是指,仅凭对话伙伴认可某一主张,就可以暂时承认对话伙伴所说的话似乎存在合理性。[3]与包容型对话相比,持批判性态度的对话者"更加怀疑和质疑对话伙伴的主张,强调对对话伙伴立场的客观准确性做出判断,而且会毫不犹豫地根据其所获得的证据以及观点的连贯性和逻辑性进行验

---

[1] Burbules N C. Dialogue in Teaching:Theory and Practice[M]. New York:Teachers College Press,1993:112.
[2] Burbules N C. Dialogue in Teaching:Theory and Practice[M]. New York:Teachers College Press,1993:110.
[3] Burbules N C. Dialogue in Teaching:Theory and Practice[M]. New York:Teachers College Press,1993:111.

证"[1]。博布勒斯所主张的对话类型具体如表4-1所示。[2]

表4-1 对话类型及其特征

对话类型	与知识的关系	对待对话伙伴的态度
指导型	向心型	批判型
探究型	向心型	包容型
辩论型	离心型	批判型
会话型	离心型	包容型

在博布勒斯看来,这四种对话类型各有优缺点,很难抽象地评判哪一种较好,哪一种较差。对话者要根据具体的情境、具体的主题以及对话者之间的关系来选择一种合适的类型。

20世纪70年代,英国学者巴恩斯通过研究,区分了课堂话语互动中的讲解式话语互动(presentational talk)与探究式话语互动(exploratory talk)。巴恩斯指出,为促进学生高阶思维发展,需要转变课堂话语互动形式,从讲解式话语互动转向探究式话语互动。总体而言,深度学习所需要的是探究式话语互动而非讲解式话语互动。默瑟于20世纪80年代开展了SLANT(spoken language and new technology)项目,经过研究确定了三种话语互动类型:争执式话语互动、累积式话语互动和探究式话语互动,具体内涵如下。

争执式话语互动,即参与者之间存在分歧以及个性化的决策,很少有人试图集中话语互动中的各种资源,并提出建设性的批评或建议。争执式话语互动也具有一些典型的话语互动特征——由声明、挑战或反对声明组成的简短交流("是,就是这样!""不,不是这样!")。

累积式话语互动,即参与者在交流中积极构建同伴的观点或意见,但并不加以批判。参与者通过话语互动来积累"共同知识"。累积式话语互动的特征是重复、确认以及阐释等。

探究式话语互动,即参与者批判而又建设性地参与彼此的观点,为

---

[1] Burbules N C. Dialogue in Teaching: Theory and Practice[M]. New York: Teachers College Press, 1993: 111.
[2] Burbules N C. Dialogue in Teaching: Theory and Practice[M]. New York: Teachers College Press, 1993: 112.

共同思考提供说明或建议。这些说明或建议可能受到挑战或反挑战,但需证明挑战或反挑战是合理的,并提供可替代性的假设。参与者积极参与其中,在共同做出决策之前征求并考虑各种观点。与其他两种话语互动类型相比,在探究式话语互动中,知识得到更公开的解释,推理过程也更为明显。[1]

由于深度学习既是结果又是过程,所以深度学习视角下的课堂话语互动类型就会比较丰富和多元。从结果观来看,一方面,课堂话语互动需要达成某种合意或解决某个问题,需要向心型知识观;另一方面,课堂话语互动需要构建合作性的人际关系,这需要对参与者持包容态度,当然这种包容并不是没有原则和目的的纵容,既包括合作性,又包含批判性。成功的话语互动包含两种类型:融合取向的共识与冲突取向的共识。前者是指参与者通过整合和融合彼此的立场和观点而构建自己的发言;后者包含批判性争论,面对分歧、批判和可替代的观点,学习者被推动着检验和修改自己的观点,直到达成共识。[2]前者是一种支架式话语互动,以社会文化理论为基础,整合了累积式话语互动和指导型话语互动的某些特征;后者是一种争论式话语互动,以弗莱雷的对话思想和巴赫金的话语互动观为基础,融合了争执式话语互动和辩论型话语互动的某些特征。总体而言,作为结果的深度学习需要两种类型的课堂话语互动,即支架式话语互动与争论式话语互动,这两种类型的课堂话语互动相互补充,相辅相成,可有效促进学生的深度学习。从过程观来看,在课堂话语互动中参与者也需要在某个阶段秉持离心型的知识观,而且必须持有包容的态度,这就需要会话式话语互动,其目的在于提高课堂话语互动的创新性与生成性,这种话语互动类型以伽达默尔的解释学对话观和巴赫金的话语互动观为基础。当然,不管是支架式话语互动、争论式话语互动还是会话式话语互动,从本质上讲都是探究式话语互动,此处所提及的探究式话语互动主要基于巴恩斯而非博布勒斯的分类。

---

[1] Mercer N, Littleton K. Dialogue and the Development of Children's Thinking: A sociocultural approach [M]. London: Routledge, 2007: 58-59.
[2] Mercer N, Littleton K. Dialogue and the Development of Children's Thinking: A sociocultural approach [M]. London: Routledge, 2007: 426.

第一节 探究式话语互动[①]

一、探究式话语互动的内涵与特征

(一)探究式话语互动的内涵

探究式话语互动的概念由英国学者巴恩斯于20世纪70年代提出,巴恩斯通过研究,区分了课堂中的讲解式话语互动与探究式话语互动。在传统的课堂话语互动IRF(E)结构中,由于教师的问题往往是一种考查,侧重于检验学生对某项事实或信息的记忆,作为对此种问题的回应,讲解式话语互动就会经常出现。在讲解式话语互动中,说话者的注意力主要聚焦对语言、内容和方式的调整以满足听众的需要。讲解式话语互动提供了展示和评价的终稿,话语互动仅仅被视为一种学习的通道和工具,适合对事实和既定程序的传递,适合简单的识记学习,其结果就是学生难以对概念获得深层次的理解,不利于学生高阶思维的发展。与讲解式话语互动不同,探究式话语互动具有如下特征:"当学生试探观点并边说边修正时,可以预料,他们的表达将会是犹豫的、断断续续的并随时改变方向。参与者表达不成熟的想法,目的是能够在讲述中检验想法,这样其他人就能够听到它们并且进行评论。"[②]探究式话语互动是犹豫的、不完整的,参与者更关注于梳理自己的想法,它能够让参与者试探自己的观点,看看他人是如何理解的,相关信息被有效分享,观点被清晰阐释,解释被批判性检测。"探究式话语互动在谈话中通常表现为频繁地使用一些特定的语言形式,例如'我认为''因为''你赞同吗?',且参与者的话轮较长。"[③]探究式话语互动参与者一方面在努力阐释自己的观点,另

[①]张光陆.探究式话语互动:特征、实践价值与实施对策[J].课程·教材·教法,2021,37(3):52-57.
[②]Barnes D. Exploratory talk for learning[M]// Mercer N, Hodgkinson S. Exploring Talk in Schools. London: Sage,2008:5
[③]Wegerif R, Mercer N, Dawes L. From social interaction to individual reasoning: An empirical investigation of a possible socio-cultural model of cognitive development[J]. Learning and Instruction,1999(6):493-516.

一方面也非常重视对方的想法。探究式话语互动提供了一种促进深度理解的重要方式。巴恩斯的研究主要关注了探究式话语互动的话语特征,但是对探究本身的内涵着墨不多。

相对而言,加拿大学者韦尔斯则更关注探究本身的内涵,"探究并非指一种方法,更不是一套通用的完成活动的程序,而是表明了一种对待经验和观点的立场——真正包容互动伙伴的观点,彼此开放,相互倾听,愿意通过与他人合作的方式探寻究竟、提出问题、寻求理解"[①]。探究不仅仅是为了获取知识,而是能够回答或解决一个具体的问题,或者调解某种分歧并达成合意,其目的在于产生大家都可以接受的结果,使大家有意愿和能力运用获取的理解在现在或未来可能遇到的情境中娴熟地和负责任地行动。作为一种教育方法,探究也充分认可个体与社会构成的关系。一方面,探究建立在学生个体的一手经验和兴趣之上,鼓励学生在引导自身学习中发挥主体角色;另一方面,寻求与具有社会价值的思维和行动方式结合,以文化实践和制品的方式展现,目的在于构建新理解。博布勒斯认为探究型对话可以分为如下五种式样:"一是调查研究某个问题或议题,期待获得一个答案;二是问题解决,需要形成一种可操作的或者新颖的解决方案;三是努力获得一种政治合意;四是协调各种行为以实现某种共同目的;五是对一些伦理分歧做出评判。"[②]总之,探究式话语互动在期望解决某种问题的过程中,形成了对不同观点的包容和尊重精神,希望分歧能够被消解,最终达成至少是部分的或暂时的合意。

英国学者利特尔顿和默瑟通过对比课堂中的三种话语互动类型,即争执式话语互动、累积式话语互动以及探究式话语互动,进一步明晰了探究式话语互动的内涵。探究式话语互动是对争执式话语互动与累积式话语互动的超越与突破,既克服了两种话语互动形式的弊端,又汲取了其中的精华,形成了一种辩证性的话语互动形式,其既有批判性又有

---

① Wells G. Dialogic Inquiry: Toward a Sociocultural Practice and Theory of Education[M]. Cambridge: Cambridge University Press,1999.
② Burbules N C.Dialogue in Teaching:Theory and Practice[M]. New York:Teachers College Press 1993:115.

共同构建性。

皮尔斯(Pierce)和吉尔斯(Gilles)的研究则更关注探究式话语互动所需要的话语环境:"探究式话语互动致力于理解重要的新观点。当学生感到舒适安全的时候,他们就开始探究学习的新界限并且挑战彼此的观点。他们能够安全地分享不成熟的观点、修正自己的思维、质疑他人的观点。"[1]探究式话语互动不同于讲解式话语互动,参与者的观点是不成熟的,是不断变化的,话语互动中有风险。将安全舒适作为探究式话语互动适用的话语环境,充分表明了话语互动不仅仅是一种语言学现象,更是一种社会现象,不能忽视参与者之间的关系。"对话性空间是教育对话的各种活动成为可能的重要条件,这是现实的教育具有对话性的关键所在。这意味着现实的教育必须摆脱话语霸权和暴力,必须祛除任何支配性、塑造性意志,必须除去教育、教师中心化意识。"[2]

总之,"探究式话语互动是犹豫的、断断续续的,表征了一种合作的协调一致的利用语言进行的共同推理,说话者以理智的和平等的方式分享知识、挑战观点、评估证据、考虑不同观点、共同分析、评估各种观点、比较可能的解释,并最终达成共同的结论"[3]。通过融合建设性的歧见以及分享不同观点,探究式话语互动追求更加明显的理智的合意,即以推理为前提,每个人都能够自由表达自己的观点,并接受其他有道理的观点。探究式话语互动的参与者既批判性又建设性地参与构建彼此的观点,这不但要求师生进一步发展互动中的与正在讨论的议题相关的他人的观点,倾听并包容不同的观点,而且要求师生通过理智的论证,合理地、符合逻辑地挑战对方的观点。

---

[1] Pierce K M, Gilles C. From exploratory talk to critical conversations[M]// Mercer N, Hodgkinson S. Exploring Talk in Schools. Los Angeles:Sage,2008:40.
[2] 金生鈜.规训与教化[M].北京:教育科学出版社,2004:198.
[3] Mercer N, Littleton K. Dialogue and the Development of Children's Thinking[M]. Abingdon:Routledge, 2007:54.

(二)探究式话语互动的特征

1. 发展性

探究式话语互动处于动态发展之中,参与者有时是犹豫的,结构有时是不完整的,观点有时是不成熟的。在探究式话语互动中,参与者无须清晰、流利、完整地表达自己的观点或回答他人的提问,有时候犹犹豫豫和吞吞吐吐是非常必要的,延长候答时间也是允许的,因为这能够有效帮助话语互动参与者整理自身的想法,尝试新的观点,从而不断创新。

2. 包容性

探究式话语互动是为了解决一个问题、完成一项任务或共同构建知识,这就要求探究式话语互动的参与者能够包容、尊重、倾听不同的观点,表述的过程也是不断梳理自己思想的过程,在阐释自己的观点时,应该尽量少用绝对性的语气和语调,为自己的话语留有空白。探究式话语互动创造了一种情境,在其中试探性表达和对观点的评价皆具有合作性与包容性。

3. 相互信任性

在探究式话语互动中,观点往往是不成熟的、不断变化的,话语互动中有风险。在探究式话语互动中,参与者把自己未成熟的想法说出来,这样其他同伴就能够听到且进行评论,所以,参与探究式话语互动是冒一定风险的,是在做一件勇敢的事情,除非在小组或课堂中有某种程度的信任,否则探究式话语互动不容易发生。在探究式话语互动过程中,参与者应当努力做到尊重和考虑所有的意见和想法,教师与学生之间应当相互尊重,彼此支持与合作。

4. 批判式的共同构建性

为了促进探究式话语互动的发生,仅仅具有包容态度和相互信任是不够的,包容和信任并不意味着可以盲目接受他人的观点,还需要对如何参与富有成效的讨论有共同理解。在探究式话语互动过程中,参与者通常借助批判性的话语行为来推动对话进程,这些话语行为的作用不在于传递单一的信息,而在于帮助参与者彼此构建意义。"探究式话语互动过程中经常出现一些特定的话语行为,包括挑战(提出质疑)、扩延(为观点提供理由或解释、澄清或提出不清楚的概念)、批判(批判性地评价观点)、构建(在他人的观点基础上形成新的观点)等。"[1]有学者指出在探究式话语互动中经常出现的关键话语行为包括:引发、扩延、构建、挑战和批判。"探究式话语互动中有五个关键话步,即引发、拓展、联系、挑战和批判。"[2] 参与者应以一种理智的和平等的方式分享知识、挑战观点、评估证据和考虑选项。参与者在探究式话语互动中既要准确和有逻辑地解释、澄清、论证自己的观点,也要相互争论,让彼此的观点得到批判性的检验,并根据理智的判断,来证明(或驳斥)某一观点。在探究式话语互动中,参与者一方面应倾听他人所说的话,而且以此为基础发展他人的话语;另一方面应让不同的观点和证据在理智的平台上得到检验。

二、探究式话语互动的实践价值

为研究探究式话语互动对学生学习的影响,笔者观摩了宁波市多位中小学教师的课堂教学,选取了具有典型探究式话语互动特征的课段,以会话分析为研究和分析工具。会话分析是20世纪60年代出现在美国的一种社会学研究方法。《剑桥学习科学手册》的主编基思·索耶指出:"会话分析能够揭示出外部表征为何能影响会话过程和学习的互动机制,可以通过实证分析追踪实时发生的话语互动和学习,追踪参与者是如何将自己的推理建立在他人的推理之上的。"[3]会话分析提供了一个严谨、有理论依据的逻辑和方法论,能够被用来追踪学习者构建知识和交流意义的过程,能够追踪学习者在与他人的交流、互动和合作中形成新知识、技能与价值观的过程。本书以话题设置、话轮转换、候答时间、话语行为及行为序列等为依据,来揭示课堂学习中学生认知领域、社会领

---

[1] Mercer N. The quality of talk in children's joint activity at the computer[J]. Journal of Computer Assisted Learning,1994,10(1):24-32.
[2] Cui R, Teo P. Dialogic education for classroom teaching: A critical review[J]. Language and Education, 2021,35(3):187-203.
[3] 索耶.剑桥学习科学手册[M].徐晓东,等,译.北京:教育科学出版社,2010:231.

域以及自我领域发展的动态过程。

(一)探究式话语互动能有效提升学生的高阶思维能力

其一,学生的深层次论证行为明显增多。探究式话语互动往往始于一个开放性问题,这种类型的问题能够激发学生的开放性思维,使其踊跃表达不同观点。学生的话语行为不再是单调的对教师问题的回应,更多是对他人话语的发展,扩延行为和竞争性扩延行为是出现频率较高的话语行为,这些都属于深层次论证行为。特别是在生生探究式话语互动中,当学生与同伴的话语互动不受教师的明显控制时,他们更愿意参与开放的、延长的讨论,这种讨论会让他们更加主动构建知识,从而促进高阶思维能力的发展。其二,学生的合作解决问题能力明显增强。在探究式话语互动中,学生并非仅仅简单接受或拒绝他人的观点,而是经常为他人构建回应或观点提供帮助或支架,这主要体现在以下几方面:重述,即重新表述他人的回应,用不同的词语或句法结构诠释回应;寻求澄清,鼓励他人清晰阐明他们的想法、原因和知识,并且与其他同伴分享;示范,为他人提供一个例子等。特别值得注意的是,学生经常将反馈转变为追问,配合言说者继续当前的会话,而无抢夺话轮之意,彰显参与度及主体间性,具有很强的会话协同特征。其三,学生的批判反思能力明显提升。探究式话语互动能够帮助学生学会批判且独立地思考问题和有争议的价值观。学生在话语互动中,不但提升了自身的论证能力,而且在认真倾听的基础之上,提升了自己的反思性评价能力,促进了课堂的生成创新。

(二)探究式话语互动有助于合作型师生、生生关系的构建

其一,话轮有序转换。在探究式话语互动中,话轮之间的有序转换构建了合作型师生、生生关系,通过话语互动构建了一种学习共同体关系。其二,参与者不仅在小组中互动,而且作为一个小组互动。在探究式话语互动中,不但每个学生都有参与的机会,而且话语行为中占比较大的是论证行为与扩延行为,这充分体现了在探究式话语互动中学生对

彼此观点的倾听和尊重，自己的观点和论证建立在他人观点的基础之上，这也说明了学生不但非常注意倾听他人，而且认真对待他人的观点。探究式话语互动的参与者通过合作共同构建知识，教师与学生构建了学习共同体。其三，寻求共同理解。在探究式话语互动中，师生、生生不仅仅在互动，而且在"共同思考"，用创造性的方式整合他们的思考，包括教师在内的参与者尝试可能的观点以及竭力构建共同理解。在话语互动中，参与者密切关注彼此之间正在发生的一切，以及相互之间的交流是如何运转的；密切注意相互之间的贡献，聚焦于合作的意义构建；持续性地努力理解彼此，协商意义。

(三)探究式话语互动有助于促进学生的自我理解

在探究式话语互动中，学生持开放的态度并且通过话语互动不断评估、反思和修正自己的观点，从而产生新理解。这种新理解不仅仅是认知性的，更包含精神性，可促进个体的精神成长，在社会关系的构建中提升参与者的自我认同感。

第二节 支架式话语互动

作为一种结果的深度学习需要达成某种合意或者解决某个问题，这就要求参与话语互动的各方互相帮助，共同构建知识，每一方都要为问题解决或知识的构建做出自己的贡献，都要为对方提供帮助和支持或者说提供某种支架。

一、支架式话语互动的内涵

支架原指建筑行业中使用的"脚手架"，此时用来比喻对学生解决问题和构建意义起辅助作用的概念框架。国外学者伍德(Wood)、布鲁纳(Bruner)和罗斯(Ross)首次在教育领域使用"支架"这一隐喻，"他们将成年人在儿童解决问题活动中所扮演的角色比喻为支架，认为支架式话语互动有以下几种类型:建模,意味着教师在要求学生完成任务之前提供清晰的样本或模型,并提供示范;讲解,教师帮助学生认识事物之间的联系,将熟悉和不熟悉的知识联系起来,弥合学生原有知识或经验与新知识或经验之间的鸿沟;邀请学生参与,让学生能够参与学习过程,教师通过启发,为学生提供参与教学过程的机会;指导,教师告诉学生该做什么或解释该如何做;提问,包括推理性问题、过程性问题、程序性问题"[1]。支架作为一种教学策略,源于维果茨基的社会文化理论和最近发展区概念。维果茨基指出,"学习者的高级心理机能发展是社会互动的结果,话语互动中语言的中介作用是影响学生高级心理机能发展的主要因素,即话语互动的过程是学生认知思维能力发展的外显"[2]。从这一意义上讲,为促进学生的高阶思维发展和深度学习,需要注重发挥话语互动的支架作用,教师或能力更高的学习者通过话语互动帮助学生自主探究,并最终内化知识,促进其高阶思维的发展。

甘柏兹(Gumperz)认为课堂教学中的支架式话语互动"是教师应对学生学习上的'缺陷'时的一种即时教学干预,是指学生在学习受阻或遇到问题时,教师通过一定的支架策略帮助其认识问题、澄清问题、解决问题的师生对话过程"[3]。甘柏兹强调了支架在问题解决或消除障碍中所发挥的作用,强调了教师单方面的引导,但是忽视了师生之间的共同构建。瑞萨(Rizal)指出支架式话语互动是"教师在课堂上与学生互动或向学生提供一些指导的表达方式,教师帮助学生掌握学习策略,使学生能够独立学习"[4]。支架式话语互动是教师在课堂上伴随其行为而发出的话语,为学生提供指导、支持,以帮助学生根据教师的指令而完成某项任务。洛萨丽娜(Rosalina)等将支架式话语互动定义为"教师以对话的形式给予学生一定帮助,目的是使学生能够独立学习,达成学习目标"。这

---

[1] Wood D J, Bruner J S, Ross G. The role of tutoring in problem solving[J]. Journal of Child Psychology and Psychiatry,1976,17(2):89-100.
[2] Vygotsky L S, Cole M. Mind in Society:Development of Higher Psychological Processes[M]. Cambridge: Harvard University Press,1978:89.
[3] Gumperz J J. Discourse Strategies[M]. Cambridge:Cambridge University Press,1982:73.
[4] Rizal D. Scaffolding talks in English language teaching[J]. Encounter,2011(3):95-106.

一研究指出了教师在此过程中扮演的重要角色,教师应充分利用话语互动从而成为学生学习的促进者和帮助者。法丽达(Farida)和罗兹(Rozi)认为"支架式话语互动是一个知识构建的社会过程,教师通过参与、探索、解释、设计、评价活动来澄清、组织或纠正学生的想法,使学生能够表达自己的想法并和他人进行讨论"[1]。当前大多数研究主要关注了教师所发挥的支架作用,强调教师要提供一套恰当的概念框架来帮助学生理解特定知识、构建知识意义,借助该概念框架,学生能够独立探索并解决问题,独立构建意义,但普遍忽视了能力更高的同伴所发挥的作用。

实际上,在课堂话语互动中,同伴之间也可以互相提供支架,促进知识的共建。学生通过共同解决复杂任务和问题,达成共识,来构建知识。这一构建过程包含交互性讨论,也就是共同构建。"当共同学习时,学生能够正向相互影响。这种相互影响的一个重要方面就是知识是共享的,是通过社会互动而共建的。知识共建让学习者在话语互动学习中的获益远大于非话语互动学习。"[2]参与者在知识上的分歧是话语互动的一个重要起点,这是提升学习深度的一种方法,因为它能够引发对主题更加深刻和广泛的理解。德拉蒙德(Rojas-Drummond)基于学生在解决开放性任务时呈现出来的话语特征,首次提出了共建式话语互动(co-constructive talk)这一概念,试图描述课堂中各种小组活动的协调、协商及共同努力行为。"共建式话语互动即互动双方持续性和合作性地构建共同理解,学习者在学习共同体中为解决不同性质的问题而发起合作活动和讨论。在共建式话语互动中,参与者轮流发言,询问、提供意见,产生替代性观点,重新构建并阐释正在思考的内容,最终协商意义从而使观点达成一致。"[3]在共建式话语互动中,不仅包括同意或支持说话者的观点,还包括提出对立性观点,在他人观点的基础上进行补充或拓展,总

---

[1] Farida L A, Rozi F. Scaffolding talks in teaching speaking skill to the higher education students, why not? [J]. Asian Pendidikan, 2022(1):42-49.
[2] Weinberger A, Stegmann K, Fisher F. Knowledge convergence in collaborative learning: Concepts and assessments[J]. Learning and Instruction, 2007(4):416.
[3] Rojas-Drummond S N, Fernandez M M, Wegerif R. Explicit reasoning, creativity and co-construction in primary school children's collaborative activities[J]. Thinking Skills and Creativity, 2016(1):84-94.

之,话语是建设性和互动性的,即在彼此贡献的基础上进行发展。互动双方在意义共建过程中互相提供支架性帮助,构建、深化彼此的观点并不断修正自己的前理解,在相互启发中包容异见,最终在审辩思维中达成共识。从本质上讲,共建式话语互动也是一种支架式话语互动。

支架式话语互动是指当学生遇到问题时,教师或同伴提供帮助、支持、指导的一种话语互动形式。教师或同伴提供的帮助可以是明确指示,也可以是鼓励、指导等,然后教师或同伴逐步减少这种帮助,使学习者承担更多的责任,独立完成学习目标。支架式话语互动强调发展过程即社会共享活动向内化过程的迁移,揭示出知识构建中个体需参与社会活动,凸显知识构建的生成性及社会性。

二、支架式话语互动的价值

(一)认知层面

支架式话语互动的主要功能是为学生的学习提供帮助,最终使教师与学生一道共建知识与意义,促进学生高阶思维能力的发展。布鲁纳概括出支架式话语互动的六项功能:"提供明确的方向,减少学生的困扰——教师要预测学生可能遇到的问题,然后逐步指导,向学生解释其必须做什么才能达到预期目标;通过搭建结构、提供课程或研究项目,为学生提供完成任务的途径;提供线索或建议,但不提供完整的解决方案;安抚学生在任务中的受挫情绪;指出要做的重要事情或展示其他解决问题的方法;展示所给任务的理想化版本。"[1]在布鲁纳对支架式话语互动研究的基础上,有学者从对话目标角度对支架式话语互动进行分析,认为支架式话语互动的目标包括:"(1)分享和澄清自己的想法;(2)相互倾听;(3)深化自己的推理;(4)共同思考使学生的思维清晰、公开,以便参

---

[1] Bruner J. The Process of Education [M]. Cambridge: Harvard University Press, 1982:78.

与、解释、构建和完善。学生的想法可以成为学习的资源。"[1]

生生之间的共建式话语互动允许多种创造性、发散性的思维和谈话,其中包括提出问题和假设以及合理化的解释,其典型特征就是共同协调及协作,呈现出意义的流动性及生成性特征。德拉蒙德等人认为"共建式话语互动更适用于开放性的活动及讨论,其注重挖掘学生的一切潜在性思考和假设,培养学生的创造性思维"[2]。缅因(Maine)则通过构建共建式话语互动的分析框架并结合会话分析,从微观视角分析了学生如何在创造意义的同时批判性、创造性地思考。"在共建式话语互动过程中呈现出两种话语形式:聚合性共建及分散性共建。聚合性共建表明思维都朝着有意义的方向发展,呈现出高水平的批判性;分散性共建则促使学生探寻一切可能性,思维呈现出发散性及创新性。"[3]共建式话语互动对学生自我反思能力产生重要影响,学生的反思及调控过程能够在共建式行为中显现出来,如同伴间的相互提问、质疑、评价等行为。

(二)社会层面

"话语的认知和社会方面是紧密交织的,甚至一种话语可以同时服务于许多不同的认知和社会目的。在支架式话语互动中,虽然有批判和质疑,但是合作共建是其根本目的,在教师或更有能力的同伴的帮助和指导下,学习者习得新知识,解决新问题,这不但提升了其高阶思维能力,而且会构建良好的人际关系,不断提升其合作与交际能力。"[4]支架式话语互动正是通过合作与共建等方式提升学习者的高阶思维能力,所以在提升学习者认知能力的同时不可避免地会促进其社会性发展,提升其

---

[1] Chusinkunawut K, Henderson C, Nugultham K, et al. Design-based science with communication scaffolding results in productive conversations and improved learning for secondary students[J]. Research in Science Education, 2021(4):1123-1140.
[2] Rojas-Drummond S N, Fernandez M M, Wegerif R. Explicit reasoning, creativity and co-construction in primary school children's collaborative activities[J]. Thinking Skills and Creativity, 2006(1):84-94.
[3] Maine F. Dialogic Readers: Children Talking and Thinking Together about Visual Texts[M]. New York: Routledge, 2015:146.
[4] Maybin J. Children's Voices: Talk, Knowledge and Identity[M]. London: Palgrave Macmi Nan, 2006: 131-150.

合作能力和交际能力。"在共建式话语互动中,互动伙伴在共同构建观点时会注重接受不同的观点,共同创设相对安全的互动环境以保障对话的顺利进行。"①共建式话语互动经常呈现如下特征,如允许他人提出挑战或替代性观点等,表明了其对维持社会凝聚力及良好人际关系的作用。

第三节 争论式话语互动

在日常生活中争论是同"怀疑一切"联系在一起的,争论经常被误认为是"为所欲为的批判"。从"争论"的语汇来看,似乎有攻击对方的否定性意味,似乎有攻击、批倒对方的意涵,但是实际上,争论是建设性的,争论意味着表达不同的观点,澄清分歧,需要用理由和证据支撑自己的立场和论点或反驳对方的观点,甚至能够构建共享的理解。争论是深度学习所需要的一种话语互动形式。

一、争论式话语互动的内涵

库恩等人提出了争论的五条重要原则:其一,未经检验的信念不值得拥有,没有理由支撑的观点价值不大。拥有一个立场就需要对立场、我们自身和他人负责,需要有良好的有力的论断来支持它。同时,我们必须愿意改变我们的信念,用新信念来代替旧信念,我们学习越多,越能发现先前的信念似乎不能被证明是合理的。其二,争论不应被视为需要避免或不好的事情,如果以正确的方式进行,它是一件好事情。争论是一种与他人交流重要议题的有力方式,帮助我们阐明所思考的内容,得出良好的结论。其三,与他人争论的目的不是驳倒和击败他人的观点,而是参与这些观点,更仔细地考虑它们且向它们学习。参与争论的双方在争论结束时都应从这次经历中有所收获。其四,当我们批评他人的观点时,需要记住我们正在质疑和批评的仅仅是他的观点,而不是他的为

---

①Maine F. Dialogic Readers:Children Talking and Thinking Together about Visual Texts[M]. New York:Routledge,2015:157.

人,即使是非常有能力的、有重要地位的人也会有一些经不住检验的观点。其五,争论虽然是我们从小就开始做的事情,但是良好的争论技能是需要后天培养的。①正如运动技能和音乐技能一样,它们最好通过持续的反思性实践来培养,这种培养既可以是个体的也可以通过与他人合作的方式。提升争论技能需要时间和努力。实际上,争论就意味着运用理由而非外力去说服他人,这是一项只有人类才具有的能力,它认可人的理智在调节行为方面所发挥的重要作用。所谓争论是把他者对自己所发表的言说的意涵与自己所言说的意涵加以内化,并发出新的言说,从而使对话得以持续。这就意味着,自己与他者的交流其实是各自观点的交互、调节与修正的过程。

(一)争论不同于辩论

争论者之间并非竞争对手的关系,并非以赢得对方为目的,且争论的目的在于达成共同理解或合意。但是辩论具有一种强烈的质疑和怀疑态度,辩论的目的不在于达成协议或消除分歧,而在于赢得对方。例如,两组学生在辩论某个历史人物的功过时,每一组都坚持己见,强烈反驳对方的观点。这种辩论的益处是能够听到不同的立场,接受最大的挑战,并且尽最大努力去思考如何为自己的观点辩护。"在公开的辩论中要勇敢面对并禁得住对手言辞上的猛烈攻击和一些狡诈的手段,用有力的论证和适切的表述方式来驳倒对方。"②辩论中虽然可以充分听到各种不同的意见,特别是每一种不同的意见都能找到其存在的理由,但是由于这种方式一方面不能达成合意,另一方面又不能包容对方的观点,换言之,不能对自己的观点持开放态度,就很难从辩论中学习新东西。如果辩论过于激烈、竞争性太强,超过一定的限度就有可能造成人际关系紧张,妨碍正常的教学。

---

① Kuhn D, Hemberger L, Khait V. Argue with Me: Argument as a Path to Developing Students' Thinking and Writing[M]. New York: Routledge, 2016: 35.
② Johnson R S. Isocrates's methods of teaching[J]. American Journal of Philosophy, 1959, 80(1): 29.

(二)争论不同于论证

论证多数情况下是由个体构建的,而争论是一个社会性过程,至少有两个人参与。争论遵循特定的规范,争论者交替话轮,一个重要特征是每一方都寻求既理解他人所说的话又被他人理解。在争论中,不但需要论证自己观点的合理性,而且需要反驳对方观点的不合理性;每个争论者都需要倾听他人的发言,而且以他人的发言为基础推动话语互动不断深入,争论这种话语互动行为让不同的观点和证据在理智的平台上得到检验,让话语互动成为一种对话而非独白。争论是一种理智的言语和社会活动,目的在于提升(或降低)听众或读者对于某项有争议的观点的接受度。论证主要是一种个体行为,而争论更多是一种社会行为,争论除了需要论证自己的观点之外,还需要反驳对方的观点。除此之外,争论还有意义创造的维度。学生的争论可被视为一种探究,因为学生在面对不确定性问题时,能够思考和尝试不同的观点和论断。在争论过程中,为了解决问题,学生提出了不同观点,澄清了哪些问题和困难需要处理。当然,也可能会提出新问题,让争论者来解决,也就是说新的问题情境可能在争论中产生。真正的论点(claim)是能够被合理地反驳的,能够被有意义地挑战。真正的论点是值得构建或运用论证(argument)来支持或挑战的。在争论中重要的是:其一,倾听对方的发言,准确地解释论据、逻辑与情感。其二,反思自身观点的错误与偏差。因此,不倾听对方的发言就展开攻击,这与争论的本质格格不入。

二、争论式话语互动的特征

争论离不开批判性思维。争论是一种"强势批判性思维,这是一种公正的思维。这种强势批判性思维不同于那种可能用于自我保护与自我欺骗的诡辩的弱势批判性思维。强势批判性思维基于知性谦逊———发现自己的视点终究不过是一种视点而已,也基于知性共鸣的思维态度———要求想象与理解他者视点的知识"[①]。作为强势批判性思维的争论具有如下特征。

(一)批判性

一方面,批判性意味着不要轻易相信未经检验的信念和没有理由支撑的观点。另一方面,批判性意味着当我们批评他人的观点时,我们正在质疑和批评的仅仅是他的观点。

(二)反思性

反思性意味着争论有助于我们更好理解自身的思考。那些不同意我们的人将我们引入我们未曾思考的事情,那些同意我们的人帮助我们更加全面和深刻地思考我们的立场。与他人争论的目的是参与这些观点,更仔细地考虑它们且向它们学习。

(三)开放性

争论的目的是在公平合理评价既有的自己与他者的思考的基础之上来发展自己的思考。争论与辩论的分水岭就在于"开放心态"。所谓的"开放心态"不是相对主义,是一个与"知性谦逊""知性勇气""知性诚实""知性公平"等伦理特征相关联的复合概念。"开放心态"指在自己与他者的思考之间公平地穿梭,归根结底是旨在重建与发展新的自我、新的社会而生发的心态。

(四)逻辑性

逻辑性所看重的"多元逻辑探究的统整",并不是把重心置于判断怎样的观点与标准框架为最优,而是通过评价合理性,认识自我与他者的逻辑弱点,发现自我与他者思考的优点,去创造过去自己的思考中所没有的新的思考。具体来说,第一,就个人信念(价值观)的视点而言,归属社会的自己思考自己切身的问题,认识到存在着多样的价值观,把具有

[①] 钟启泉.批判性思维:概念界定与教学方略[J].全球教育展望,2020(1):3-16.

合理性的价值观纳入自己的信念体系,从而使自己从旧的信念体系中挣脱出来,重新构建新的信念体系。第二,就个人是集体一员的视点而言,在拥有多元价值观的人所构成的社会中,思考作为市民派生的问题,分享具有合理性的见解,寻求解决之策,构建自己所属的民主社会。第三,就学校教育的视点而言,不是生硬地灌输正确的知识,而是审视知识生成的过程,并理解知识的真正意涵。[1]

三、争论式话语互动的价值

深度学习既需要学生在课堂话语互动中解释、澄清、论证自己的观点,也需要相互争论,让彼此观点被批判性地检验。争论是批判与反思的融合,既要反驳对方,又要反思自身。争论式话语互动可有效促进学生的深度学习。

争论让我们在群体和个体方面具有人性。在群体方面,它提升了我们和平地和富有成效地生活在一起的能力;在个体方面,它是一项必需的和有力的工具,能够帮助我们实现自己的目标。争论能够有效抑制冲动做出的判断、先入为主的态度,或是避免轻易服从于权威与多数人的意见。争论既然是合理的、反思性的思维,那么,复数的人的思考就有多视点探讨的可能,选择范围也更大。问题解决的核心是解答的探索与检验。由于是多视点的琢磨,更容易做出深思熟虑的、合理的解答。

在争论性实践中,学生能够基于他人的论断而形成新的论断,从而参与论证,这种方式让学生的认知性经验、社会性经验和伦理性经验都有所提升。实际上,争论一直被视为人类思维和推理的核心。在多数场合,人们争论时不得不进行反思,聚精会神地思考其他的可能性,倾听、关注定义与意涵,认识以往未能思考的选项,通常会出现以往不曾有的大量的心智活动。"多项研究表明,小组互动中的学生通过参与彼此观

---

[1] 钟启泉.批判性思维:概念界定与教学方略[J].全球教育展望,2020(1):3-16.

点,能够在随后的任务解决中构建更高层次的论断。"[1]类似的是,"那些参与了争论式话语互动的学生在随后的测验中展现出明显的进步"[2]。文威尔(Venville)和道森(Dawson)则进一步指出,"那些参与了争论式话语互动的学生提高了论断的复杂度和质量"[3]。菲尔顿(Felton)等发现,"任何的争论都对推理技能有正面影响,那些参与了合意构建的学生既能理解又能回忆起那些用作证据的信息,在他们的论断构建过程中,更加能够注意来自不同视角的结论和证据"[4]。在争论中,一个人的推理是基于他人的推理形成的。"争论式话语互动本质上是一种对话式或辩证式游戏,产生并运用于合作性的问题解决,与合作性的意义构建相关。"[5]在争论中,这些推断性的论断不断受到互动中其他参与者的影响,这让互动得以继续进行。

第四节 会话式话语互动

深度学习意味着需要终身学习,终身学习意味着持续提升自身的知识,任何的知识融合都是暂时性的,都是需要被打破的。而且,尽管合作能够潜在地让所有小组成员的观点更加丰富,但是他们在合作中的投入和收益都是不同的。巴赫金语言的杂语性解释了人们能够经常在合作情境中构建不同的知识。我们每个人对相同话语的反应经常是不同的,所以,即使听到相同的话语也会让我们每个人有不同的收获。此外,与

---

[1] Sampson V, Clark D. The impact of collaboration on the outcomes of scientific argumentation[J]. Science Education,2009(3):448-484.
[2] Asterhan C S C, Schwartz B B. The effects of monological and dialogical argumentation on concept learning in evolutionary theory[J]. Journal of Educational Psychology,2007(3):626-639.
[3] Venville G J, Dawson V M. The impact of a classroom intervention on grade 10 students' argumentation skills, informal reasoning, and conceptual understanding of science[J]. Journal of Research in Science Teaching,2010(8):952-977.
[4] Felton M, Garcia-Mila M, Gilabert S. Deliberation versus dispute:The impact of argumentative discourse goals on learning and reasoning in the science classroom[J]. Informal Logic,2009(4):417-446.
[5] Baker M. Computer-mediated interactions for the co-elaboration of scientific notions [M]// Andriessen M B, Suthers D. Arguing to Learn:Confronting Cognition in Computer Supported Collaborative Learning Environments. Dordrecht:Kluwer,2003:112.

每一段话语相关的个人知识可能受作者、情境、回应以及其与其他话语、语境和回应的关系的影响。对每个人而言,这是一种独特的且永远不会有最终结论的知识。作为一个过程,深度学习需要平等的和开放性的话语互动,需要对其他参与者持包容和合作的态度,这需要会话式话语互动。

一、会话式话语互动的内涵与特征

会话式话语互动以伽达默尔的哲学解释学为主要的理论基础,除此之外,巴赫金的对话观也是会话式话语互动的重要理论来源。在会话式话语互动中,在充分尊重个体自主性的前提下,师生、生生之间应该持总体上合作、包容和平等的精神,而且持续交流并进行批判性反思;话语互动的目的不在于达成协议或消除差异,而在于相互理解和自我理解。在教学实践中,持会话式话语互动观的教师尊重和包容每一种观点,并且试图去寻求各种不同观点之间的可对话性。会话式话语互动具有如下特征。

(一)关系性

会话式话语互动具有关系性。会话式话语互动不是师生或生生两个孤立的人之间的事情,师生或生生作为一个整体融入其中,在话语互动中,师生或生生都无法完全主观控制自己的观点,必须根据对方的观点而不断调整自己的观点,话语互动的关系性要求对话双方互相合作,平等相待,特别是需要包容不同的声音。在话语互动中,互动双方,特别是教师不仅应该关注学生的认知成长,更要注意与学生的情感交融。

(二)理解性

会话式话语互动的目的不在于获得某个客观真理或者解决某个问题,而在于彼此之间的相互理解和自我理解,绝对的相互理解和自我理解是永远不可能实现的,这就意味着课堂话语互动具有持续性,而且不存在衡量话语互动是否成功的客观标准。会话式课堂话语互动的目标是理解。伯恩斯坦(Bernstein)认为,对于伽达默尔来说,真正重要的是"相互性,尊重并真正理解对话伙伴正在说的话,通过这样的一种相遇开放并评估自己的观点"[1]。此处的"理解"包含如下意义。

首先,理解指师生、生生的相互理解。理解必须是一种相互理解,并且彼此尊重,这种话语互动的结果就是伽达默尔所称的"视域融合"。理解绝不是一方对另一方的单方面理解,而是相互理解。课堂话语互动的目的不在于获得教师的预设答案,也不在于解决某个问题或达成某种政治协议,而在于双方都不固执己见,彼此开放,每一个人都对他人的真理保持开放性,在开放中相互"周旋",实现相互理解。其次,相互理解必然包含自我理解。自我理解意味着追求知识的意义,就是要超越知识的工具价值去追寻人的生命活动的出发点和归宿,学会用某种使生活得以延续下去的方式来解释人生。自我理解也是课堂话语互动的道德性要求,在互动过程中,参与者应该通过倾听不同的观点,不断自我反思,加深自我理解,修正自己的原有观点,那种仅仅要求他人去理解自己的做法是不道德的。

(三)内在说服性

内在说服性话语强调了参与者对彼此的影响,不管他们的观点是否融合或相似。首先,内在说服性话语不同于外在的权威性话语。外在权威性话语和内在说服性话语在教育效果上有很大不同。"外在权威性话语仍然在我之外,在没有投入的情况下,以某种方式迫使我接受或拒绝某件事情。然而,内在说服性话语进入了我自己的话语领域,而且从内部改变它们。"[2]话语互动需要这种内在说服性话语,超越自我与他者的界限,好像与他人交谈的声音来自他们内部。其次,"他者可能提供了一个机会,让我们意识到自身本体论上的局限性,并最终超越它。"[3]最后,

---

[1] Bernstein R J. Philosophical Profiles[M]. Philadelphia:University of Pennsylvania Press,1986:113.
[2] Bakhtin M. The Dialogical Imagination:Four Essays[M]. Austin:University of Texas Press,1981:343.
[3] Matusov E. Journey into Dialogic Pedagogy[M]. Hauppauge:Nova Publishers,2009:248.

内在说服性话语强调话语互动中主体性的展现,内在说服性话语的成功实施未必需要参与者完成相同的目标,也不期望参与者的声音被"熔化"或"聚合"成一种声音。内在说服性话语意味着话语互动不仅是认识论事件而且是本体论事件,形成个体身份和主体性。参与者的地位不能被视为稳定的和固定的,而是动态的,且由微观情境确定。

(四)素养(bildung)性

分歧并不总是导致交互性讨论,未必总是能够实现共同构建。主要原因如下:其一,深度学习视角下的话语互动中,参与者具有无限性与多元性,这为共同构建提出了新问题:当这些多元声音明显向不同方向拉动时,我们如何教育学生在这种多元声音中深入思考?其二,用共同构建做比喻也可能与深度学习视角下的教育目标不完全一致。例如,培养终身学习的技能和态度,终身学习意味着持续提升自身的知识,任何的知识融合都是暂时性的。所以深度学习视角下的成功合作并不局限于共同构建,非常有必要探究成功合作的新概念。

哲学解释学的"素养"概念可以应对这一挑战。罗蒂(Rorty)指出,这种素养性话语的目的不在于发现绝对的终极真理,而在于不断进行人与人、人与世界、人与文本之间的话语互动。只要话语互动持续下去,在话语互动中彼此达成一致的希望就不会消失。这并不是一种发现在先存在的共同基础的希望,而只是达成一致的希望,或至少是达成刺激性的、富于成效的不一致的希望。[1]素养概念正适应信息社会的多元性要求,素养并不单纯追求知识共建的认知目标,更多关注人的精神和主体性的提升,而且结果总是体现在素养进一步提升之中。信息社会与多元文化主义一脉相承,由于技术发展和移民趋向,人们经常面对多元的甚至是相互冲突的声音和世界观。素养性的话语应当是反常的,它借助于异常力量使我们脱离旧我,帮助我们成为新人。[2]这就是说仅仅掌握具体的话语互动技能是不够的,还应成为一个享受话语互动的人,思想开明,去

---

[1] 罗蒂.哲学和自然之镜[M].李幼蒸,译.北京:商务印书馆,2003:299.
[2] 罗蒂.哲学和自然之镜[M].李幼蒸,译.北京:商务印书馆,2003:338.

理解不同的视角,竭力既从他人的视角看待事物,又尽可能从新发现的角度看待事物。

二、会话式话语互动的价值

会话式话语互动主张教师尊重和包容学生的每一种观点,互动的目的不在于获得教师的预设答案或解决一个问题,而在于实现相互理解和自我理解,这有利于学生创新精神的培养和个体精神自由的提升。

(一)创新性教育之追求

会话式话语互动的主要目的在于理解,教师以一种包容的态度对待学生的"异向交往话语",并与其展开对话,对话能够促进对差异的包容和尊重。"没有任何理由认为具有不同观点的人之间的对话只能产生如下结果:或者消除这些差异或者把某一个人或某一个群体的观点强加于另一个人或另一个群体之上。对话能够在更加包容和尊重的精神之中使不同的观点保持下去。"[1]有时,外在视域是很有帮助的,正是因为这种外在视域不同于自己本身的视域,作为个人和群体,我们能够站在一个新的立场来考虑我们的信念、价值观和行动从而扩大和丰富我们的自我理解。这并不意味着接受他人的立场或者让他人的立场代替自己的立场,而是强调把那种立场融入一个更为复杂和多面的理解框架之中。

会话式话语互动不是一方对另一方的吞并和消灭,任何一方的观点都不是绝对的权威,在话语互动的过程中,每一方都需要不断自我批判和反思,而且需要真诚地倾听对方的观点,真理存在于两者不同观点的融合之中。所以,在课堂教学中,无论教师和学生都不掌握绝对的真理,教师不能以自己的预设答案作为评判学生的回答是否正确的唯一标准。教师也需要在倾听学生回应的过程中,不断批判反思自己的观点,以一种开放的态度面对学生的质疑和不同的声音,在与学生不断交流和沟通

---

[1] Burbules N C, Rice S. Dialogue across difference: Continuing the conversation[J]. Harvard Educational Review, 1991(16): 393-416.

中,形成一种既与原来观点有关,而又不同的新见解。教师与学生都在不断地相互提问和回应,没有预设的真理和答案,对话不是传递预设答案的过程,而是真理生成、显现的过程。所以,教师只要与学生的"异向交往话语"进行对话,那么就会彰显学生的个体存在意义,就是对学生主体性与独特性的尊重,就是一种创新性教育。

(二)师生精神自由之提升

会话式课堂话语互动的目的在于追求师生的精神自由、探寻人生的存在意义,师生都是作为完整的人在交往,他们向对方"敞开"自己的精神世界,师生之间的交往更多的是一种精神交往。如果以教师的预设答案为唯一的评判标准,那么就会在剥夺学生的精神自由的同时,也剥夺教师的精神自由,这是因为教师的预设答案也是以外在的标准作为评判的基础,这个基础或者来自教材、教参等以文本形式出现的权威,或者来自所谓的专家、官方等以制度形式出现的权威。在这些权威面前,教师放弃了自己独立思考和批判反思的能力,未能深刻体验这些所谓的真理对于自己的意义,只能被动地接受这些所谓的权威的真理。许多教师在备课时以教材或教参中的观点为准,而教师在获得了这些所谓的真理之后,同样,在学生面前,也以权威的身份出现,压制学生的不同声音,其结果就是师生的精神自由都被剥夺了,他们不能体会知识对于个人到底有何意义。这是因为教师表面上的"无所不知"并不是其在意志自由的前提下独立思考的结果,标准化和客观化的"真理"所规约的不仅仅是学生的学,更是教师的教,教师只能忠于教材的理解。"个体的精神自由应当体现在师生双方,而绝不仅仅在学生一面,事实上,只有充分享受到精神自由的教育者,才会意识到并保障学生的自由,这也是教学本身的辩证法。而当师生的个体精神自由充盈教学过程的始终,就是教学道德性的最好注解。"[①]

在支架式话语互动中,在教师或能力更高的伙伴的指导与帮助下,新手学习者的思维能力不断提升,而且通过相互合作不断构建着良好的

---

① 刘万海.德性教学论[M].上海:华东师范大学出版社,2009:23.

人际关系，但是由于在互动之前，需要完成的目标已经被预设，因此支架式话语互动在促进课堂学习创新方面有待提升。虽然在争论式话语互动中能够倾听到不同的声音，促进自我反思，但"争论"与"辩论"的界限在许多情况下难以有效划定，尤其对尚未成熟的学生而言，这难免会造成人际关系的紧张。会话式话语互动追求教育的创新性，能够提升师生的精神自由，在深度学习的过程中不可或缺，但是需要指出的是，由于会话式话语互动并不寻求达成合意，所以部分学习者在课堂话语互动中可能不负责任，学习效率降低。由此可见，不存在一种理想的去情境化的能够有效促进深度学习的课堂话语互动类型。每一种课堂话语互动类型都有其适切的课堂学习情境，为促进深度学习，需要根据不同的情境选择不同的课堂话语互动类型。

第五章　深度学习视角下课堂话语互动分析

近几年笔者与多位研究生一方面深入多所实验学校开展参与式观察,另一方面也在个别实验学校开展行动研究,在研究过程中录像、转写了多位教师的课堂教学,并从中选取了多个具有代表性的课堂话语互动课例进行分析,研究主要聚焦在探究式话语互动、支架式话语互动及争论等对学生深度学习的影响。由于课堂教学具有目的性,会话式话语互动更多在以上类型的话语互动的某个阶段出现,实际上,不管是探究式话语互动、支架式话语互动还是争论都蕴含着会话式话语互动。此外,为了进一步提升课堂话语互动分析的质量,笔者亦对深度学习视角下的课堂话语互动分析框架进行了分析与比较。

第一节　探究式话语互动对学生深度学习的影响:基于课堂话语分析[1]

进入21世纪后,深度学习作为学生核心素养落实的必要途径,再次受到了人们的重视。深度学习研究揭示,有效的深度学习强调学习者的主体地位,反对教授主义的学习观,主张通过分享与讨论促进学习,这无疑对课堂话语互动质量提出了更高的要求。仅仅为学生提供课堂话语互动的机会并不能确保他们能够有效合作和对话,从而获得好的学习效果。深度学习的实现需要对课堂话语互动进行更加深入和全面的分析与研究。探究式话语互动作为深度学习所需的重要的话语互动方式,自

---

[1] 张光陆.探究式交谈对学生深度学习的影响:基于课堂话语分析[J].全球教育展望,2021(5):3-14.

20世纪70年代首次在英国提出以来一直是西方学习科学和课堂话语互动等领域的研究热点,但是在我国的课堂语境下,相关研究尤其是探究式话语互动与深度学习之关系的实证研究尚不多见。

一、探究式话语互动对深度学习影响的文献综述

从20世纪70年代后期开始,对小组或全班师生、生生话语互动质量的研究引起了越来越多的关注,"这是因为师生、生生话语互动在改善教学实践和促进学生学习中的作用被逐渐意识到"[①]。学生的学习是与师生间、生生间的交流、沟通与合作等活动同时展开的,依赖于学生与文化和世界的交往,产生于与他人的主体间性的交往之中。不同学科背景的研究者通过运用实证研究指出,"学生参与话语互动的性质与质量对他们的学习成就有重要影响"[②]。对师生、生生话语互动的研究有助于我们理解学习是如何发生的以及何种类型的话语互动更有助于学生的学习。不管是基于小组教学或全班教学,研究揭示高质量的学生学习有一些共同特征:"积极参与课堂话语互动、观点的开放式交互、共同探究和构建知识、多元声音和相互尊重的课堂关系。"[③]总之,学习被视为主动构建与合作共建的过程,发展中的儿童既积极构建自身的理解,又依赖于与他人的话语互动来促进自身高阶思维的发展。

英国著名学者巴恩斯提出了探究式话语互动概念,他的研究致力于理解课堂话语互动的本质,目的在于改进教育实践。"在探究式话语互动中,学生可以尝试新的思维方式,重塑新想法,对他人的暗示和怀疑立即做出反应,并合作构建他们依靠独自思考不能获得的意义,这对学生的学习具有重要作用,因为它为学生尝试不同的思维和理解方式提供了一

---

① Howe C, Abedin M. Classroom dialogue: A systematic review across four decades of research [J]. Cambridge Journal of Education, 2013(3): 325-356.
② Heath S B. Ways with Words: Language, Life and Work in Communities and Classrooms[M]. Cambridge: Cambridge University Press, 1983: 87.
③ Littleton K, Mercer N. Interthinking: Putting Talk to Work[M]. Abingdon: Routledge, 2013: 28.

个现成的工具。"[1]"通过观察研究后发现学习者对于问题所做出的话语贡献经常是不连贯和犹豫的,但实际上这种断断续续的话语彼此之间的修正,甚至是分歧,似乎有助于构建意义。"[2]许多研究者越来越意识到,师生、生生的探究式话语互动能扩展学生的思维、论证和推理,能够产生高层次的学习。"探究式话语互动有助于促进学生理解的发展,至少有三方面的原因:其一,它让学习者成为自己学习的主人;其二,它让学习者有被理解的感觉;其三,它能够被内化为学习者理解和问题解决的中介。"[3]卡茨登通过访谈已经毕业多年的学生得出结论,"探究式话语互动通过合作、妥协以及经常性的评价形成学习共同体,话语互动将参与者的观点置于一种'社会实在'之中"[4]。迈克尔斯和康纳在美国开展的小学科学研究中运用了一种被称为"负责性话语互动"(accountable talk)的方法,其本质上就是一种探究式话语互动,研究发现,"负责性话语互动通过让学生提供证据支撑论断以及将自己的推理建立在他人的推理之上,有助于深化推理,从而促进了学生分享、扩展和详细阐释他们的观点"[5]。皮尔斯和吉尔斯在关注学生理解力发展的同时,也强调其高阶思维的发展,"在探究式话语互动过程中,学生能够利用文本和彼此的贡献,进行批判和思考,并产生一种希望,即事情可以改变,鼓励学生采取深思熟虑的行动,让学生在彼此的想法之上,共同创造意义,这体现了批判性对话的本质"[6]。也就是说,探究式话语互动能够促使学习者形成对知识或问题的高水平理解。

默瑟创造性地提出,"探究式话语互动不仅有助于个人理清思路,还

---

[1] Barnes D. Why talk is important[J]. English Teaching:Practice and Critique,2010(2):7-10.
[2] Barnes D. Exploratory talk for learning[J]. Exploring Talk in School,2008(3):1-15.
[3] Gordon W G,Ball T, Exploratory talk and dialogic inquiry[M]// Mercer N,Hodgkinson S. Exploring Talk in Schools. Los Angeles:Sage,2008:167-183.
[4] Cazden C B.Reflection on the classroom talk[M]// Mercer N,Hodgkinson S. Exploring Talk in Schools[C]. Los Angeles:Sage,2008:151-165.
[5] Michaels S,O'Connor M C. Conceptualizing talk moves as tools:Professional development approaches for academically productive discussion[M]// Resnick L B,Asterhan C,Clarke S N. Socializing Intelligence Through Talk and Dialogue. Washington:American Educational Research Association,2015:347-361.
[6] Pierce K M,Gilles C. From exploratory talk to critical conversations[M]// Mercer N,Hodgkinson S. Exploring Talk in Schools. Los Angeles:Sage,2008:37-53.

可以帮助两个或两个以上的人解决问题"①。正是基于对探究式话语互动的研究,一种实践性的教学方法——"共同思考"产生了,这种方法现在已经被英国和世界其他国家的许多教师成功应用。"它让学生参与集体思考,可以有效提升学生的个人思考能力,如推理能力和元认知能力。"②从这方面来看,探究式话语互动不仅能作为提升个人思考能力的方法,而且能成为促进集体思维发展的方法。在此基础上,他借助实验研究进一步阐明了探究式话语互动对学习者推理等高阶思维能力的影响,"明确了探究式话语互动确实可以帮助学习者更有效地共同完成任务和解决复杂问题,能为学习者提供共同思考和提升推理能力的机会"③。此外,默瑟强调探究式话语互动也能够成为促进个人反思能力发展的工具。他发现,"小组讨论的经验可以改变随后个人推理的性质,参与到协作解决问题的论证可能会提升学生对其推理方式的元认知和批判性意识"④。由此可见,探究式话语互动能够使学生以批判性的方式评估可能的问题解决策略,并使学生在随后独自完成任务时监控和规范自己的问题解决过程。因此,"学生的思维会通过这些人际的活动发生转变,从而以更具对话性的方式进行内心推理,这意味着教师可以使用探究式话语互动去鼓励学生寻找尽可能多的解决问题的方式,并帮助他们掌握支持观点的证据,以此来促进学生自我反思能力的发展"⑤。这有利于学习者团队协作能力和沟通能力的发展。德拉蒙德等人在墨西哥进

---

① Mercer N, Dawes L. The value of exploratory talk [M]// Mercer N, Hodgkinson S. Exploring Talk in Schools. Los Angeles:Sage,2008:55-71.
② Mercer N. The social brain, language, and goal-directed collective thinking: A social conception of cognition and its implications for understanding how we think, teach, and learn [J]. Educational Psychologist,2013(3):148-168.
③ Wegerif R, Mercer N, Dawes L. From social interaction to individual reasoning: An empirical investigation of a possible socio-cultural model of cognitive development [J]. Learning and Instruction, 1999(6):493-516.
④ Mercer N. The social brain, language, and goal-directed collective thinking: A social conception of cognition and its implications for understanding how we think, teach, and learn [J]. Educational Psychologist,2013(3):148-168.
⑤ Mercer N, Dawes L. The value of exploratory talk [M]// Mercer N, Hodgkinson S. Exploring Talk in Schools. Los Angeles:Sage,2008:55-71.

行的研究也证实了这一点,他们让学习者合作完成两种不同体裁与语境下的写作任务,通过对两组学习者在不同任务中所呈现的话语进行分析,"发现探究式话语互动可以非常有效地提高学生的协作能力、团体和个人推理能力、解决问题的能力以及辩论能力"[1]。

二、探究式话语互动能有效促进学生的深度学习:基于课堂话语分析

"话语分析"(discourse analysis)是20世纪50年代末以语言学为中心发展起来的概念,最初由美国结构主义语言学家哈里斯(Harris)提出,研究具体情境中的口头语言或书面语言,主要目的在于揭示具体情境中特定话语的功能。从课堂话语切入展开课堂研究,可以达到两个目的:"其一,以师生的实际发言为对象,把握作为学习者集体的班级文化,揭示基于此时此刻生成的语言性相互作用而形成的教学状态。如何参与课堂话语,无论对于教师还是学生,都是重大的课题。其二,揭示超越了具体的班级与课堂教学的学校教育中的话语结构,揭示师生之间的社会关系、基于秩序的制度的状态、学校特有的文化。"[2]

一般认为,课堂话语分析研究最早始于英国学者辛克莱和库尔哈德,他们通过课堂话语分析发现了课堂话语互动IRF结构,但是从根本而言,他们的研究不属于教育研究,因为他们的研究焦点在于语言学而非教育学,并未有任何改进教育实践的意图。而美国学者梅汉和卡茨登则运用人种志方法探究了课堂的教与学是如何结构化的,发现了课堂话语互动的IRE结构。与辛克莱和库尔哈德的研究目的不同,梅汉与卡茨登的研究焦点不在于语言学,而在于改善教育实践,他们认为课堂话语互动IRE结构适合简单学习,难以促进学生高阶思维发展以及深度的课堂参与。为了鼓励学生更多参与课堂话语互动,重建课堂话语互动IRF(E)

---

[1] Rojas-Drummod S, Pérez V, Vélez M, et al. Talking for reasoning among Mexican primary school children [J]. Learning and Instruction, 2003(6):653-670.
[2] 钟启泉."课堂话语分析"刍议[J].全球教育展望,2013(11):10-20.

交互结构成为研究重点。

学习产生于每时每刻对意义的共同构建之中。为了更好理解学生如何通过与教师以及同伴的话语互动来学习,我们需要追踪学生的学习过程,目标就是追踪学生个体的、社会的以及认知的学习过程、表现和进步。卡茨登指出,课堂话语互动研究应该回答三个重要问题:"其一,语言运用模式是如何影响学习的?其二,这些模式是如何影响学生受教育机会的平等性或不平等性?其三,这些模式假定或支持什么样的互动能力?"[1]对这些问题的回答离不开对课堂话语互动的实证分析,只有这样才能提供证据来揭示课堂话语互动是如何改进课堂教学实践,构建平等的或合作型的师生、生生关系以及促进学生学习的。

(一)研究对象

研究对象为宁波市W学校初二6班的师生。该学校是一所具有外语特色的初中学校,是宁波市优质学校。学校非常重视英语教学,每周的英语课较多,而且每学期都举办丰富多彩的英语活动,学生的英语语言能力普遍较高。周老师是初二6班的英语教师,也是区英语学科骨干教师,他在课堂教学中非常注重话语互动,注重课堂教学的意义性,注重学生高阶思维能力的培养,这与目前诸多英语课堂教学中以语言形式操练为主的教学模式形成了鲜明对比。另外,周老师积极创设合作性的、支持性的班级文化,试图让班级成为学习共同体。

(二)研究分析框架

1.深度学习的内涵与框架

本研究主要以加拿大学者富兰的深度学习内涵及其6Cs框架为依据。深度学习凸显学生的主体地位,强调合作、交际、创新以及批判性思维等能力,是系统性的、理解性的、发展性的和全面性的学习。深度学习不但能够促进学生的认知发展,而且能够促进其社会性发展和自我发

---

[1] Cazden C B. Calssroom Discourse:The Language of Teaching and Learning[M]. Portsmouth:Heinemann, 2001:3.

展,使学生知识、能力、情感、态度、价值观全面发展。

2.课堂话语分析框架

以话题设置、话轮转换、候答时间、话语行为及行为序列等为依据,揭示课堂学习的社会文化性、课堂中的师生关系和生生关系以及学校教育的制度特质等,从而把握学校教育制度下学生认知领域、社会领域以及自我领域发展的动态过程。

(三)研究与分析过程

笔者对周老师的课堂进行参与式观察,每周观察一到两次,时间长达一个学期,其间共转写了近20个课段,现选取其中体现了探究式话语互动特征的两个课段进行研究。一次为师生课堂话语互动,另一次为生生课堂话语互动,均为PEP教材初二上学期的内容。①

1.师生课堂话语互动

Sharing a problem is like cutting it in half.

(1)T:In English, we say that sharing a problem is like cutting it in half. Li Xiao(L1),Do you think so?(initiation,启动)

(2)S1:I agree.(response,回应)

(3)T:Why?(justification request,寻求论证)

(4)S1:Hmmm ... Friends will give you some ... good advice, so the problem is ... easy to solve.(justification,论证)

(5)S2:Yes! Sharing a problem with others can(3)broaden your mind, and solve the problem ... easier and faster.(extension,扩延)

(6)S3:Yes!(3)To share is to gain. Hmmm ... sharing a problem ... will gain something different and ... help to solve the problem.(extension,扩延)

(7)T:To share is to gain! Hmmm ... Wanglu(L4),Do you agree with it?(repetition & feedback request,重复和反馈寻求)

(8)S4:I don't think so (5)because sharing a problem depends on ... whom you are going to share. Sometimes(4) some people might not give you a good

---

①转写说明:...,停顿少于1秒;(3),停顿3秒;!,降调。

advice. (feedback & justification,反馈和论证)

(9) S5: Yes. Sometimes, I don't want to talk with others, even my parents, because ... no one can understand me. Sometimes ... they might get angry with my problem. (extension,扩延)

(10) S3: Although we can't solve the problem together sometimes, sharing it, (2) makes me feel better! (integration,整合)

(11) S1: It's like having someone to think with you and split the stress of the problem in half. (extension,扩延)

首先,从话题设置来看,周老师将课文中的一个重要观点提出来让学生进行讨论。开放性问题不仅仅需要问题本身具有开放性,还需要教师持开放的态度。周老师决定让学生讨论课文中的观点,就意味着周老师对此观点持有一种开放的态度,他并没有以教材为本,盲目接受教材中的观点。这种态度鼓励了学生质疑和敢于表达不同观点。

其次,从话轮转换来看,虽然是课堂师生话语互动,但是教师仅仅在话轮1、话轮3和话轮7发言,其余话轮由学生发言,学生的话轮数量和话语量远远多于教师。另外,教师仅仅在话轮1和话轮7指定发言者,虽然在话轮3没有明确指定,但要求生1论证,这实际上也指定了发言者。在其余的话轮,教师都没有指定发言者,而是由学生主动争取话轮。在这一课段中共有五位学生发言,其余三位学生话轮的获得、维持与移交都是主动进行的,当然生1在话轮11也是主动争取的。有三点值得特别关注:其一,多位学生既没有等待教师的指定,也没有等待教师的评价而主动争取话轮,打破了传统的课堂话语互动IRF(E)结构;其二,虽然学生主动争取话轮,但没有出现交叉、重叠以及打断等话语现象,这充分说明了学生相互倾听,彼此尊重,构建了一个合作的话语环境;其三,教师并没有干预制止学生的发言,而是采取了尊重、鼓励的态度,甚至在话轮7中,教师不但重复了学生的观点,而且将反馈的权利让给其他同学,这说明教师在课堂话语互动中充当了促进者、引导者角色而非主导者,学生的主体性和能动性得到有效体现。本课段的话轮转换与传统的课堂话语互动的话轮转换不一致,其创造了一个支持性的课堂话语环境,构建了一种平等的师生与生生关系。

再次，从候答时间来看，候答时间充分体现了探究式话语互动的话语特征，学生在发言时，明显是在自己组织语言，而非背诵答案，多位学生出现过三秒以上的停顿，生4出现了两次较长的停顿，一次五秒，另一次四秒。虽然学生的发言出现了吞吞吐吐、犹豫、边发言边思考等特征，但是教师尊重学生的发言，没有要求学生立即做出回答。候答时间的延长，让学生的思考更加深刻。

最后，从话语行为及其行为序列来看，在本课段中，教师共有三次发言。在这三次发言中，话轮1的行为是启动；话轮3不是传统的评价行为，而是寻求论证的行为，是追问，推动了话语互动深入而又丰富展开；在话轮7中教师一方面重复了学生的观点，另一方面又提出了反馈寻求，将反馈的权利让给了学生，有学者称之为"回音"[1]，这弱化了教师的主导者角色，能够充分发挥学生的主动性和积极性，进一步深化了课堂话语互动。

在这一课段中，学生的话语行为不是单调的回应行为，而是呈现多元性和丰富性。生1获得了三次发言的机会（话轮2、话轮4和话轮11），其中话轮2的发言属于简单回应，话轮4的发言则是阐释和论证行为，而话轮11的发言是扩延行为，后两次的发言都属于探究式话语互动，增加了话语互动的深度。生2获得了一个话轮，他的发言是对生1论证的扩延，深化和丰富了生1的论证。生3获得了两个话轮，话轮6是对生1和生2论证的扩延，同样深化和丰富了生1和生2的论证，而话轮10的发言则是对生4和生5以及生1和生2不同观点和论证的整合，既表现了对不同观点的尊重与倾听，又坚持了自身的观点，体现了典型的探究式话语互动的特征，通过会话追求更加明显的理智的合意。生4在话轮8的发言既有对教师问题的反馈又有进一步的阐释，生5的发言则是对生4观点的扩延。

通过分析师生的话语行为，可以清晰发现，本次课堂话语互动并非

---

[1] O'Connor M C, Michaels S. Aligning academic task and participation status through revoicing: Analysis of a classroom discourse strategy[J]. Anthropology & Education Quarterly, 1993, 24(4): 318-335.

典型的IRF(E)结构,而是呈现出复杂性和多样性。其中话轮2和话轮3这两个相邻对之间不是传统的回应和评价行为,而是回应和寻求论证行为;话轮4不是简单的回应行为,而是论证行为,教师并没有在话轮5做出反馈,结果生2争取到了话轮5,而生3获得了话轮6,话轮5和话轮6都是论证扩延,教师直到话轮7才重新发言,这推动了话语互动深入展开,让论证不断深化和扩展,毫无疑问会促进学生认知发展。教师即使获得了话轮也并未简单做出评价,而是把反馈的权利让给了学生,继续推动话语互动深入发展。相邻对之间最多的是论证与扩延行为,这充分体现了在探究式话语互动中学生对彼此观点的倾听和尊重,自己的观点和论证建立在他人的基础之上,既展现了较强的逻辑推理能力,促进了高阶思维能力的发展,又构建了一种合作性关系。行为序列的变化也表明,虽然这是教师参与的课堂话语互动,但是教师已经不再发挥主导作用,学生的主体性和能动性得以彰显,师生、生生之间的互动成为一种主体间性的互动。

2. 生生课堂话语互动

Should friends be the same or different?

(1)S1:It's good for friends to ... have differences,(4)because different ideas ... may make the interactions between the friends ... more interesting. (response & justification,回应和论证)

(2)S2:I disagree.Hmmm ... Friends should be the same.(5)Having the same hobbies and interests can help to promote smooth interaction. (competitive extension,竞争性扩延)

(3)S3:Yes.Friends should be the same,(2)because it's easy for them to share ... the same happiness and sadness.(extension,扩延)

(4)S4:Friends should be different! Different friends can not only lead to new ideas but also (6)have different ... personalities and ... strengths. We can learn from each other.(competitive extension,竞争性扩延)

(5)S3:In my experience, hmmm ... friends could be different in personalities or hobbies,(4)but should share the same ... values! Hmmm ...

because only sharing the same value(3) can make friendship go for a long time. (competitive extension,竞争性扩延)

(6)S2:Hmmm ... If we have the same value,(3)I'll feel be understood! (extension,扩延)

(7)S4:Hmmm ... the same value is important,but(4)different personalities and ... hobbies are also very important.(5)The most important thing is to ... need each other.(4)A friend in need is a friend indeed!(integration,整合)

首先,从话题设置来看,问题由教师设置,这是一个开放性问题,而且正反两面保持平衡,这种类型的问题能够激发学生的开放性思维,讨论往往演变为争论。学生在面对不确定性问题时,能够思考和尝试不同的观点和论断。

其次,从话轮转换来看,由于是小组讨论,教师全程没有参与,小组内的四个学生都积极争取话轮,既没有出现沉默或僵局,也基本没有出现话语交叉重叠的现象,话轮的获得、维持和转移有序进行,每个同学都有话语参与的机会,而且相邻对之间的话语逻辑性很强,这充分说明学生不但非常注意倾听他人,而且具有很强的话语互动能力。话轮之间的有序转换构建了合作型生生关系。与师生话语互动相比,在生生话语互动中,学生话轮维持时间更长,话轮长度也明显更长,论证更加深入。

再次,从候答时间来看,与教师在场的课堂话语互动相比,生生课堂话语互动的平均候答时间更长,这说明学生的思考时间更长,需要立即回答的压力更小,结果是学生的话轮普遍较长,互动更加深入。

最后,从话语行为及行为序列来看,这个小组的讨论与传统的课堂话语互动 IRF(E)结构完全不同,小组话语互动中没有严格意义上的启动、回应和评价等话语行为,而相邻对之间最多的是论证与扩延行为或竞争性扩延行为。其中话轮3和话轮6属于扩延行为,而话轮2、话轮4和话轮5都属于竞争性扩延行为,与扩延行为比较,竞争性扩延行为具有更多的挑战性。不管是扩延行为还是竞争性扩延行为都是对他人论证的进一步阐释或挑战性阐释。从话语行为看,小组的话语互动已经成为争论。在互动中,这些推断性的论断不断受到其他参与者的影响,这让互动继续进行。扩延行为和竞争性扩延行为既促进了学生认知能力的提升,又构建了生生之间良好的合作关系。在生生课堂话语互动中,学生基于他人的论断而形成新的论断,从而参与到论证之中,以这种方式,学生的认知性经验、社会性经验和伦理性经验都有所提升,能够有效提升深度学习。

三、研究结论

在这两个案例中,学生的话语呈现出典型的探究式话语互动的特征,学生的发言不是凭借记忆,而是基于理智的思考,扩延行为、竞争性扩延行为、整合行为等都是出现频率较高的课堂话语互动行为,这些都是深层次论证行为。话题扩延是探究式话语互动的一个重要特征,指言说者能对自己和他人引发的话题进行拓展,借此既可承上启下又能展现对他人观点的参与度,这一互动特征通常体现在序列构建上,长序列或长话轮通常体现言说者较高水平的语言能力和互动能力。扩延行为提升了说话者的如下能力:话语的条理性、理智性和对不同观点的尊重;寻求更系统化的信息、对于不同观点的倾听、开放性的猜测、愿意调整自己的观点。让他人理解性地回应不仅仅需要提供"正确"答案,而且需要给出理由来支持观点,需要进一步的阐释、解释,提供更多的证据、理由或论据等。

在这两个案例中,不但话轮的获得、维持和转移有序进行,而且出现了多次深度论证行为,这表明当共同解决问题时,师生、生生不仅仅在互动,而且在"共同思考",用创造性的方式整合他们的思考。教师在课堂中如何表现,特别是他如何接收和使用学生的话语,是学生如何开始学习以及能够学到什么的关键,教师如果将自己的角色仅仅视为传递权威知识,就不可能给予学生探究新观点的机会。而在这两个案例中,包括教师在内的参与者的观点动态互动,他们尝试可能的观点以及竭力构建共同理解,这样的协同活动构建并维持了一种主体间性。探究式话语互动成为一种负责任的话语互动,言说者不但很认真地回应和进一步发展互动中他人的观点,而且遵循已经确立的良好的论证规范,这发展了学生的合作能力,构建了良好的人际关系。总之,探究式话语互动中的参与者具有合作的协调一致的共同论证的话语能力,具有以一种理智的和平等的方式分享知识、挑战观点、评估证据和考虑选项,从而达成共同理解的能力。

第二节 课堂争论对学生学习的影响:基于交互论证分析[①]

1974年,受美国国家教育研究所委托,哈佛大学著名学者卡茨登担任了一个研究小组的主席,研究的主题为"文化情境中的教学:作为一个语言过程",研究产生了极大影响,此后话语互动与学习的关系逐渐成为北美教育研究中的热点。20世纪80年代后,围绕着相关议题的研究逐渐增多,但研究主要聚焦于课堂话语互动结构以及环境对学习的影响。进入21世纪,多位学者指出,不应仅仅关注课堂话语互动的结构、外部环境以及互动的结果,对互动中学习过程的研究同样重要,应该更多通过质性分析来研究学习过程的运算机制,研究个体是如何在小组中互动以及小组的主张与互动过程如何影响个体理解,从而深刻揭示课堂话语互动中特定的学习是如何发生的。[②]

争论作为一种典型的课堂话语互动形式,近年来一直是学习科学研究的一个热点。本书将聚焦争论这种常见的重要的课堂话语互动形式,并试图回答如下问题:话语互动如何影响个体的学习,学生个体的意义构建如何影响小组论断形成,以及作为机构代表的教师如何促进个体以及小组的意义构建?

[①] 张光陆,李娜.课堂争论对学生深度学习的影响:基于交互论证分析[J].宁波大学学报(教育科学版),2022(2):21-29.
[②] Cromwell A, Kuhn D. Developing dialogic argumentation skills: A three-year intervention study[J]. Journal of Cognition and Development, 2014(2):363-381; Sampson V, Clark D. The impact of collaboration on the outcomes of scientific argumentation[J]. Science Education, 2009(3):448-484.

一、学生学习研究:从结果走向过程

(一)学习体现为课堂话语互动中的意义构建

社会文化理论鼓励探究话语和思维之间的关系,以及学习和发展过程中心理间(intermental)与心理内(intramental)之间的关系。学习和发展被视为以文化工具为介的人际的和个体内在的过程,思维产生于合作解决问题的过程之中。心理间和心理内之间有一种辩证关系,儿童对世界的理解产生于与他人的互动之中。

基于社会文化理论,意义构建被视为协调社会活动的过程,通过协调,在某些方面达成一致,从而获得意义,意义被视为某种与互动中的关系不可分割地联系在一起的东西。这与杜威所提出的意义概念非常类似,"意义实际上不是一种心理存在,而是一种行为财产"[1]。也就是说,意义不是个体的私有财产,而是人回应环境的方式。学习可被描述为某种行动,可被视为人们通过与环境的功能性协调而做的事情,也就是说在特定情境中有一种以更复杂和更具体的方式行事的综合能力。特别需要注意的是,意义构建过程中被显示出来的某种发展可被视为学习。相应地,学习可被视为一个实践性社会过程。于是,学习成为一个探究过程,始于一种不确定性情境,不但由思维构成而且由活动和反思构成,此种类型的学习被视为深度学习。深度学习不是简单的识记学习,不是符合事实和既定程序的简单记忆,不是机械化的和碎片化的学习,而是系统性的、理解性的、发展性的和全面性的学习;不但使新旧知识与经验连接,而且使已习得的知识相互关联;不但需要深刻理解学习内容和社会议题,而且需要深刻理解并反思知识的构建过程和问题的解决过程;不但能够评价新的观念,而且将这些想法同结论联系起来,能够批判性地检查论据的逻辑性。

---

[1] Dewey J. Experience and Nature[M]. New York: Dover Publications, 1958: 24.

(二)学生意义构建过程的实证研究:学习科学研究的新趋向

20世纪80年代,伯考维茨(Berkowitz)和吉布斯(Gibbs)提出了交互讨论模式,将交互分为三个层次。"最低层次的交互被称为再表述(representation),主要包括六种形式:反馈寻求、同义转换、理由寻求、并列、复述以及竞争性并列等。第二层次的交互为合成(hybrid),既有再表述功能又有运算功能,主要包括两种形式:完成、竞争性同义转换。最高层次的交互为运算(operation),在这种形式中,对其他学生推理的推理是转化性的,也就是说,主动阐释、批评或扩延他人的推理并且用自己的话语来阐释,共包括10种形式:阐明、竞争性阐明、提炼、扩延、对照、推理性评价、竞争性扩延、逆向思考、整合、比较性评价等。"[1]伯考维茨和吉布斯开启了对交互过程的研究,但是他们的研究并未探究交互如何发生以及为何发生。当探究个体意义构建和群体互动过程之间的关系以及它们如何相互影响之时,需要识别那些在学习过程中对意义构建结果产生重要影响的特定情境。在互动过程中人与情境相互和同时构成,探究这些不同的构成过程是很重要的,这需要实时分析。

许多学者通过运用伯考维茨和吉布斯的交互讨论模式,详细地描述在意义构建过程中学生是如何利用他人的推论的。桑普森(Sampson)和克拉克(Clark)指出,"应开展更多的学生个体与群体对学习相互影响的研究"[2]。麦克尼尔(McNeill)和皮门特尔(Pimentel)通过分析课堂录像视频,探究了课堂话语互动,这一研究"既关注到了论证结构,即学生如何参与对话性互动,又关注到了教师问题的作用,聚焦于学生的前知识与同伴相遇(encounter)之后的交互作用,以及这种交互作用为学生意义构建和学习所带来的影响。研究结果表明通过交互,人与情境交织在一起;通过与同伴的具体相遇,与自身之前经验的交互,促进了学生的深度学习。在互动中心理面和社会面基本上都是可以观察的,能够通过实时

---

[1] Berkowitz M W, Gibbs J C. Measuring the developmental features of moral discussion[J]. Merrill-Palmer Quarterly, 1983(1):399-410.
[2] Sampson V, Clark D. The impact of collaboration on the outcomes of scientific argumentation[J]. Science Education, 2009(3):448-484.

研究加以分析。这就意味着个体经验和个体所参与的话语实践之间存在着不可分割的关系。换句话说,个体经验与他的社会文化活动相互构成。个体经验和社会活动并非作为分离的因素出现在意义构建之前,个体经验与社会文化活动是互为先决条件的。从交互视角看,个体内部的、人际的以及机构的都被视为意义构建的维度,是相互界定和相互依靠的,不能被机械分开。

学习科学对话语互动的分析是要在实时发生的维度上探索三个主要问题:第一,学习者之间的关系和他们的互动模式,以及这些关系和模式的变化;第二,学习者参与学习过程的具体实践,以及这些实践如何变化;第三,学习者个体的学习结果。[1]

二、交互论证分析的内涵与步骤

诸多学者运用图尔敏著名的论证模式作为研究课堂争论的重要工具,从社会文化理论看,学习如何争论不能仅仅被视为习得和遵循某种模式。争论是一种创造性实践,能够基于情境表达观点和论断,这就意味着不能仅仅根据事先确定好的模式来分析学生的争论,应该将其视为一种"负责性致知"(accountable knowing),这来自康纳和雷斯尼科所提出的概念——"负责性话语。争论的动态性和情境性需要超越图尔敏传统的论证模式,构建一种新型的分析模式——交互论证分析。

(一)交互论证分析的内涵

交互论证分析以杜威的交互视角和行动理论为基础,超越了图尔敏的论证模式,适应了争论的创造性和情境性需求,能够对争论过程中的意义构建和学习进行实时动态分析,能够在微观层面上阐释学生的意义构建和学习过程。这种分析方法整合了杜威的交互行动理论和图尔敏的论证模式:一方面,从交互行动的视角看,意义能够被理解为人与其环境功能性协调的结果,这意味着相关知识在不同实践中是不同的,那些

---

[1] 索耶.剑桥学习科学手册[M].徐晓东,等,译.北京:教育科学出版社,2010:4.

被视为真实和有效的知识是在话语实践中构建的,也就是说,意义既能够被视为人类实践的一部分,又能够被视为结果,这样在主题内容以及论断等方面,强化了对争论中学生的意义构建的分析;另一方面,利用图尔敏的论证模式强化了对意义构建过程、学生前经验的作用以及在学习过程中与教师或/和同伴的交互作用等方面的分析。

与图尔敏静态化、模式化的论证分析不同,交互论证分析不仅仅用来探究意义构建的个体维度,而且把所有意义构建的三个维度,即个体内、人际的及机构的考虑在内。在交互论证分析中,重要的是注意在互动中创造的情境,以及参与互动的教师和学生是如何对这种情境施加影响的。情境不仅仅指围绕着参与者的事情,而且指在行动中创造的事情。这形成了一种情境性的意义构建的视角:正是在行动中情境构成,意义构建。交互论证分析能够让我们通过实时分析探究学习的过程与结果,这就能够阐释清楚:在特定教育情境中,在意义构建过程中,个体与社会的关系是如何被创造的,以及这种构建的关系对意义构建过程会产生什么效果。

此外,交互论证分析通过运用伯考维茨和吉布斯所提出的交互论证类型,即三个层次共18种类型的交互形式,进一步阐释了个体和同伴在学习过程中的交互作用的程度。

(二)交互论证分析的三步骤[1]

第一步是实践认识论分析。作为一种在持续的教育实践中分析意义构建的方法,其主要包括如下核心概念:相遇、分歧、立场、关系和意义。在实践认识论分析中,学生与环境相遇的整个事件都会被分析。在争论中,当学生质疑他人论断的有效性或者对以前的结论进行回应时,分歧就会产生。分歧也会出现在教师提出新问题之时。相应的,在实践认识论分析中,我们需要识别出讨论中的分歧,这些不同的分歧被视为事件。如果一个学生通过构建关系来弥合分歧,这种关系能够让他以某

---

[1] Rudsberg K, Östman L, Östman E A. Students' meaning making in classroom discussions: The importance of peer interaction[J]. Cultural Study of Science Education, 2017(12): 709-738.

种与目标一致的方式在一种活动中前行,我们可以说,学习就发生了。

第二步是图尔敏的论证模式。在分析中,主要利用主张(claim)、证据(data)、理由(warrant)、反驳(rebuttal)和限定(qualifier)等形式,目的是理解学生创造的意义。图尔敏的论证模式能够澄清在论证实践中关系所发挥的作用,能够澄清学生创造的意义的功能以及话语的不同部分是如何被连接成一个论断的。

第三部分是交互质量分析。伯考维茨和吉布斯对不同性质的"交互讨论"进行了非常详细的描述,可以利用这些交互形式来探究同伴互动。首先,澄清其他的学生如何影响个体的学习,以及随后的发展;其次,澄清同伴是否让个体的学习进一步发展以及如何发展;最后,阐释教师如何推动学习过程发展。这种分析涉及学习的交互品质。

三、课堂争论能有效促进学生的深度学习

(一)研究材料

语文特级教师蒋老师讲授的"地震中的父与子"一课曾获全国视频课例评比一等奖。在该课堂师生话语互动中,出现了多次争论,本书以此为例分析争论中的意义构建,即学习。课文中的结局是一个喜剧,蒋老师根据故事情节,对结局进行了改编:这位父亲即使非常努力,也没能拯救孩子的生命,并且用多媒体演示新的结局。课堂互动从这里开始。

(1)师:这样的结局有没有可能?

(2)生1:有可能。

(3)师:你从哪里看出来的?

(4)生1:课文第二段有一句话:那个昔日充满了孩子们欢声笑语的漂亮的三层教室楼,已变成一片废墟,"废墟"说明学校被破坏得非常严重,学生生还的希望很小。

(5)生2:我从"有的父亲说,太晚了,没有希望了"这句话感觉到事情的确很糟糕,因为作为父亲,如果还有希望,一般都不会放弃。

(6)师:如果事情是这样的结局,你还认为他了不起吗?

(7)生1:(沉默)了不起。

(8)生3:他没有救活自己的儿子,他有什么了不起?

(9)生1:因为这位父亲兑现了他的诺言,永远和儿子在一起,不管任何情况,也不管死活。

(10)生4:我看到了父亲那种坚信自己儿子还活着的信念。

(11)生5:我们不能只看事情的结果,而要看事情的过程,这位父亲坚持不懈救自己儿子的过程让我们敬佩。

(12)师:我听明白了,你们认为这位父亲了不起不是从事情的结果中看出的,而是从父亲努力救儿子的过程中体会到的,是吗?"

(13)生5:是。

(14)生3:但是还可能有一种结局,父亲不但没有拯救儿子的生命,而且也会死亡,甚至会有更多人伤亡。

(15)师:你从哪里看出这种结局的?

(16)生3:一位救火队长曾经阻拦过他:"太危险了,随时可能发生大爆炸。"

(17)生6:一位警察也跟他说过,如果坚持挖的话,不但不利于自己,对他人也有危险。

(18)师:如果事情是这样的结局,你们如何看待这位父亲?

(19)生7:这位父亲有点失去理智了,如果他不坚持挖的话,就不会有这么多人丧命。

(20)生8:这位父亲得知自己的孩子有危险以后,也一定要兑现自己的诺言,活要见人,死要见尸,一定要和自己的儿子在一起,我觉得这是很了不起的。

(21)生9:当孩子们遇到危险时,有的父亲走开了,而这位父亲却坚持挖,所以我觉得这位父亲是了不起的。

(22)生3:这位父亲应该让专业的救护人员来救孩子。

(23)生10:这位父亲已经精神失常了。

(24)生8:这位父亲因为过于悲痛,以至于精神和行为异于常人,这都是因为他对孩子深沉的强烈的爱。

(25)生3:我也承认这位父亲是爱自己孩子的,很了不起的,但是也需要理智。

(二)争论过程:以生3为例

本研究将追踪生3,之所以追踪生3,不仅因为他抢到了多次话轮,更重要的是他从话轮8开始挑战其他同学的观点,将课堂的累积式话语互动转变成争论,而且又在话轮14提出新的论断,挑战其他同学的主张,不断深化这场争论。实际上,生3成为这次争论的核心。第一阶段的实践认识论分析主要是识别互动中出现的分歧或者事件,生3在话轮8的发言引起了第一个分歧,他开始质疑这位父亲的行为是不是一个了不起的行为。而在话轮14,他的第二次发言通过预设一个新结局,又进一步深化了这场争论,即父亲的行为不仅不能拯救儿子的生命,而且有可能让更多人伤亡。在话轮22,实际上他的主张也有了部分改变,并继续提出新主张:父亲应该找专业人员救护。在话轮25,生3的主张已经发生了很大改变,整合了其他同伴的主张。这场争论一直持续到课堂话语互动即将结束,因为篇幅关系,本书不能全部列出。在第一阶段的实践认识论分析和第二阶段的图尔敏的论证模式中,研究主要关注与生3这四次发言相关的相遇、关系以及论证功能。在第一次发言,生3提出了一个新的主张和理由:这位父亲没有什么了不起,因为他没有救活自己的儿子,当然这个新主张也是对上一个话轮主张的反驳。生3的发言实际上已经把话语互动的性质从回应教师的提问转为了争论,从话轮9到话轮11,三位同学反驳生3的主张和理由,特别是生5在话轮11提出新的理由。甚至教师也在话轮12对生5的主张和理由进行了回应,但是生3在话轮14提出了新主张:这位父亲的行为不但会伤害自身,甚至有可能伤害到他人。生3在话轮16给出了证据,这时生6也附和生3并提出了新证据。在话轮18到话轮25之间,既围绕着生3在话轮14提出的新主张进行争论,又围绕着生3在话轮22提出的新主张进行争论,争论进入了更深层次。

（三）过程分析

同伴以及教师对生3学习的影响如表5-1所示。

表5-1 他人对生3学习的影响

事件	与生3的交互	生3是如何基于交互进行学习的	生3的交互类型
这位父亲没有救活自己的儿子,他是不是一位了不起的父亲(话轮8—13)	教师 生1(话轮8)	提出了一个新的主张与理由：没有救活儿子的父亲不是一位了不起的父亲	阐释(O) 竞争性并置(R)
这位父亲不但没有救活自己的儿子,而且有可能伤害到更多人(话轮14)	生1、生4、生5 教师(话轮14)	运用"可能"这一限定词,提出了新主张	逆向思考(O) 竞争性阐释(O) 扩延(O)
为新主张寻找证据(话轮15—17)	教师(话轮16)	提出证据	寻求澄清(R)
进一步论证这是一位什么样的父亲(话轮18—25)	教师 生7 生8和生9(话轮22) 教师 生10 生8(话轮25)	提出新主张和理由反驳 提出新主张和理由	阐释(O) 扩延(O) 提升与竞争性阐释(O) 阐释(O) 整合与逆向思考(O) 整合与竞争性扩延(O)

表5-1阐释了生3的会话伙伴是谁以及生3的论证是如何建立在他人论证的基础之上的,清晰地阐明了个体学习过程中的交互讨论是如何进行的。分析表明,生3的每一个论断在某种程度上都受到其他伙伴论断的影响,生3在节选的这段争论中,共运用了12种交互形式,其中10种为最高形式的运算式交互(O),其余两种是再表述交互(R),这允分说明课堂交互质量很高,生3的论断建立在同伴或教师论断的基础之上,并且进行了转化。例如在话轮14中,生3运用"可能"这一限定词,提出了新

的主张,在这里,他运用了逆向思考、竞争性阐释和扩延三种运算式交互形式,新主张的提出正是建立在对他人论证的进一步发展和对课文内容进一步思考的基础之上。生3通过逆向思考反驳生1、生4和生5的主张,即如果你的救人行为会伤害到更多人,那就不是一件了不起的事情,同时也进行了竞争性阐释,即你所提供的反驳理由并不能反驳我的主张,我的主张涉及更深的层次,并且运用扩延交互形式拓展了教师所提出的可能结局——除了不能救活儿子,甚至有可能会伤害到他人。在话轮22中,生3的发言既是理由,又是新主张。首先,作为理由,是对教师问题的阐释;其次,作为新主张,不但扩延了生7的论断,而且通过运用提升与竞争性阐释等交互形式反驳了生8和生9的论断,即虽然救孩子是对的,但是应该寻找专业救护人员,否则就太不理智了。在话轮25中,生3整合了生7、生8、生9、生10的观点,提出了一种更为全面的看待这位父亲的主张。他回应了生7的主张,重新阐释了生10的主张,整合并逆向思考了生8和生9的主张,整合并竞争性扩延了生8的主张。这充分显示生3意义构建的过程是一个深度学习的过程。当然生3的学习也考虑到了课文内容知识,例如,话轮16的证据就来自课文。

生3的学习发展在他运用论证方法时是很明显的,在论证过程中,生3运用了许多论证元素,当然也包括来自课文的证据,进一步提升了特定主张的有效性。他经常运用竞争性阐释和竞争性扩延等交互形式,一方面是为了反驳他人的主张,另一方面是为了进一步阐释自己的理由,同时也运用了阐释、扩延等交互形式,这充分说明生3既批判性又建设性地参与了同伴的观点。生3对同伴学习的影响如表5-2所示。

表5-2 生3对同伴学习的影响

生3运用的交互形式	生3的主张是如何被发展的(相遇)	事件
对照(O) 扩延和对照(O)	生3在话轮8中的质疑将学生对教师问题的回应转向了争论; 生1和生4提出理由反驳生3; 生5指出判断一位父亲是否了不起不能只看结果,还需要看过程	这位父亲没有救活自己的儿子,他是不是一位了不起的父亲(话轮8—13)

续表

生3运用的交互形式	生3的主张是如何被发展的(相遇)	事件
补充完整(R/O) 扩延(O) 提升(O)	生3在话轮14中提出了另一个可能的结局,进一步深化了争论; 生6提出了新证据来支持生3; 生7认为这位父亲失去了理智; 生9通过与其他父亲对比,提出新理由反驳生3	这位父亲不但没有救活自己的儿子,而且有可能伤害到更多人(话轮14—21)
扩延(O) 整合与逆向思考(O)	生3在话轮22提出应该寻找专业救护人员; 生10认为这位父亲的行为是精神失常的表现; 生8的主张有了变化,他虽然依然认为这位父亲了不起,但是也承认这位父亲的行为缺乏理智	这位父亲应该如何拯救孩子?进一步探究这是一位什么样的父亲(话轮22—24)

　　表5-2的分析能够清晰阐明生3的阐释和反驳对其他同学的论证和推理产生了重要影响。在生3第一次发言之前,生1和生2的主张与之前的主张一致,虽然有短暂的沉默思考,但他们认为即使结局有了变化,这位父亲仍然是了不起的。但是生3的加入,让课堂累积式话语互动成为争论,生3提出了新的理由和主张:父亲没有救活儿子,就没有什么了不起。正是因为生3的加入,让课堂话语互动更加深入。

　　生1和生4运用了对照的交互形式,而生5不但运用了对照,而且运用了扩延交互形式,即论证前提是值得怀疑的,判断父亲是否了不起,不应该以父亲能否够拯救儿子的生命为唯一理由。他们分别提出了新的理由,对照和扩延等交互形式拓展了学生的思维,甚至当生5提出不应该仅仅看待结果,过程也非常重要时,这一理由得到了教师的回应,这说明教师也认为这一理由很有道理和新颖。在话轮14中,生3提出了另一个可能的结局,将争论引向更深层次。为了论证生3的主张,生6进一步补充了生3的论断,而生7则扩延了生3的主张,认为这位父亲失去了理智,而生9则运用提升形式,反驳了生3。在话轮22中,当生3提出应寻找专业救护人员之后,生10运用扩延交互形式进一步丰富了生3的主张;特别需要注意的是,生8的主张有了很大变化,他通过整合与逆向思考,虽然并未全部接受生3的主张,但实际上部分接受了生3的主张,即这位父亲的救护方式是很危险的。

生3也为群体论证做出了贡献,在七种交互形式中,六种为运算式交互(O),一种为合成式交互(O/R)。这充分显示意义构建的个体维度也有助于人际的意义构建。

(四)总结与讨论

1.争论中同伴与个体的意义构建相互影响,有效促进了学生的深度学习

本研究的目的就是通过运用交互论证分析探究学习过程,实证分析清楚得出结论:同伴与个体相互影响。而且本研究也清楚阐释了这种影响的质量如何,以及它是如何与个体的学习相连的。通过争论,学生的思维有了进一步发展,争论提升了学生论断的复杂性和质量。通过运用交互论证分析,我们能够实时追踪论证中的思维发展、人际关系的构建与自我反思。学生创造的关系构成了个体意义构建过程的内容。关系的构建是通过重新实践化的过程实现的,这意味着学生的前知识,也就是立场,在新情境中被实践化。

表5-1表明,在争论中,生3经常运用竞争性阐释和竞争性扩延等交互形式,同时也运用了阐释、扩延等交互形式,这充分说明生3既批判性又建设性地参与了同伴的观点,与同伴的争论有效促进了生3的深度学习。表5-2则表明,生3也为群体的论证做出了贡献,意义构建的个体维度也有助于人际的意义构建,生3也有效推动了群体的深度学习。

2.应重视提升学生课堂话语互动能力

这次争论之所以能够深入而又丰富地展开,有效促进了学生的深度学习,一个重要原因在于学生具有较高的争论能力或课堂话语互动能力。为提升争论乃至课堂话语互动的质量,仅有参与话语互动的意愿和兴趣是不够的,学生还必须具有较高的争论能力或课堂话语互动能力。促进深度学习的课堂话语互动能力就是将话语互动当作一种中介的能力。尽管生活可以为大多数的学生提供丰富而又多样的语言经验,但是很多学生缺乏理智的辩论、富有逻辑的推断、反思性的分析、扩展的叙述以及详尽的阐释等话语互动能力,所以注重对学生课堂话语互动能力的培养是非常重要的。让学生成为问题解决者、深度思考者以及有效的学习共同体的成员,帮助学生学会会话,让语言成为思维的工具,这是教育的重要目的之一。

3.教师在学生的意义构建中发挥了重要作用,应构建新型教师角色

教师作用的发挥体现了制度或机构对交互的影响。如何让教师所代表的制度或机构对课堂话语互动产生正面影响,从而促进深度学习是一个值得分析的问题。在该争论中,教师摒弃了传统的知识灌输者角色,成了学生学习的催化者、课堂文化的构建者与合作者。

其一,教师积极为话语互动搭建支架,成为学生学习的催化者与合作者。教师在课堂话语互动中扮演了主动引导者与促进者。为促进学生高阶思维发展,教师既提出了高质量的问题,亦支持他人构建回应或观点,教师对学生的回应或观点并不是简单接受或拒绝,而是不断扩延话题,这就体现为一种支架构建能力。在该争论中,教师展现了较高的支架构建能力,既有简单的支架构建,如在话轮3、话轮6和话轮15中,教师通过寻求澄清,鼓励学生清晰阐明他们的想法、原因,并且与班级其他同学分享;也有复杂的支架构建,如在话轮1中,教师通过多媒体设备向学生展示了一个新结局,并寻问学生这样的结局有没有可能,展现了很强的话题扩延能力。而在话轮18中教师通过"why"问题,寻问学生持有某个观点的原因,并运用"推理性词语",如"假如""因为"'"所以"等,展现了较强的深度提问能力。他提出的问题具有开放性和挑战性,为学生提供了机会,延长了学生表达当前理解、阐释观点和揭示问题的话轮。教师应利用问题来鼓励学生为他们的观点提供理由,组织学生对之前的观点进行交流和相互支持,鼓励学生在课堂话语活动中更加主动,而且敢于表达自己的声音。

教师的反馈应扩展而非压缩话语互动,教师应运用引发和摘引等策略,使自己的声音成为许多声音中的一种,从而扩展话语互动,总之,教师在反馈中应尽量少用或不用那些表示直接否定的话语,为话语互动留有空间和拓展可能性。

其二,教师积极构建民主的课堂话语环境,成为平等的课堂文化的构建者。教师在课堂话语互动中应尊重每个学生的观点,不将自己的主张作为唯一正确的主张,而是竭力保障话语互动中多元声音的共存,让每一个学生都具有表达、被倾听、交往的能力和权利,让背景各异、观念多样的人相互理解,亲密地、和谐地生活在一起,但并不要求共同的主张。在话轮12中,教师通过对生5的主张进行回应,将反馈的权利赋予了学生,构建了一种平等的、亲和性的师生关系。这有助于促进同伴之间的团结与合作,包容视角的丰富性和复杂性,促进学生的认知、社会性以及个性的发展,实现深度学习。

第三节 课堂话语互动对学生深度学习的影响:基于对论证与争论的分析与比较[①]

产生于20世纪70年代的社会建构主义学习观从一开始就关注学生高阶思维的发展,强调学习的社会性、动态性与合作性,认为学习本质上是一种"相互作用",学习首先发生在与他人的互动之中,在这个过程中,语言被用作一种"符号工具",学习者特别依赖与"更多知识者"的讨论。学习的过程被视为一个合作与共建的过程,话语特征具有明显的合作性,话语成为思维和交往的核心媒介,高阶思维是话语互动的内化,通过考察人们在参与学习活动时的话语互动,就能够考察思维进程,将深度学习与话语互动辩证地连接在一起。

一、深度学习视角下课堂话语互动分析的范畴与框架

卡茨登指出,课堂话语大致可分为三类:课程的语言、控制的语言和个人认同的语言,所有话语包含三个功能:命题式资讯的沟通、社会关系

---

①张光陆.深度学习视角下的课堂话语互动特征:基于会话分析[J].中国教育学刊,2021(1):79-84.

的建立与维持、说话者的认同与态度的表达,可以简单将这三个功能称为命题的、社会的和表达的功能。传统的课堂话语互动更多聚焦于课堂话语的命题功能,忽视了社会功能与表达功能,而深度学习视角下的课堂话语互动需要充分发挥话语的这三个功能,学生的课堂学习不仅是认知性经验的发展过程,而且也应该是社会性经验、伦理性经验的发展过程。基于此,深度学习视角下的课堂话语互动分析应包括三个范畴:构成客观世界的认知过程、构成人际关系的社会过程、构成自我探索的内省过程。[1]

为了更好理解学生如何通过与教师及同伴的话语互动来学习,我们需要通过分析他们的话语互动来追踪学习过程,目标就是追踪学生富有个性的、社会的及认知的学习过程、表现和进步。萨克斯(Sacks)与施格洛夫(Schegloff)、杰佛逊(Jefferson)在继承高夫曼(Goffman)的社会学分析方法的基础上广泛吸收了语言学、人类学等社会科学领域的知识,进而提出和发展了会话分析的研究方法。尽管会话分析起源于日常的话语互动,但是近些年来越来越重视对课堂话语互动的分析。

会话分析先要识别构成话语的言语和话语片段。分析这些话语单位如何被组织成言语序列。正常的话语将被组织成一系列的话轮,一个话轮可能包括一个或多个言语。接下来就需要识别特定类型的话语行为,以及分析它们是如何被组织成言语、话轮、各种类型的话语交互和服务于特定功能的会话序列。它们反映了言说者为会话所做的贡献,例如:做出断言,提出问题,对其他言说者提出请求,回应其他言说者的断言等。除了分析话语互动的会话结构之外,课堂话语互动环境也是一个值得分析的方面。任何人类的互动都必须置于其发生的情境里才能被理解,而且在互动型的社会情境中,参与者的学习目的和活动会扩大,学习目的不但包括个人目的而且包括小组中他人的目的。通过深入研究特定情境,我们能够追踪发生在复杂的学习情境中社会互动过程的路线,能够识别复杂的课堂环境中的学习如何通过话语互动完成。

---

[1]佐藤学.课程与教师[M].钟启泉,译.北京:教育科学出版社,2003:156.

二、对两种重要的课堂话语互动类型——论证与争论的分析与比较

笔者观摩了多位非常注重话语互动的教师的课堂教学,从中选取了特级教师蒋老师教授"麋鹿"一课时的两个片段作为会话分析的对象,这两个片段代表了两种典型的课堂话语互动类型,即论证型与争论型。蒋老师非常强调课堂话语互动,课堂基本上都是以师生、生生对话的方式展开,有效地促进了学生的深度学习。

(一)论证型话语互动

(1)师:你们小组内部先聊一聊,过会儿告诉我你们的感受。

(2)师:谁第一个说?谈谈你最想说的。

(3)生1:高兴。

(4)师:为什么呢?

(5)生1:因为麋鹿在外面漂泊了许多年,终于回到祖国。

(6)师:很好,他用了"终于"一词,麋鹿终于有了圆满的结局,所以感到高兴,非常好。我在这里插一句,麋鹿属于重新引入我国的动物,我国从国外重新引入的动物种类很多,但是成功的只有麋鹿,这意味着许多动物在我们国家永远地消失了。

(7)生2:我感到愤恨。因为八国联军入侵北京之后,杀戮了很多麋鹿,有的还被装上轮船,使麋鹿在我国国内几乎销声匿迹,所以我感到愤恨。

(8)生3:感动。

(9)师:为什么呢?

(10)生3:因为贝福特公爵非常喜欢麋鹿,精心饲养的18头麋鹿生长良好,并迅速繁殖,而且他后来大公无私地把麋鹿运往世界各国,如果没有他,麋鹿可能真要销声匿迹了,我为贝福特公爵感动。

围绕这一话题的课堂话语互动还在持续,学生还提出了各种不同的感受,诸如忧虑、惊讶等。

其一,从话题设置上看,虽然总体而言,教师掌控着话题设置权,但是以真问题开启话语互动,让学生谈谈个人感受,让每个学生都有话可说,这充分调动了学生的积极性。学生不但表达了不同的感受,而且更为重要的是需要论证自身观点的合理性,"论证"这种话语形式有力地促进了学生高级思维的发展。同时学生提出的部分观点明显相对,例如悲伤与高兴,这不但能丰富学生的认知,而且更为重要的是彰显了学生的个性。其二,从话轮的获取与转移上看,教师并未指定学生回答问题,而是让学生主动争取话轮,这不但激发了学生课堂参与的积极性,而且在一定程度上缓解了学生的紧张感。虽然并未指定发言人,但是课堂中却没有出现沉默现象,学生发言很踊跃,这是因为一方面,师生关系民主平等,这一点在笔者对学生的访谈中已经得到证实;另一方面,教师针对学生的发言,并未简单做出"对"与"错"的评价,而是进行了针对性评价和拓展性反馈,这让学生不但认为教师非常重视自己的回应,而且不再害怕教师的反馈。其三,从话语环境与深度学习的关系上看,一方面,既有的师生关系影响了学生的话语互动;另一方面,师生的话语互动又在创设着话语环境。在话题启动阶段,教师不是简单地用"为什么"提问而是让学生"谈谈"自己的感受;在反馈阶段,教师的反馈不再是一种简单的评判,而是发挥了支架作用,目的在于促进学生的发展,这有利于创设一种民主、平等的师生关系。所以说深度学习的过程也是话语环境的构建过程。其四,从话语互动结构来看,教师在提出问题之后,并没有马上要求学生回答,而是要求学生先进行小组讨论,教师非常重视合作性话语,这样在学生的回应(R)之前增加了小组讨论(D),课堂话语互动变成 IDRF 结构,小组合作不但会促进学生自身的认知发展,更为重要的是会促进学生社会关系的发展。

(二)争论型话语互动

(1)师:刚才有同学提到"忧虑"这个词,我们再围绕着这个词展开讨论。忧虑就是担心麋鹿以后的命运,大家不妨围绕这个问题展开讨论,我觉着很有意思。你觉着麋鹿还会"迷路"吗?

(2)生1：不会再迷路了，因为现在国家强大了，不再像过去那样懦弱无能，而且跟其他国家的关系更友好了。

(3)生2：现在生活环境好了，我国至少有三个麋鹿自然保护区。

(4)生3：我有不同意见。因为现在全球气候变暖，即使麋鹿在自然保护区内，其数量也有可能会下降。

(5)生4：人们在自然保护区内乱扔垃圾，可能会对麋鹿造成伤害。

(6)生5：有人连藏羚羊都敢偷猎，更何况是麋鹿。

(7)生6：人们现在乱砍滥伐，有一天自然保护区内可能一棵树都没有了。

(8)师：对，还涉及自然环境的问题。

(9)生2：有些道理，自然保护区也不能保证麋鹿不再迷路啊。

首先，从根本而言这是一次争论行为，不同于上文的论证行为。虽然在两个课例的话语互动中，学生都提出了不同的观点，但是在第一个课例中，学生仅仅需要表明自己的感受并进行论证，无须反驳对方；然而，在第二个课例中，学生不但需要论证自己的观点的合理性，还需要反驳对方观点的不合理之处。争论是一种社会性话语，争论不同于论证，不但需要论证自己观点的合理性，还需要反驳对方观点的不合理之处；争论也不同于辩论，因为发言者之间并非竞争对手的关系，并非以赢得对方为目的，所以每个发言者都需要倾听他人的发言，而且以他人的发言为基础推动话语互动不断深入。其次，在话题设置上，教师不仅设置开放性问题，而且话题围绕着学生的回应而设置，教师以学生的回应为问题的起点，这样极大地调动了学生的积极性，而且学生可以倾听到不同的观点，促进认知发展。最后，在话轮转换中，教师基本不直接指定学生，而是让学生主动争取话轮，正是学生的争论推动着话语互动不断深入，学生相互倾听，课堂话语互动像交响乐一样丰富地展开。

三、研究结论

(一)与论证相比,争论更能促进深度学习

课堂话语互动中的论证和争论都可以促进学生的深度学习。深度学习既需要学生在课堂话语互动中解释、澄清、论证自己的观点,也需要相互争论,让彼此观点得到批判性地检验。论证主要是一种个体行为,而争论更多是一种社会行为,争论除了需要论证自己的观点之外,还需要反驳对方的观点。除此之外,争论还有意义创造的维度。"我们认为争论性的互动本质上是一种对话式或辩证式游戏,产生并运行于合作性的问题解决过程,与合作性的意义构建相关。"[1]

争论具有辩证特征,实际上需要考虑相互竞争的不同观点或者批判性地思考一种观点。争论不同于论证,在论证中,观点被澄清和解释,但是不被质疑;争论也不同于辩论,在辩论中,观点被相互批判但缺乏包容性,更缺乏自我反思。争论是批判与反思的融合,既要反驳对方,又要反思自身。同论证相比较,争论更能有效促进学生的深度学习。

(二)小组讨论有助于提升学生的思维水平和交际能力

在课堂话语互动开启之后,教师先让学生进行小组讨论,这给予了学生更多的思考与讨论时间,课堂话语互动得以深入而又丰富地展开,产生了很多有深度的答案,促进了学生的深度学习。深度学习的结果不是产生孤立的信息、事实、概念、知识等物,也不是一个人独自面对世界时所需要的种种技能,社会交往与合作能力是深度学习的重要结果。今天每个人都需要通过合作来创造新知识。"在公开回应教师的问题之前,学生之间的讨论(discussion)可让思考和学习更有深度。"[2]在课堂公开回应之前的小组讨论不但可让学生在一个安全的平台上展示他们的想法,

---

[1] Baker M. Computer-mediated interactions for the co-elaboration of scientific notions [M]// Baker M, Suthers D. Arguing to Learn: Confronting Cognition in Computer Supported Collaborative Learning Environments. Dordrecht: Kluwer, 2003: 112.

[2] Wegerif R, Dawes L. Thinking and Learning with ICT[M]. Abingdon: Routledge, 2004: 61.

而且使学习成为一个合作与交际的过程,有可能产生多元的有深度的观点。讨论是深度学习视角下课堂话语互动的重要一环。小组讨论不同于个人的思考,将在公共领域探究意义,这一过程是致力于理解的过程,主要包括构建、运用并逐渐强化各种表征,从而达到连贯和一致,形成更加主动和综合的态度。每个学生与他人一道参与意义的构建,试图扩大和转变他们自身的理解,这就是深度学习的过程,就是高阶思维、合作能力以及交际能力等产生和发展的过程。小组成员既要对学习共同体负责,又要对特定学科普遍接受的论证标准负责,不但应倾听学习共同体中他人所说的话,而且应以此为基础发展他人的话语。所以不是"在小组中"讨论,而是"作为一个小组"而讨论。深度学习的一个重要作用就是提升学生参与负责任话语的能力,这种话语的主要特征就是对产生话语活动的学习共同体负责任,也就是说,这种话语会回应学习共同体中他人已经说过的话语,并且有所发展。

(三)课堂话语互动有助于重构新的师生、生生关系

上文两个课例中的话语互动的一个重要特征就是多元声音共存,每个参与者都是一个完整的精神存在,具有表达、被倾听、交往的能力和权利,因此具有不同观点的人能够相互理解,亲密地、和谐地生活在一起,但并不奢求有共同的主张,在充分尊重每个人的个性和自主性的前提下,建立起具有亲和性的社会关系。

话语互动中的师生、生生关系以及课堂话语环境不是静止的,而是参与者通过运用语言不断构成的,话轮开启、转换和结束以及行为序列等都具有情境性。"实际上,会话分析体现了某种理论,这种理论声称行为序列是被我们称为语境的一个主要部分,行为意义主要由产生这一行为的以前的行为序列构成。社会语境是动态构建的,它呈现在话语互动的序列组织之中。"[①]根据这一观点,学习发生在语境之中,而这些语境会影响学习本身。社会语境中的学习正是通过与他人的互动而发生的,学

[①] Heritage J. Conversational analysis and institutional talk: Analyzing data[M]// Silverman D. Qualitative Research: Theory, Method and Practice. London: Sage, 1997: 134.

生的学习是由与班级其他成员的会话互动所支撑。课堂话语互动的过程就是民主平等的课堂话语环境构建的过程。

第四节 支架式话语互动对学生深度学习的影响： 以英语阅读教学为例

在课堂教学中，教师的提问或反馈可以发挥多种功能，但从促进深度学习的视角来看，提问或反馈需要发挥支架作用，为学生的学习提供支持与帮助，推动学生认知能力的提升。在支架式话语互动中，每个参与者特别是教师或能力更高的学习者都需要扮演主动引导者与促进者的角色，需要承担更大的责任。为促进学生高阶思维发展，师生既需要提出高质量的问题，亦需要支持他人构建回应或观点，这意味着参与者需要对他人的回应做点什么而非简单接受或拒绝。简单的话语支架主要包括：重述、寻求澄清、示范等。而较为复杂的话语支架则体现为话题或话轮扩延、深度提问和反馈等。本节以英语阅读教学为例，选取了具有代表性的几个课例进行分析，试图揭示具有支架功能的提问或反馈对学生深度学习的影响。

本节的研究方法主要包括两种：一是案例研究，由笔者所指导的研究生对一位非常注重课堂话语互动的初中英语教师进行长达一学期的参与式课堂观摩，并从中选取具有代表性的一个课例进行分析研究；二是行动研究，由笔者所指导的研究生在实验学校进行行动研究，不断改进课堂话语互动实践，并最终提升了学生的深度阅读能力，本节仅仅选取了该研究中较为成熟的第三轮中的某个课例进行研究。

一、案例研究[①]

案例选自浙江省宁波市 G 校，该学校前身为民办学校，后转为公办九年一贯制学校，学校非常重视教科研工作。授课教师杨老师是学科骨干

---
① 本部分主要由笔者所指导的研究生谭丽同学撰写。

教师,杨老师在课堂上有独特的个人教学风格,特别重视课堂话语互动,重视基于问题的教学,课堂教学灵活多变并且善于启发学生,注重培养学生的思维品质。

英语学科核心素养将学生思维品质的培养与综合语言运用能力、文化意识以及学习能力的培养置于并列位置,这具有重要的理论与实践意义,传统的英语课堂教学重视语言能力和文化意识的培养,普遍忽视对学生思维品质的培养,认为思维品质的培养是数学、科学等学科的任务,与英语学科无关,这一观念具有很强的惯性。很多英语教师既不重视对学生思维品质的培养,也不了解如何培养,导致目前学生英语思维品质的培养依然非常薄弱,与学科核心素养的要求差距很大。

案例素材来源于人教版九年级英语 Unit 5 What are the shirts made of？Section A 3a 部分"The Difficult Search for American Production in the US"。根据2022年修订的义务教育英语课程标准中的话题及主题语境要求,该话题隶属于"人与社会"主题语境,文本对应主题语境的内容要求有"社会热点问题"以及"科技发展与信息技术创新"两个方面。该单元四个板块共包含了七个语篇,篇幅长短不一,文体类型多样,但都紧紧围绕"What products are made of？"和"Where were the products made？"话题展开,内容涉及描述工业制品如飞机、农业制品如茶叶等的加工制造过程以及了解带有文化内涵的产品如剪纸、泥人等的源起与制作。其中 Section A 3a 部分呈现了较长的阅读语篇,介绍了中国制造产品在美国盛行的现状。本单元的主题为:既要增强学生对于中华优秀传统文化的理解和认同,又要让学生意识到我国的创新发展任重道远。案例以语篇阅读为例,结合具体的学生高阶阅读能力的培养策略来阐释如何培养学生的思维品质。

（一）为什么在美国有许多中国制造的产品？

杨老师非常重视课堂话语互动,善于通过问题促进学生的课堂参与和知识构建,打破了传统的课堂话语互动 IRF(E)结构。在本堂课中,杨老师首先提出了几个问题,并写到黑板上,让学生带着这些问题阅读文本,然后通过课堂话语互动,在共同探讨这些问题的基础之上不断深化学生对文本的理解。

(1)T:After reading the passage,why do you think in America so many products are made in China?

(2)S1:I think it ... because we are powerful.

(3)S2:I think it ... our country has many factories.

(4)S3:I think ... because our economy is very good.

(5)S4:I think ... our technology is developing very fast.

"为什么这么多在美国销售的产品是由中国制造的?"虽然这个问题紧扣文本,但是一个开放性问题,文本中并没有标准答案,学生不能也不需要凭借记忆或文本来回答这个问题。这个问题立即引起了学生的兴趣,这是因为一方面,学生感到好奇,美国是发达国家,但为什么这么多在美国销售的产品是由中国制造的?另一方面,学生在日常生活中很容易了解到中国制造的产品非常丰富,出口到世界各国,对这一问题有自己的想法。学生都有话可说,踊跃发言,课堂气氛顿时活跃起来。有的说"我国强大",有的说"我国工厂多",有的说"我国经济好",有的说"我国技术发展快"。当问题提出之后,杨老师没有指定学生来回答问题,而是学生通过主动发言获得话轮,这既说明了学生对这个问题感兴趣,又说明了师生关系的平等。杨老师也没有对每个发言的学生立即进行反馈或评价,而是让他们各抒己见,这就打破了传统的课堂话语互动 IRF(E)结构,课堂中能够听到多元的声音。这时问题的功能发生了变化,从对学生的考查转变为寻求信息和理解。杨老师非常重视开启课堂话语互动的问题所发挥的多元功能。在课堂话语互动中,教师提出的问题在相当大程度上决定了课堂话语互动的走向。一个封闭性的问题往往会得到学生背诵式的回答,学生仅仅依靠记忆而非独立思考来回答教师的提问,往往抑制了学生的高阶思维能力,也往往只得到教师简短的评价式反馈。杨老师在课堂话语互动开启时往往利用开放性问题,寻问学生自身的看法而非教材中的观点或事实,这让学生有话可说,尊重学生的主体性,推动了课堂话语互动的深入发展。

杨老师虽然非常重视对学生语言能力的培养，但是认为内容比语言形式更重要。虽然多个学生在回答问题时存在一些语言或语法错误，但杨老师并未立即纠正，而是把重点放到了学生回答的内容上，更加关注内容而非语言形式。当然杨老师也并非完全忽视语言形式，如果学生出现较为明显的语言错误，杨老师也会及时纠正或用回音的方式让学生自己纠正。

（1）T：We should say I think it is … right? Any other different opinions?

（2）S5：I think it's because … our workers' … salary is … low and the population in China is large.

（3）T：Do you think it's a good thing or not?

（4）S5：I think … it's a good thing for us from the start, but it's not good … in a long way.

（5）T：Why do you think it's not a good thing in a long way?

（6）S5：Because … we … Chinese want high salary.

当上文四个学生给出多元答案之后，杨老师并未直接评价而是继续邀请学生给出不同的观点，这说明杨老师对之前学生的回答并非完全满意，但是她也并未立即给出自己的答案，而是继续寻问"是否还有其他观点？"来鼓励学生给出不同的答案。当生5回答："这是因为我国工人工资低而且人数多"时，杨老师依然没有立即评价，而是继续用问题请该学生对自己的观点进行阐释或评论，鼓励学生进一步探究自己的观点，从而扩展了话语序列，使课堂话语互动不断深化。学生停顿后回应道："开始是好的，但是从长远来看不是好事"，停顿的时间就是学生认真思考的时间，思考之后学生的观点进一步发展。杨老师非常尊重学生的观点，在吸纳了学生观点的基础之上继续利用问题进行探究。学生的回答虽然不甚全面和准确，但是毫无疑问推动了课堂话语互动的深入，延长了互动序列。杨老师通过探索性问题，鼓励学生参与构建观点，当学生提出观点之后，教师并没有急于做出评价，而是让学生评价和阐释自己的观点。

深度课堂话语互动是从教师问题的功能转变开始的。从课堂话语互动能够看出,杨老师主要通过提问来深化学生对中国制造产品在美国盛行原因的分析,这能够调动学生的积极性,故而在多个学生主动回答之后,杨老师继续提问邀请其他学生参与讨论。此时问题的功能已经发生了重大改变,从传统的考查和检测发展到邀请解释、寻求理解与探究。杨老师所提出的问题的功能不仅在于邀请学生构建观点,更为重要的是学生需要回顾并内部评价其他同学对于这一现象的分析。在这个过程中,学生不仅要详细阐释个人观点,而且要将个人观点与之前学生的观点进行对比。从生5的回答可以看出,生5从新的角度阐释了中国制造的产品在国外盛行的原因,是创造性阅读能力中发现与探索的具体表现。接着教师利用问题邀请学生对"中国劳动力廉价"这一现象进行评价。生5对这一现象带来的益处和存在的隐患进行了分析,体现出了生5多角度的评价能力,是批判性阅读能力中反思与评价的具体表现。

(二)我国"制造"丰富,但为什么"智造"不足?

中国制造的产品大量出口国外,这既因为中国经济发展强劲,也因为产品价格低廉,让学生意识到这两个方面的原因是很重要的。

(1)T: Yes, I agree with you! We should say that we feel proud of China when we find so many products made in China in other countries, but we need to see the hidden adventure. ... So, what do you think of the difficulties Kang Jian[①] met in the passage?

(2)S6: I think it's really a pity that we have a lot of things made in China but we can't ... create things of high technology.

杨老师首先对前面五个学生的观点表达了赞同,然后进行了总结概括。虽然杨老师认为学生对主题意义的探究不够深刻,但是并未进一步表明自己的观点,而是继续通过问题引导学生思考和参与知识构建。杨老师有意识地引导学生从另一个视角分析问题,让学生能够更深入和多元地看待中国产品大量出口国外这件事情。杨老师以问题为支架进行引导,效果很明显,生6提出了新颖的观点:"我认为虽然中国制造的产品

---

① Kang Jian 是文本中的人物。

很多,但是不能创造高技术产品,这是遗憾的。"生6不但提出了一个新观点,而且使用了一个新的词语"create",这不同于一般的"produce"。虽然生6在观点表述时对程度副词和情态动词的使用并不准确,但是杨教师并没有将重点置于此,而是关注他说的内容,运用回音的方式重新表述了学生的观点。

(1)T:You mean we are to some extent short of abilities to create in the field of high technology, right?

(2)S6:Yes.

杨老师吸纳了学生的观点之后,指出我们应该辩证地看待这个问题,既要看到我国的优势,也要意识到不足,从而深化了对这一问题的探讨。学生受到教师的启发,进一步阐释了自己的看法,认为虽然中国制造的产品数量很多,但是我国缺乏高技术产品,是一件遗憾的事情。教师通过回应进一步澄清了学生的观点。杨老师并未直接指出学生观点中不准确的地方或语言形式中的错误,而是用邀请学生对自己的阐释进行评价的方式来反馈。杨老师加入了程度副词"to some extent",这样表述更加准确,而且把评价的机会留给了学生,构建了一种平等的师生关系。

(1)T:So why do you think creating is important?

(2)L6: Because now we can only work for foreign countries like ... America or Germany, we don't have our own brands, that's why we can only produce some tools ... or shirts.

杨老师继续用问题引导学生思考,充分发挥问题的支架作用,"所以你为什么认为创造很重要?"这一问题不仅仅吸纳了学生的观点,而且对应于单元主题。这个问题没有标准答案,激发了学生的思考。虽然学生的回答并非完全准确,但是其已经具有一定的综合概括能力及论证能力。杨老师所提出的这个问题发挥了邀请学生进行推理论证的功能,目的在于邀请学生论证自己的观点。学生将文本中提到的"tools"和"shirts"与现实生活中的"work for foreign countries"相联来阐述创新具有重大意义的原因,是实践运用性阅读能力中迁移与运用的具体表现。

(1)T:What factors do you think contributed to it?

(2)S7:We can't have the person.

(3)T:The person? What kind of person? Person with?

(4)S7:Person with abilities.

(5)S8:Person with talents.

(6)T:Yes, we lack the person with abilities or talents. What about the other factors?

杨老师的问题并没有结束,而是继续让学生探究"中国创新能力较弱的原因",不断深化课堂话语互动。学生首先回答没有"人才",但是表述不准确和完整,教师没有直接纠正他,而是运用支架进行引导,"什么样的人？具有什么的人？"生7在教师的引导下实现完整阐述,此外,生8还有新的补充,这说明学生的语言能力有了提升。这两个学生都是主动争取话轮,传统的课堂话语互动的IRF(E)结构被彻底打破,其结果就是学生的高阶思维能力、人际交往能力以及自信心都在增长。杨老师在总结和重新阐释了两个学生的观点之后,继续发问。

(1)S9:Our foundations are poor.

(2)T:Yes, scientific foundations are poor.

(3)S10:I think the main reason is that ... we fell behind at the very first time.

(4)T:Really?

(5)S10:Yes! We were left behind from the wars in the Qing Dynasty.

接着另一个学生主动说是因为基础薄弱,教师虽然给予肯定,但是同时也进行了补充,即科技基础薄弱。另外一个同学提出了自己的不同观点"我国从一开始就是落后的",教师随后用了一个寻求解释的词语"really",学生则进一步丰富了自己的观点,使观点进一步明确和清晰,而且重要的是学生进行了自我纠错,把语态由主动修正为被动,提升了自身的语言能力。在课堂话语互动中,杨老师较少立即对学生的观点做出评价,更多是以反馈为支架,邀请并引导学生参与观点构建,教师的反馈作为一种探究性问题或吸纳性问题不断扩延话语序列。教师和学生都不断扩大贡献并参与他人的想法,构建或阐释来自自身或他人的贡献,且在不同贡献之间建立联系,努力调和不同的结论或观点;同时在话语互动中教师秉持平等的态度面对每一位学生,对任何新观点都持开放的态度。

教师不但要善于问,而且要善于导。杨老师邀请学生对"中国高科技产品较少"这一现象进行归因。学生通过整合与归纳,将原因分成两类,即人才外流严重和科技基础薄弱,是推断性阅读能力中分析与推断的具体表现。然后,在杨老师的引导之下,生10强调了个人认为最重要的原因,即中国从清朝开始闭关锁国,所以落后,是创造性阅读能力中发现与探索的基本表现。学生不仅把文本与实际生活联系在了一起,而且运用了政治与历史相关知识,这是联系跨学科知识的重要体现,也是实践运用性阅读能力中迁移与运用的具体表现。

(三)我国的核心技术现状到底如何?

杨老师不但善于提问和引导,而且善于倾听,在课堂话语互动中经常邀请学生论证或进一步阐明自己的观点。在阐明我国当前面临的困境之后,杨老师话题一转,让学生通过比较过去与现在,进一步理解并分析我国取得当前成就的原因。

(1)T:How can you see our progress? We can discuss the question by comparing the past and the present.

在学生提到我们国家从清朝开始就落后了之后,杨老师顺势让学生通过比较过去和现在来看待国家的进步。这是一个较为宏观的问题,所以杨老师并未急于让学生回答,而是给予了三分钟的小组讨论时间。小组讨论结束后,杨老师鼓励学生主动发言。

(1)S11:We used iPhone and 三星(SAMSUNG) in the past, but now, we have our own smart phone brands such as … Huawei, Xiaomi. And now I see a piece of news that … Huawei phones are very popular in European countries and … Indian people like Xiaomi very much.

(2)T:Yes, sit down please, we can see that the brands of smart phones we use now are different from those of the past. Any other discoveries?

（3）S12:Japan had the fastest train in the world, but now, we have ... high-speed train, it's the fastest train in the world.

（4）T:Yes! High-speed train also shows our technological progress.

（5）S13:Now we have Wechat, Taobao and ... Tiktok and so on.

（6）T:You mean the IT is developing very fast, right?

（7）S13:Yes.

通过比较，学生提到了国产智能手机品牌在国内外受到欢迎、高铁及信息技术的发展。在学生回答的过程中，杨老师一直认真倾听，基本没有表述自己的观点，大多运用了回音的反馈方式，阐释或邀请学生进一步阐释自己的观点，这极大地提高了学生的比较、综合和概括能力。学生的话轮普遍较长，这不仅表明了学生语言能力的发展，而且表明了学生思维能力的提升。

（1）T:We can see that we have made great progress now and become more and more powerful in many different fields. Why?

杨老师并没有就此结束，而是通过提问推动话语互动进一步深入，探究我国取得如此多成就以及越来越强大的原因。

（1）S14:It's because of our economic power. Our economy is developing very fast, and we can have enough money to build high-speed train and modern factories.

（2）T:Economic power. Any different ideas?

（3）S15:I think the most important one is our technological capabilities. Because we have the core technology, we can have ... have own voice without relying on others.

（4）S16:I don't agree with. I think our core technologies are not very advanced, in many fields and we have to rely on foreign countries. For example, Huawei is faced with many difficulties now.

（5）S15:At least in many fields we have core technologies.

（6）S17:I think ... maybe our comprehensive national strength is growing.

It is more important than core technologies.

（7）T: Yes! Very great word. Comprehensive national strength, which includes lots of factors such as economic power, military power, technological capability and so on. It is used to describe the strength of a country. I also agree with ... we also should realize that we are left behind in many core technologies. It is important for us to be more creative.

同样,在这一话语互动过程中,教师仅仅是一个倾听者,除了回应学生的回答之外,教师并未过多阐释,但是教师在认真倾听,重视学生的观点,这激励学生一直不断提出不同的观点,使思想更加丰富。正是教师的倾听,鼓励了学生发言,推动了学生的论证能力、综合能力、概括能力不断提升。

在课堂话语互动中,生15认为我们已经有核心技术,不再需要依赖其他国家了;生16则反驳道我们的核心技术依然不发达,还是依赖于其他国家,特别以华为为例。两个学生对这一问题产生了不同的观点,进行了争论。生15针对反驳指出至少在许多领域我国已经掌握了核心技术。生17则针对这个问题提出了一种新的观点,认为综合国力比核心技术更为重要。观点的积累会促进学生思维的发展,但是观点的构建也需要争论。参与者在知识上的分歧是激励知识构建的重要原因之一,因为它能够引发参与者对主题更加深刻和广泛的理解。当面对知识上的分歧时,需要强调对分歧的认可、探究或批判,但需要提供理由,而且观点要以此为基础。

在课堂话语互动中,每个参与者都需要意识到听和说同样重要,不仅要清晰表达自己的观点,还要尊重他人的话语论证权和表达权,认真倾听他人的观点,让他人基于证据或理由详细说明自己的观点或者做出可能的推测。

杨老师让学生通过比较过去与现在,深刻理解并分析我国当前取得很多成就的原因,这一问题的功能是邀请他人提出相关想法,目的在于使学生将当今中国科技发展情况与文本结合起来进行评价。从生11、生12、生13和生15的回答中可以看出,学生对文本作者的观点进行了批判与质疑,是批判性阅读能力中批判与评价的具体表现;此外,他们得出了自己有关这个问题的结论,指出与过去相比较,中国科技发展已取得了巨大的进展。学生在回答问题时随着教师的引导将文本内容与当前中国科技发展情况进行联系并对比,实际上是将文本内容迁移到现实生活中,是实践运用性阅读能力中迁移的具体表现。学生通过联系现实生活,进一步论证自己的观点,这不仅是学生分析与评价能力的展现,而且是学生利用跨学科知识解决现实问题的表现,是实践运用性阅读能力中迁移与运用的具体表现。

杨老师通过提问,推动了课堂话语互动的深入发展,学生对文本的理解也不断深入,从一开始对中国制造感到非常自豪,到逐渐意识到虽然中国制造非常丰富,但是高技术产品较少,"智造"不足,再到通过对比过去和现在,进一步发现,虽然存在着诸多不足,但是我国的发展非常迅速,在许多方面都有了长足的进步,而这一切都是由于我国综合国力的不断提升。对文本的理解既增强了学生的民族自豪感和文化自豪感,又让他们意识到我国在科技创新方面的不足,激发了学生的危机意识,提升了努力学习的动力。

二、行动研究[①]

本次行动研究的课例来自人教版八年级英语下册 Unit 2 Section B 的阅读材料。该阅读材料的语篇类型为书信,主题语境为人与社会,主要讲述了视障人士 Ben Smith 写给 Miss Li 一封感谢信,表达对 Miss Li 的感谢。此外选取了基于同一学科大观念的相关阅读语篇作为补充性阅读材料,该阅读材料选自译林版八年级英语下册 Unit 7 An interview with an ORBIS doctor。该阅读材料的语篇类型为访谈,主题语境为人与社会,该篇章主要通过对医生 Ma 的采访,介绍 ORBIS 这一公益组织并呼吁大众对公益组织的关注。

[①] 本部分由笔者所指导的研究生王心怡同学撰写,选取了行动研究中第三轮的一个代表性课例。

(一)为学生自主提问搭建支架

教师首先向学生明确了提问的主题和焦点,告知学生提问的目的是进行一次关于中国慈善事业和公益组织报告的阅读项目展示,并从三个方面为学生自主提问提供框架。通过收集、归纳、整理以及对学生的提问进行部分纠错,将学生的提问以表格的形式呈现出来并进行归类(见表5-3)。

表5-3　问题类型

提问类型	序号	问题	问题类型
围绕文本内容的提问	1	Why do the Animal Helpers in books help people rather than animals?	理解性问题
	2	Can a dog really help people with disabilities live independently?	关联延伸性问题
	3	What can a dog do to help a disabled person?	关联延伸性问题
	4	What kind of person can get a helping dog?	关联延伸性问题
	5	What is ORBIS and what does it do?	理解性问题
	6	What is the Flying Eye Hospital?	理解性问题
	7	What is the Flying Eye Hospital like?	理解性问题
	8	Why do doctors operate on an airplane?	关联延伸性问题
	9	Is ORBIS real?	关联延伸性问题
围绕文本体裁的提问	10	What is letters?	理解性问题
	11	What is interviews?	理解性问题
	12	What is the format of the letter?	理解性问题
	13	What is the format of the interview?	理解性问题
	14	What are the characteristics of letters?	关联延伸性问题
	15	What are the characteristics of interviews?	关联延伸性问题
	16	What are the differences between the letter and the interview?	关联延伸性问题

续表

提问类型	序号	问题	问题类型
围绕慈善项目和公益组织的提问	17	What are charity projects?	理解性问题
	18	Why are there charity projects?	关联延伸性问题
	19	Is Shuidichou a charity project?	关联延伸性问题
	20	What are the non-profit organizations in China?	关联延伸性问题
	21	What are the types of non-profit organizations?	关联延伸性问题
	22	How does a non-profit organization come into being?	关联延伸性问题
	23	What is the rationality of the existence of non-profit organizations?	高难度思辨性问题
	24	What can a non-profit organization do to help people?	关联延伸性问题
	25	What kind of people can join a non-profit organization?	关联延伸性问题
	26	What are the ways to join a non-profit organization?	关联延伸性问题
	27	What should I do if I join a non-profit organization?	关联延伸性问题
	28	Can we join a non-profit organization? What public welfare activities can we do?	关联延伸性问题
	29	Do social workers get paid?	关联延伸性问题
	30	Is there a non-profit organization that helps non-profit organization?	关联延伸性问题
	31	How will non-profit organization change the world?	高难度思辨性问题

表5-3的设计意图在于：其一，鼓励学生在课前带着问题对阅读文本进行预习，培养学生的阅读兴趣，让学生产生"想要知道更多"的想法，实际上是在提升学生阅读的内驱力，鼓励学生积极主动地对自身的学习进行探究与构建，促进对学生批判性阅读能力和创造性阅读能力的培养。其二，帮助学生学会提问，对提问内容进行分类并初步尝试解答，鼓励学生发现问题和解决问题，这既是对学生元认知技能的培养，也是对学生学会学习的方法论培养。其三，在问题收集交换的过程中，有助于学生发现新视角，得以在与文本、同伴的互动中不断地重新构建自身的知识架构，进而获得高阶思维能力的提升。

通过对学生提问的收集和整理发现：其一，当学生获得一定的提问自主权时，学生思维的活跃性和创造性得以提升。例如，学生针对两个阅读文本共提出了31个问题,其中九个为理解性问题,学生需要依据阅读文本搜集证据,并推理论证问题的答案,这是对学生推断性阅读能力、批判性阅读能力和创造性阅读能力的培养;20个为关联延伸性问题,学生需要以阅读文本为基础,通过证据搜集、课堂深度互动、师生共同探究而获得答案,这是对学生批判性阅读能力、创造性阅读能力、互动合作能力、迁移运用能力等深度阅读能力的培养;两个为高难度思辨性问题,学生需要依托文本、超越文本,在深度课堂互动中,与同伴、教师进行共同思考,但未必能获得答案的问题。师生双方能够通过对话的深入,不断构建自身的知识,促使学生的深度阅读能力获得螺旋式的上升。其二,当提问的焦点和目的得以明确时,学生提出的不再是支离破碎的散乱问题,而是一连串相关问题,从而提升问题的系统性和连贯性。例如在围绕文本内容的提问中,问题2、问题3、问题4表现为"可以吗—能做什么—如何获得帮助";问题6、问题7、问题8表现为"是什么—为什么—真的可以吗";在围绕文本体裁的提问中,问题10—16是学生针对两种不同体裁语篇提出的"各是什么—各有何特征—有何不同"问题;在围绕阅读焦点和目的话题中,问题17—31很好地诠释了学生也可以是课堂话语互动中问题链的创造者和构建者。对世界感到好奇是学生的本色,而教师应当学会恰当地让渡部分课堂话语互动的权力,让学生在学会提问中,学会发现问题、学会探究、学会解决问题、学会反思,实现高阶思维能力的提升。

(二)充分发挥教师问题的支架功能

教师对学生的问题进行整理后,筛选出部分问题(分别为问题17、问题20、问题21、问题25、问题28),与学生共同探讨,为学生的项目展示构建支架,以下为部分问题解决过程中课堂话语互动转录片段。

(1)T:OK, the first question comes from Nina. What are charity projects?

(2)S1:Charity projects help people to do something.

(3)T:Hmmm ... do you mean chartity projects are welfare activities that help people?

（4）Ss：Yes, walfare activities!

（5）T：OK, then do you know any non-profit organizations in China?

（6）S2：Hope Project!

（7）T：Excellent! But actually the right expression for"希望工程"is … Project Hope! But you are right, Project Hope is one of them. Any more?

（8）S3：红十字会!

（9）T：Hmmm … yeah! The Red Cross. Any more?

（10）S4：My dad tells me Blue Sky 救援队, they help many people.

（11）T：What? Can you say it again?

（12）S4：Hmmm … 蓝天救援队。

（13）T：Oh, yes! The Blue Sky Rescue! You really know a lot about it. Anyone know the differences between the Red Cross and the Blue Sky Rescue?

（14）S5：They have different colors!

（15）T：Different colors? Hmmm … I can't say you are wrong but they definitely have more differences. Why don't you tell me about that in your reading project? OK, next question is from Eason. Can we join the charity projects? What will you do if you join it? You can discuss the questions with your group members.

课堂教学从学生的提问出发，激发了学生解决问题的积极性。学生通过自己的提问，被卷入到问题中，将问题看成是自己的问题，在问题解决中前进，做自己学习的主人。此外，教师也能够借助学生的提问，不断追问，深化问题，激发学生的深度思考，使学生在不知不觉中深入探究问题，逐渐找到问题解决的方法和结果，在真实的问题解决和深度课堂话语互动的循环往复中，促进学生的深度阅读能力提升。

首先，从话轮1、话轮5、话轮13可以发现，教师针对学生在阅读文本时产生的疑惑，与学生一起探讨，并依据实际的阅读情况合理改编问题，而且在话轮1和话轮15中，教师还明确了问题的来源，既是对提问学生的肯定，也是鼓励所有学生大胆提问，做自己学习的主人。其次，在话轮

5、话轮7、话轮9、话轮13中,教师不断地追问,从"你知道中国有哪些公益组织?"到"还有吗?"再到"中国红十字会和蓝天救援队有什么区别?"问题层层深入,激发学生的深度思考,尽管学生并没有直接在课堂中呈现答案,但教师留给学生思考的时间和空间,并鼓励学生关注探讨真实的生活课题,探究其背后的历史文化意义,寻求解决问题的方法,将阅读课堂迁移运用到现实生活中,帮助学生学会创造性地解决问题,以促进学生深度阅读能力的提升。

(三)学生主导的开放型阅读课堂的形成

问题探究之后,教师给予学生较为充足的准备时间和课堂展示时间,以下为部分学生展示阅读成果时的课堂话语互动片段。

(1)S1:Good morning, ladies and gentleman! Today is our show time. We'd like to talk about the charity projects today. What will we say? let's invite Emily go first! Please clap your hands, welcome to Emily!

(2)S2:Hello, everyone! I'm Emily. Today I am going to talk about the Blue Sky Rescue. The Blue Sky Rescue is a folk charity. The Blue Sky Rescue helped many people for free. My uncle is one of them, he said it's very hard to be one of them and it's very happy to help people. He also said … we should protect ourselves at anytime. That's all, thank you!

(3)S1:Thanks for Emily's speaking. Next one, let's welcome to Luke.

(4)S3:Hello, everyone! I'm Luke. I'd like to talk about the Project Hope.

通过构建创意型阅读课堂,教师逐步放手,从侧面提供帮助,使阅读活动从教师主导过渡到学生主导,给予学生更多的自主权,激发学生的创造性,让阅读课堂展现出勃勃生机。同时,培养学生在面对真实的课堂情境中,学会解决问题、学会互动合作、迁移运用的高阶思维能力。在本次课堂话语互动中,学生作为阅读活动的支持者、主持者、发言者、分享者和评价者,对自己和同伴的深度阅读负责。学生在创意型阅读课堂中能够更耐心地倾听同伴,更积极主动地参与课堂话语互动,从而获得解决问题的高阶思维能力。

三、研究结论

(一)支架式话语互动可有效提升学生的深度阅读能力

课堂话语互动对英语学科而言具有特殊的价值,这不仅仅是因为综合语言运用能力的提升需要课堂话语互动,而且因为学生英语思维品质的培养需要课堂话语互动。在支架式话语互动中,师生、生生共同参与了协同的、持续性的活动,师生、生生不仅仅在互动,而且在"共同思考"。参与者不仅仅在课堂共同体中工作,而且作为一个课堂共同体而工作。

课例中的教师非常重视真问题在课堂话语互动中的作用,且注重问题链,使课堂话语互动不是"孤立式的"而是"链式的",从而不断深化学生对文本的理解,不断提升学生的高阶思维能力。在课堂话语互动中,回应和反馈不是分裂的,而是成为一个整体,回应不再是一种简单的"背诵",不再是对标准答案的陈述,而是学生尝试对其观点进行阐释和论证的过程。反馈不是对回应的评价,而成为对回应的追问,实际上就是一种新的回应,这样学生也可以对教师的回音或反馈进行评价或反馈。反馈成为一种新的启动,更多的时候发挥了支架作用而非评价,本质上就是在平等、民主、开放的理念下尊重差异、生成知识与意义、推进课堂互动深入展开。这样学习就成为一个合作与交际的过程,会产生多元而有深度的观点。课堂话语互动不仅构建了与课题或教材之间的认知性关系,也构建了师生、生生之间的人际关系,当然,这也是一个自我构建、自我展现的过程。通过深度的课堂话语互动,学生的推断阅读能力、批判性阅读能力、实践应用能力以及创新性阅读能力都有发展。这充分说明了支架式话语互动能够有效培养学生的高阶思维能力。

(二)深度阅读教学所需要的支架式话语互动类型

基于对课例的分析和概括,深度阅读教学需要如下支架式话语互动:其一,要求解释或证明他人的贡献,要求他人提供理由、证据、例子等来说明或阐释自身的或集体的结论、观点或想法;其二,要求构建、阐述、评估他人的贡献或观点,请求他人提供理由、证据、例子等来构建、阐述、比较或评价自身的结论、观点或想法;其三,要求基于他人的贡献进行可能性思考,要求他人根据自身的结论或观点做进一步推理或预测;其四,要求解释或阐述理由,对于他人的结论、证据或观点不甚清晰的地方,要求对方进一步地澄清、阐释或提供更加详细的理由,鼓励他人清晰阐明他们的想法、原因。

(三)深度阅读教学的特征[①]

1.多重互动性

深度阅读教学本质上是一个多重互动的主动阅读过程,绝非学习者孤立阅读或者被动接受教师所传递的信息的过程,师生都是积极主动的平等的读者。具体而言,包括三重互动。首先,师生与文本的互动,这是一个研读的过程,教师和学生都以原有的知识结构为基础,对文本的观点、主题、内容、结构以及语言特点等通过自下而上和自上而下的方法进行互动,主要是为了推断作者的意图以及获得一些重要信息。其次,师生在推理理解的基础之上开展自我反思,通过新、旧经验的相互作用实现新知识的同化和顺应,调整原有的认知结构,并不断分析、评价新的结构。最后,是师生和生生之间的人际互动,如果教师和学生都能公开平等地展示自己的观点,阅读教学的过程会成为一个平等对话的过程。每个人既要认真倾听他人的观点,又要学会论证自己的观点,这既需要学生在课堂话语互动中解释、澄清、论证自己的观点,也需要相互争论,让彼此的观点被批判性地检验。

2.创新性

深度阅读教学以创新为根本目标,学生通过多重互动,特别是通过相互理解,不仅能推断出作者的意图、情感、态度和价值取向,而且能够表达个人的观点和情感;不仅能够理解与思考中外文化的差异,尊重文化多样性,而且能够分析、鉴别文化现象所反映的价值取向,自觉坚定文化自信;不仅能够归纳、概括内在形成的规律,处理、解决新的问题,而且

[①] 张光陆,赖娟英.深度学习视角下的英语阅读教学:特征与实施[J].教育导刊,2020(17):71-76.

能够提出合理的质疑,做出正确的评价,形成自己独立的思想。由于学生、作者以及教师之间具有不同的视域,立足点不同,他们所看到的自然不同。所以仅仅推断作者的意图或者站在读者的立场评判作者以及他人的观点,都失之偏颇,都不是真正地理解文本,真正的理解就是作者和读者以及他人之间的视域融合。

3.问题优先性

深度阅读教学以达到相互理解为鹄的,具有问题优先性。读者如果提不出问题,也就不能得到任何答复,也就不能理解文本的意义。深度阅读所需要的问题是真问题,"提问可以是正确的或错误的,而且是根据它是否进入真正开放领域而确定的。当某个提问并未达到开放状态,而又通过坚持错误的前提来阻止这种开放,我们便把这个提问称为错误的……一个问题的歪曲性在于,问题没有真实的方向意义,因而不可能有任何回答"[1]。真问题具有开放性和方向性。在深度阅读教学中,只有真问题才能阻止教师声音过于强大,能够激励学生的独立思考,不盲目接受一些所谓的权威观点,这是因为在这种情况下,自己的观点才是最重要的。

4.主题整合性

深度学习要求知识经过理性思考并非简单机械记忆,而且需要系统化而非碎片化学习。深度阅读不同于传统的割裂式阅读,而是一种主题整合性阅读,不能仅仅聚焦于对某一特定文本的理解,而要将该文本置于整本书甚至是更广泛的社会文化环境中来理解,注重多种知识与信息之间的联结,整合看似孤立的、没有联系的碎片化知识。主题阅读是一种整合性阅读,以特定主题为主线联结不同的单元、不同的文本甚至是不同的学科,这既需要对课程资源进行充分开发与利用,又需要充分发挥学生的主体地位,为学生的自主构建提供适当的支架,深度阅读教学不再是一个被动接受知识与信息的过程,而是学生主动探究新知识的过程。

---

[1] 伽达默尔.真理与方法:哲学诠释学的基本特征[M].洪汉鼎,译.上海:上海译文出版社,2004:472-473.

四、研究建议

(一)深度解读文本,确定发展英语学科核心素养的深度阅读教学目标

为促进深度学习视角下的深度阅读教学的有效实施,必须首先确定以英语学科核心素养的达成为深度阅读教学的目标。教师必须在开展教学之前深度解读文本,深刻理解文本的含义,确定教学目标,引导学生深入参与文本学习。首先,根据文本内容确定主题、结构、体裁、写作特点,推断作者的意图、情感、态度和价值取向,提炼并拓展主题意义,解析语篇结构和主要观点。其次,批判性地理解文本,区分事实与观点,对文本或作者的观点态度有清晰的认识,通过分析与综合,做出正确的评价,形成自己独立的思想。再次,思考文本中蕴含的中外文化,对中外文化进行批判性理解,公正合理地评价中外文化。最后,学生需要养成对阅读持久的兴趣,养成为学习而阅读的习惯,这里的学习主要指自主学习和终身学习。教师对文本的深度解读是引领学生深入参与文本学习的重要保证,是促进学生深度阅读能力发展的基石。

(二)以活动教学为主要教学方式

活动理论强调人与社会的联结,恩格斯托姆总结了活动理论的五个原则:一是以集体性的、制品为中介的、对象导向的、与其他活动系统相连的活动系统作为分析的基本单位;二是注重活动系统中的多重声音;三是注重活动系统的历史性,即要从活动自身的历史中探寻活动的问题和潜能;四是认为矛盾是变革和发展的源泉;五是活动系统在发展中可以进行拓展性的变革。[1]恩格斯托姆基于第三代活动理论,提出了"拓展性学习"。拓展性学习极其注重知识的创造、学生的批判质疑,以及共同体在知识构建和创造中的作用。恩格斯托姆所提出的拓展性学习过程包括七种学习行为,即质疑、分析、框定、检验、实施、反思及固化。[2]以此

---

[1] 钟启泉.教学活动理论的考察[J].教育研究,2005(5):39.
[2] Engeström Y, Sannino A. Studies of expansive learning: Foundations, findings and future challenges[J]. Educational Research Review, 2010(1):1-24.

为基础,他提出了适合深度阅读教学的拓展性学习行为:一是批判或质疑,即根据自身的知识与经验对文本中的观点或内容提出不同的看法;二是分析,找出背后的原因并分析当前的状况;三是提出分析所依据的理论基础及数据;四是公开展示自己的观点,这是一个平等交流的过程;五是反思自己的观点,倾听并评价不同的观点;六是视域融合,形成新观点。当然任何的视域融合都是暂时的,相互理解是一个持续的过程。

学生要成为深度阅读教学的主体而不是被动的知识接收器,就得有"活动"的机会。基于活动的阅读强调学生的日常体验以及能够从体验中学习的能力,不仅仅需要积累语言知识,而且需要发展思维和构建意义,体现个体独特的知识经验、阅历和感受。学生通过活动将静态的知识"激活",全身心地体验知识本身蕴含的丰富复杂的内涵与意义。

(三)创设适切的问题情境

深度阅读教学的问题优先性和活动性离不开对问题情境的有效创设。情境是有意义学习发生的场域,情境之于学生是使其打开思维之门的钥匙,也是其深度学习的开端。情境的创设建立在深度解读文本的基础之上,情境与文本内容紧密贴合,由情境中的问题链自然过渡到对文本内容的探讨,让学生在情境中思考问题的答案,挖掘思维的深度。教师应为学生创设相应的教学情境,激发学生的学习兴趣,促使学生主动学习并提供恰当的帮助;教师亦应多设计结构精良的没有标准答案的新问题来提升学生的创造力和解决问题的能力;教师应把课程与学习者的经验连接起来,帮助学生系统地提升他们的能力和掌握新概念。

深度阅读教学要求教师提出一些可能产生挑战或引起批评的问题,提出一些寻求理解的问题。首先,问题要发挥激发深度思考的作用,问题要体系化,如不但要询问学生为什么坚持某一观点,而且要询问这一观点的来源、与主题的相关性以及可能的替代观点。其次,问题要发挥促进话语互动的作用,问题应该具有开放性和挑战性,为学生提供延长他们表达当前理解、阐释观点和揭示问题的话轮的机会。教师在设计问题情境时,应充分考虑学生现有的认知水平,引导学生从各个角度审视问题,循循善诱启发学生,让学生成为思考的主体;增加开放性问题占比,从多个视角引领学生思考、理解、体验和感受文本,增强学生整体学习能力。

(四)鼓励学生反思性评价,优化深度阅读过程

深度学习强调自我反思与评价,要优化学生深度阅读过程,必须鼓励其进行反思性评价。反思性评价是学生对自我表现以及他人表现的一种反思和评价,在心理学中被称为认知的认知,即元认知。反思性评价能及时帮助学生对自身的学习状态做出反馈与调整,在这个过程中不断优化自己的学习模式,精进自己的思维方式,进而优化深度阅读过程。反思性评价结果可用来反思自身学习情况,发现自身不足。在反思性评价的过程中,学生能够及时调整学习状态,并通过与他人交流经验,推动深度学习。一方面,通过反思性评价能够对自己的观点、前见进行反思,随着反思的深入,不断修改自己的前见,从而形成新的自我理解,是一个自我发现、自我认同的过程;另一方面,反思性评价也是一个敞开心扉去倾听同伴声音的过程,通过对他人的观点进行反思,实现相互理解。反思性评价可不断强化学生的相互理解与自我理解,促进学生知情意的全面发展,这正是深度阅读所需要的。因此,鼓励学生进行反思性评价是不断优化深度阅读过程、助力英语学科核心素养落实的动力。

第五节　深度学习视角下课堂话语互动分析框架的构建与实施
——基于对"教育对话分析框架"的评析

课堂话语互动作为课堂教与学的重要方式,对其理解与分析具有重要的教育价值,这既能够提升教学实践效益又能够深入洞察师生以及生生的合作思考方式。产生于20世纪70年代初的弗兰德斯的课堂话语互动分析框架产生了重要影响,但是该分析框架有两大弊端:一是重点描述了教师话语行为,忽视了其对学生学习的影响;二是对话语范畴的划

分过于简单,忽视了学习过程的多义性与复杂性,难以深刻揭示学生的深度学习状况。另外,虽然基于常人方法学的会话分析能够微观动态地分析对话过程,能够帮助教师更深入地理解课堂话语互动过程,但会话分析过于微观且耗时费力,难以适应长期的和大规模的课堂话语互动分析与改进的要求。

英国剑桥大学教育对话中心的亨尼西教授引领建立了"教育对话分析框架",为系统观察、反思与改进课堂话语互动提供了强有力的工具。在英国和墨西哥,两个具有丰富的跨情境对话研究经历的团队经过三年(2013—2015年)的合作研究构建了该框架。该项目得到了英国社会科学院与英国经济和社会研究委员会的大力支持。目前教育对话分析框架已经编制完成,基于该分析框架的课堂话语互动分析与改进在英国、部分欧盟国家、墨西哥、智利等国家和地区还在持续进行,且已取得了多项成果,产生了重要的国际影响。

一、教育对话分析框架概述

(一)研究背景

社会文化理论将互动置于课堂教与学的核心,认为学习和发展是以语言为中介的人际的和个体内在的互动过程,高阶思维产生于合作解决问题的过程之中。受社会文化理论的影响,威尔斯早在20世纪80年代就提出,为促进学生的深度学习,应重视课堂话语互动。过去40多年的相关研究"聚焦了课堂话语互动是如何让师生以及生生共同构建知识和意义以及发展主体性的。尊重差异和平等参与被认为是话语互动的必要特征,参与者通过话语序列链和思维与探究链来构建意义"[①]。然而,多项研究表明"在课堂互动中强化对话性探究和真正的学生参与是一项

[①] Howe C, Abedin M. Classroom dialogue: A systematic review across four decades of research[J]. Cambridge Journal of Education, 2013(7):325-356.

挑战性很高的任务"[①]。研究进一步揭示,"话语互动在课堂中并不常见。目前的学校文化通常期待参与者遵循一套特定的会话'基本规则',然而这些'基本规则'并不鼓励学生的推理、观点的扩延、提出问题并评价同伴的回应"[②]。另外,尽管国际上越来越多的证据表明师生和生生之间的课堂话语互动具有重要的教育价值,但是仍然缺乏某种能够被广泛应用于不同教育情境且有效理解课堂话语互动的形式和功能的分析框架。

(二)目的与内容

1.目的

该框架的目的在于创造、评估、提升、传播和应用一种强有力的编码框架,使其能够覆盖多元课堂情境和学科领域的师生和生生互动,这包括不同教育阶段和情境的全班活动和小组活动,可能运用教育技术或不运用。该项目有助于研究者分析课堂话语互动,揭示和构建富有成效的课堂话语互动形式,从而促进学生的深度学习和教师的专业发展。

2.内容

英国剑桥大学和墨西哥国立自治大学合作构建的教育对话分析框架以这一领域的其他研究者的研究成果为基础,并且基于在英国和墨西哥的课堂所收集的视频数据进行系统分析。该框架的内容涵盖了从学前教育到高中教育,包括了数学、语言、科学以及人文学科等,且情境多元。

目前该框架包括33条交际行为,每一条都有数字和字母并用的编码标签、关键词总结、基本的编码定义、扩展的描述、样例,这些样例都来自过去几年在英国和墨西哥的研究,以及一系列用来指导应用的阐释性注释。33条交际行为被分为8个集群。由于篇幅的原因,本书仅仅列出框

[①] Kumpulainen K, Lipponen L. Productive interaction as agentic participation in dialogic enquiry[M]// Littleton K, Howe C. Educational Dialogues: Understanding and Promoting Productive Interaction. London: Routledge, 2010: 48-63.
[②] Mercer N, Howe C. Explaining the dialogic processes of teaching and learning: The value and potential of sociocultural theory[J]. Learning, Culture and Social Interaction, 2012(1): 12-21.

架中的重要内容,即编码、集群和关键交际行为,如表5-4所示。[①]

表5-4 教育对话分析框架

编码	集群	关键交际行为
I	要求详细说明或推理	要求解释或证明他人的贡献;要求构建、阐述、评估他人的贡献或观点;要求基于他人的贡献进行可能性思考;要求解释或阐述理由;要求阐释或澄清
R	使推理明确	解释或论证他人的贡献;解释或说明自己的观点;基于他人的贡献进行推理或预测;推测或预测
B	共建观点	共建贡献或澄清他人的贡献;阐明、详尽阐释自己的贡献
E	表达或要求想法	要求提出观点、想法;做出其他相关贡献
P	表明立场和协调观点	综合观点;比较、评估其他观点;提出解决方法;认可立场的改变;挑战观点;阐明分歧、共识、立场
RD	对对话或活动进行反思	围绕交谈本身进行探究;对学习过程、目的及意义进行反思;要求反思学习的过程、目的、价值
C	联系	回顾、明确学习轨迹;将学习与更广泛的背景联系起来;课外探究
G	引导对话或活动方向	鼓励学生与学生的对话;提出行动或探究活动;引入权威的观点;提供信息反馈;聚焦;允许思考时间

(三)理论基础

1.社会文化理论

这一框架根植于不断发展的基于社会文化理论的课堂对话性教与学研究。社会文化理论强调了人类社会内在的社会性和交际性,认为教育和认知发展是一个文化过程,通过与他者的互动而完成,这些互动既包括平衡性的(生生)互动也包括专家—新手(师生)互动。"语言作为思维工具和活动中介,在社会和心理层面发挥了核心作用。"[②]参与者的社会和文化价值、独特的背景经验、前知识以及假设都发挥了重要作用。社会文化理论认为"交谈、思维和学习是一个相互关联的过程,知识是共

[①] Hennessy S, Rojas-Drummond S, Highama R. Developing a coding scheme for analysing classroom dialogue across educational contexts[J]. Learning, Culture and Social Interaction, 2016(9):21-27.
[②] Mercer N. Words and Minds: How we Use Language to Think Together[M]. London: Routledge, 2000:18.

享的,人们共同构建理解,教育被视为一个对话过程,鼓励学生探究学习和发展过程中的人际思维和个体内思维,即社会和心理之间的关系"[1]。课堂话语互动被描述为一系列复杂的和相互联系的微观情境,其中,师生共同构建意义,学习发生在师生相继的交谈之中。社会文化理论强调教育的成功和失败可能需要从对话的质量而非仅仅从个体学生的能力或教师技能等方面来衡量。

2.巴赫金的对话理论

这一框架也深受巴赫金对话理论的启发。巴赫金认为,每一位言说者的言语表征了链接对话性互动的纽带,是交际实践分析的基本单位。"一次对话性言语反映了至少两种声音的互动:言说者的声音和倾听者的声音。每一位言说者的言语都指向一位对话者(指向性),不但考虑可能的预期的言语而且考虑先前的言语(回应性)。每一次的言语都被进一步地构建为对一个对话序列之内的其他言语的回应(序列性)。此外,每位言说者不但需要摆正其他参与者的位置而且需要摆正自身的位置,需要认识到话语互动中存在多元声音,且这些多元声音是合法存在的(多元性)。"[2]对话被描述为两个或多个视角之间的分歧,但是这些分歧又以对话张力的形式连接在一起,"意义产生于'对话性空间',不但批评和判断而且洞察和理解都来自不同视角之间的张力"[3]。

3.探究式话语互动

英国教育学者默瑟强调了对话作为"一种社会性思维模式"所发挥的核心作用,让参与者共同解决问题,对共同构建理解负责,这一过程可以用"共同思考"这一术语来表示。默瑟和他的同事通过创新性项目——"共同思考",支持在英国的中小学中开展探究式话语互动。在探究式话语互动中,参与者批判但又构建性地参与彼此的观点。这一项目不但对学生的数学和科学学习而且对学生的问题解决都有正面影响。

---

[1] Vygotsky L S. Mind in Society: The Development of Higher Psychological Processes[M]. Cambridge: Harvard University Press,1978:23.
[2] Bakhtin M M. The Dialogic Imagination:Four Essays[M]. Austin:University of Texas Press,1981:36.
[3] Wegerif R. Dialogic, Education and Technology:Expanding the Space of Learning[M]. New York:Springer, 2007:48.

"不仅在生生互动中,而且在师生互动中,对话能够分享观点和实现共同目标。"[1]

二、教育对话分析框架的构建与应用

(一)构建与应用过程

教育对话分析框架的构建与应用大致可分为三个阶段。

1. 第一阶段:墨西哥的独立构建阶段

目前的教育对话分析框架起源于21世纪初期由德拉蒙德所设计的框架,这一框架在英国和墨西哥的研究者们开始合作之前就存在了。这一框架包含的交际行为的确立和界定主要依据三个方面:其一,从分析维度或组织原则上来说,"主要借鉴了英国学者亚历山大的五条核心原则,即合作性、互惠性、支持性、累积性和目的性"[2]。其二,墨西哥研究者在21世纪初的实证研究。在墨西哥,德拉蒙德及其同事已经发现师生之间的话语互动特别有助于学龄前儿童解决数学问题、提高小学生的阅读能力和推动他们对自然科学的学习,而且儿童能够在完成任务中开展探究式话语互动。"为了完成诸如合作性写作这样更加开放的任务,一种更加宽泛的模式'共同构建式交谈'被提出,它包含轮流发言、询问和提供观点、提出替代性观点、重述和阐释正在考虑的信息、协调和协商视角、寻求合意等。"[3]在话语互动中学生是主动参与者而非被动参与者。其三,德拉蒙德也参与了引导式参与以及支架研究的相关文献。

2. 第二阶段:英国和墨西哥合作构建阶段

第二阶段是该框架的关键和核心发展阶段,这一阶段始于2013年,于2015年初步完成。2013年1月,英国社会科学院开始资助这一项目,

---

[1] Littleton K, Mercer N. Interthinking: Putting Talk to Work[M]. Abingdon: Routledge, 2013: 56.
[2] Rojas-Drummond S, Torreblanca O, Pedraza H. Dialogic scaffolding: Enhancing learning and understanding in collaborative contexts[J]. Learning, Culture and Social Interaction, 2013(1): 16.
[3] Rojas-Drummond S, Torreblanca O, Pedraza H. Dialogic scaffolding: Enhancing learning and understanding in collaborative contexts[J]. Learning, Culture and Social Interaction, 2013(1): 16.

这从根本上重塑了最初由墨西哥研究者所开发的框架。这一阶段的一个重要特征就是不同文化和研究背景的研究者合作进行研究，不但框架的开发是由英国和墨西哥的研究者合作完成，而且双方研究者都用来自不同文化背景的数据来检验其是否有效。由于每一位研究者之前的经验及其收集的数据不同，他们的立场经常存在差异，所以决定哪些编码是对话的核心以及对主要概念的定义达成合意是一项颇具挑战的任务。研究的过程成为一个深度对话的过程。

3. 第三阶段：多元情境下的效用检验与多元发展阶段

这一阶段始于2015年，现在仍在进行之中。作为目前和未来研究的一部分，研究者正在不同的社会和文化情境中更广泛地应用并检验教育对话分析框架的效用，寻求更深刻地理解课堂活动互动。因为研究者背景的多元性，特别是实践情境的多元性，这一框架更具适应性与弹性。

亨尼西和默瑟领导的英国团队在英国经济和社会研究委员会资助的项目中运用教育对话分析框架，重点探究课堂活动互动与学生的学习结果及其对学校的态度之间的关系。同时，为了探究对话教学实施中的文化差异，其他国家的研究者也开始在实践中运用教育对话分析框架，研究范围扩大到智利和墨西哥等国家。智利的研究者评测了一年中课堂教学实践的变化，作为对教育对话分析框架的应用效果的回应。尤为特别的是，墨西哥团队在非常多元的情境中验证了该框架的效用，包括如下情境：学龄前儿童的数学问题解决、小学生书面交际的学习、高中生生物概念的学习、专业培训阶段的成人合作与问题解决、特殊儿童的社会和交际能力的培养、教育学院的学生与具有学术和社交问题的小学儿童之间的互动指导以及大学生观察技能的提升等。

虽然相关研究已经表明该框架具有相当大的适应性和弹性，但是研究者仍然对这一框架的进一步发展完善持开放态度，目的在于应对新的社会和文化情境。此外，为应对具体的多元教育情境，研究者正在合作开发一些分支框架。

(二)构建与应用对策

需要说明的是,这一部分主要聚焦第二阶段和第三阶段的相关对策,这是因为目前我们所应用的框架主要是在第二阶段完成的,第一阶段所构建的框架仅仅是一个样品。

1. 合作界定新的教育对话内涵

研究者把重新界定深度学习视角下教育对话的内涵作为合作编制框架的第一步。对话是人类所特有的一项成就,是人类进化和社会性的产物。在文献中,教育情境中的对话通常会用许多不同的概念和术语来阐释,如复杂性交谈、对话性探究、探究性交谈以及对话性教学等。这些术语扩展和深化了人们对这一领域的理解,但是术语的增多也可能阻止连贯的统一的对政策和实践产生强烈影响的信息传播。随着研究的深入,研究者在哪些课堂对话形式有助于促进深度学习方面的共识越来越多,"本质上,这聚焦于与他者视角的相互调和,通过分享、批评和逐渐消解对立的观点而共同构建知识"[1]。重要的是,这些对话形式随着时间的推移不断积累,经常超越即时的互动与过去和未来或更广泛的情境建立联系。而且,富有成效的对话很容易被识别出来,不管是作为一种构建学科知识的教育学工具,还是作为值得重视的过程本身,其都与如下日渐流行的目的相关,"如发展批判性思维,在学科及其内部之间建立联系,实现主动的和民主的公民身份以及和平的生活"[2]。"对话性教与学"被认为比对话性教学更接近于维果茨基的原初概念"Obuchenie",对话性教与学指教与学是一个综合活动,是一个不可分割的整体,具有如下内涵:利用语言的力量来激发和扩展学生的理解、思维和学习;具有合作性、互惠性、支持性、累积性和目的性;通过创造性地解决结局开放的或真实的问题和任务来合作性地探究可能性,并且向他人展示推理过程;对新观点持开放态度,协调不同观点,合作解决问题;促进话语环境的创造,如能够表达、探究、对比、挑战、累积和综合多元声音,能够分析、转变

---

[1] Littleton K, Mercer N. Interthinking: Putting Talk to Work[M]. Abingdon: Routledge, 2013: 58.
[2] Kazepides T. Education as dialogue[J]. Educational Philosophy and Theory, 2012(9): 913-925.

和调和内在的观点;质疑广泛存在的占主导地位的传统的独白式的教学实践,即在这种课堂上,只有一种声音(主要是教师的声音)能够被听到,有时强加给他人。[1]

2.利用交际人种志的工具确立分析层次与系统

该框架以社会文化理论为依据,利用交际人种志的工具来系统地确立分析层次。[2]这些研究者提出了一套分层次的且嵌套的分析系统,来探究多元的社会和文化情境中参与者之间的会话,包括三个层面:微观层面的交际行为,它们内嵌于中观层面的"交际事件",这些"交际事件"又是更宏观的交际情境的一部分。一项交际行为被定义为能够用来表达最小数量的言语或行为,它既从语法形式和语调又从社会情境中获得其地位,可以通过互动功能被识别,总体上回应了一个参与者所做的贡献。交际事件被界定为会话中的一系列话轮,在会话中,参与者、参与结构、目的、任务与总体的主题保持一致。这些因素的变化会引入新的交际事件,同时导致特定的语言标记变化。此外,一个交际情境是指交际发生的整体语境。

当前的框架主要聚焦在微观层面的分析,界定了一系列可观察的交际行为,这些交际行为被认为是师生和生生互动的关键方面。这种层面的颗粒度特别具有启发性,因为它允许我们对参与者在互动中实际所做和所说的进行细粒的系统的分析,具有可操作性。另外,为了认识到对话中角色的可塑性,该框架的一个显著特征就是仅仅根据对话的功能而非言说者的角色来分析交际行为。研究者一方面聚焦在交际行为层面上来开发框架,另一方面也意识到"交际行为总是处于更加宏观层面的交互之中"[3]。该框架的构建过程不是线性的而是递归性的,这能够让研究者以一种递归的方式在宏观、中观和微观三个分析层面之间转换。这

---

[1] Hennessy S, Rojas-Drummond S, Higham R. Developing a coding scheme for analysing classroom dialogue across educational contexts[J]. Learning, Culture and Social Interaction, 2016(9):18.
[2] Savilie-Troike M. The Ethnography of Communication: An Introduction[M]. 3rd ed. Oxford: Blackwell Publishing Ltd, 2003:36.
[3] Gee J P, Green J. Discourse analysis, learning and social practice[J]. Review of Research in Education, 1998(11):129.

一过程让我们在微观层面上聚焦交际行为,同时又确定了它们是如何处于更广泛的情境之中的。于是,我们也能将交际事件理解为相互关联的互动链,将框定每一链条的语境考虑在内。

递归式地聚焦于交际行为、交际事件和交际情境之间的动态互动能够让研究者从整体上评述课堂,能够回答如下问题:不同参与者的参与是如何保持平衡的,哪位教师的课或者哪个互动序列更有对话性,一堂课的哪些部分或哪些活动类型更有对话性,哪一种对话互动链能经常被观察到,在课堂和学习情境内外这些互动模式是如何保持稳定和多元的,互动能随着时间推移变为对话吗,如果可以,那如何转变。

3.批判性地借鉴相关教育对话分析框架,构建新的编码集群和交际行为

研究者试图在编制框架的过程中以协商确定的教育对话内涵为依据,提炼和整合那些支撑了主要理论家的教育对话的核心观点。研究者期望在批判性地借鉴他人观点的基础之上,自下而上地构建一个新框架。不管是在话语形式方面还是在话语功能方面都批判性地借鉴了之前的诸多研究成果,其中较为重要的有:威尔斯的"探究式对话的编码框架"[1],亚历山大的"对话或者高质量交谈的指标或参数,以及在中观和宏观层面的前提条件方面的研究"[2],以及雷斯尼科和康纳的"负责性交谈框架的研究"。相关研究有助于研究者有效区分并确定最终的集群与交际行为。

一项重要成果就是决定重新确定编码的集群。由于存在相互交叉,新的集群放弃了以亚历山大的五个原则为标题,即使这是墨西哥版本教育对话分析框架的核心。研究者更关注行动者的意图,运用了更多的具有社会语言学功能的编码,认为编码在集群层次上具有较高的信度和可行度,研究者同意扩展到八个集群,这足以区别关键的对话特征。此外,也有助于实践者量化和使用。

---

[1] Wells G. Dialogic inquiry: Toward a Sociocultural Practice and Theory of Education[M]. Cambridge: Cambridge University Press, 1999: 48.
[2] Alesander R J. Towards Dialogic Teaching: Rethinking Classroom Talk[M]. 4th ed. New York: Dialogos, 2008: 57.

编码集群确定之后最重要的工作就是梳理和提炼编码。从最初的广泛的活动中找出了相关的对话特征,编码超过了100条;从那开始,研究者一直致力于把编码的数量缩减到一个可控的范围。一项主要措施就是识别那些相互交叉的编码,另一项措施就是移除平行的编码,即教师或学生的角色不同而导致的一些不同的编码。研究者也会合理判断某项交际行为是对话性互动的核心指标还是边缘性指标。研究者普遍赞同来自一个集群的一个编码只能应用于一个言语或行为。研究者检验框架编码时,既要消解内部的歧义,澄清编码之间的关系,也要记录普遍的编码规则。他们运用如下标准给每一集群内部的编码进行分级:(1)关注他人而非自身的观点编码;(2)更高阶的对话编码(更复杂的形式);(3)更高阶的思维编码;(4)更具体而非更普遍范畴化的编码。在不仅一种编码可以应用的情况下,应该选择更高阶的编码。[①]

4.分析过程的动态性与迭代性

构成框架的交际行为没有被视为一种静止的行为,而是被视为动态的互动过程。基于这个原因,当为课堂话语互动编码时,尽管聚焦于交际行为,将其视为分析的基本单元,但是我们也需要考虑其他层次。

其一,对于每一堂课,都需要描述交际情境。这主要包括摘录长度,文本内容来源,学生的年级、年龄、参与的研究项目,简单介绍研究项目内容,小组成员构成以及教师的基本情况等。

其二,结合视频对挑选的课堂或课段进行初步的分析。运用教育对话分析框架进行编码的交际行为被界定为"贡献"(contributions)而非言语(utterances)。实际上,不仅为了捕捉口语交际,也为了更好地理解情境,运用转写和视频对所有的交际行为进行编码,其目的是将课堂作为一个整体来理解,这需要分析对其产生影响的各种因素,包括参与者追求的目标、运用的教与学策略、整堂课中的交际互动的序列化、作为话语互动中介的文化制品和工具(包括数字技术)等。

其三,进一步将课堂中的互动链和话轮链划分为一系列的交际事

[①] Hennessy S, Rojas-Drummond S, Highama R. Developing a coding scheme for analysing classroom dialogue across educational contexts[J]. Learning, Culture and Social Interaction, 2016(9):29.

件。主要比较分析学生的话轮比率,学生的话轮是否被平均分配,每个话轮的长度,学生是否有自己的声音,是否主动且深度参与,教师是否主宰课堂话语互动,这些数据能深刻揭示学生在课堂参与和理解水平上的差异。为了阐释框架在不同国家的不同学习情境中的应用,框架提供了样例。

其四,提出初步假设来识别特定的交际事件,通过运用交际行为的编码框架更加详细地分析它们。识别关键的话语互动有助于理解知识是如何在参与者之间构建的以及不同的交际行为发生的频率,并分析这些交际行为与高阶思维之间的关系。可采用如下摘录格式(见表5-5)。

表5-5 摘录格式

交际事件	参与者	话轮序号	话轮内容	交际行为(编码1,编码2,编码3)
交际事件1				
交际事件2				
……				

当运用这一框架进行编码时,研究者强烈建议将转写与视频结合运用,这有助于消除歧义。尽管在高速运行的生生对话和师生对话之中,将话语互动中的观点归属到特定言说者的可靠性方面存在很大挑战,但是大部分研究者认为,"区分主体性的(agency)的归属以及认识到言说者的具体贡献是很有价值的"[1]。所以,一方面,需要持续扩大对教育对话分析框架的实践应用;另一方面,需要在整个项目过程中一直对框架的信度和效度进行迭代式检验,使效度和评价者之间的信度达到最大。

三、一个重要补充和辅助工具:教师教学对话分析框架

目前富有成效的课堂话语互动依然较少,其中一个重要原因就在于

---

[1] Hennessy S, Rojas-Drummond S, Highama, R. Developing a coding scheme for analysing classroom dialogue across educational contexts[J]. Learning,Culture and Social Interaction,2016(9):29.

教师缺少精细而系统地对课堂话语互动进行观察、反思与改进的工具，结果就是未能清晰认识到哪些课堂话语互动是有效的，哪些课堂话语互动是无效的以及如何改进。进入21世纪之后，为促进学生的深度学习，为教师系统观察、反思与改进课堂话语互动提供工具，英国剑桥大学教育对话中心的亨尼西教授主持和引领建立了教师教学对话分析框架，作为对教育对话分析框架的重要补充和辅助。

（一）内涵

为T-SEDA量身定做的观察工具有助于教师清晰认识到那些与学生的学习结果密切相关的话语互动因素。T-SEDA的编制和使用为教师收集体现课堂话语互动特征和效果等方面的证据提供支持。它包含可用于课堂观察和对课堂话语互动进行分析与改进的工具和模板；一系列含有阐释性样例的话语互动形式，这些可作为教师进行多轮反思性探究的指导纲要和可操作性样例。教师可以依据自身环境和学生的具体需要改进这些材料，它们既适合教授任何科目的中小学教师使用，以促进其专业发展；也能帮助学生自我核查其在课堂话语互动中的参与度以及学习效果。

（二）实施对策

T-SEDA提供了三种工具，即自我审查表、循环反思圈、编码，支持教师进行系统的课堂观察、深入的反思和有效的改进。这三种工具的设计不但有理论基础，而且充分借鉴了最新的实证研究成果，注重探究如何激发生成高质量的课堂话语互动，以促进学生的深度学习。基于T-SEDA的项目研究分析且改进了教师的教学对话，将分析与改进融合起来，其本质上就是一种行动研究。基于T-SEDA的实施过程可用图5-1表示。

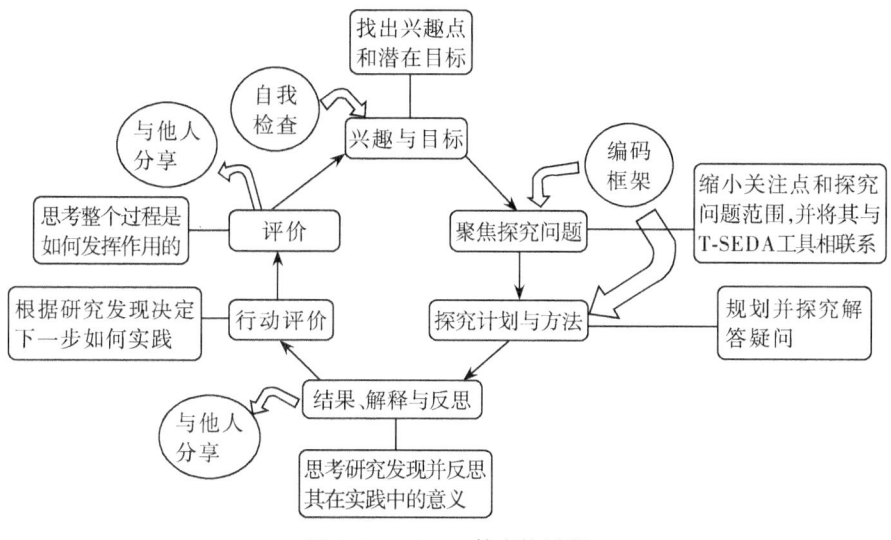

图 5-1 T-SEDA 的实施过程

这三种工具都将分析聚焦在话步层次,而课堂话步列表的构建是利用三项工具的前提和重要基础。具体而言,基于 T-SEDA 的项目实施需要采取如下对策。

1. 将分析与改进聚焦在话步层次

20 世纪 70 年代,辛克莱和库尔哈德指出课堂话语互动包括五个层次:话目(最低层次)、话步(由一个或几个话目构成)、交互(由一个或几个话步构成)、课段(一系列的交互)和课(最高层次,由一系列无序的课段构成)。辛克莱和库尔哈德通过对话步这一层次的分析发现了课堂话语互动 IRF 结构。20 世纪 70 年代末期,梅汉和卡茨登采用课堂人种志方法,把辛克莱和库尔哈德发现的 IRF 结构更加明确为 IRE 结构。研究指出,在话步这一层次,大多数的课堂话语互动遵循一套严格的结构,即教师提问(经常是封闭性的或检测性的问题)、学生回应(简短的或未阐释的)以及低层次的教师反馈或评价。教师的反馈或评价是回顾性的,缩短了课堂话语互动,限制了学生参与交谈的机会。传统的课堂话语互动是教师主导和控制的,本质上是一种背诵模式,所以,有必要对课堂话语互动背诵模式再概念化从而满足对话教育的需要,教师需要在 IRF(E) 结构之外打开空间让学生有更多参与课堂话语互动的机会。

这就对课堂话语互动的话步提出了更高的认知要求,学生不仅仅能够表达、阐释、提出吸纳性和高阶问题,而且能够用有说服力的论证或挑战性的证据来做出声明。没有这些高认知要求的话步,将很难实现深度学习。T-SEDA将话语互动分析聚焦于话步层次,自我审查表以及编码提供了可促进深度学习的对话语步列表。对话话步列表在T-SDEA中占据了重要位置,是运用三种工具的重要基础(见表5-6)。

表5-6 对话话步列表

话步类型	贡献和策略	我们听到什么?(关键词)
IB—Invite to build on ides 请他人参与构建想法	请他人详细阐述、构建、澄清、评价或改进自身或别人的想法	"你有什么要补充的?""什么?""说来听听""你能复述一下吗?""你觉得呢?""你同意吗?"
B—Build on ideas 构建想法	构建、详细阐述、澄清或评价自己或他人在之前话语互动或者其他话语贡献中发展而来的想法	"还有……""这让我想到了……""我是说……""她的意思是……"
CH—Challenge 挑战	质疑、不同意或挑战某个想法	"我不同意""但是""你确定吗?""……不同的想法"
IRE—Invite reasoning 请他人推理论证	请他人解释、论证和/或使用与自己或他人想法相关的可能性思考	"为什么?""怎么样?""你认为呢?""深入说明一下"
R—Make reasoning explicit 进行明确的推理论证	解释、论证和/或使用与自己或他人想法相关的可能性思考	"我认为""因为""如此一来""因此""以便……""如果……,那么……""就像是……""想象一下,如果……""可能"
CA—Coordination of ideas and activity 想法上的协调和统一	对比并综合想法,表示赞同和共识,请他人协调、综合想法	"我同意""总而言之……""这样的话,我们都认为……""总结一下""相似和不同"
C—Connect 联系	把当前对话以外的贡献、知识、经历联系起来,以使学习路径变得明确	"上一节课""之前""让我想到了""下一堂课""关于""在你的家里"

续表

话步类型	贡献和策略	我们听到什么?(关键词)
RD—Reflect on dialogue or activity 反思对话或活动	评估并"元认知化地"反思对话或学习活动的过程,请其他人也这样做	"对话""谈话""分享""在小组中或成对合作""任务""活动""你学到了什么?""我改变了想法"
G—Guide direction of dialogue or activity 指导对话或活动的方向	担负起通过塑造活动或以预定的方向聚焦对话或采用其他支架式教学策略去支持对话或学习的责任	"……怎么样?""集中""将精力集中于""让我们试试看""不着急""你有没有想过……?"
E—Express or invite ideas 表达或请他人提出想法	提供或请他人提出相关看法,以发起或深入某个对话(未被其他类别所涵盖的)	"你认为……怎么样?""告诉我""你的想法""我的观点是""你的想法"

对话话步列表的编制不同于弗兰德斯的课堂观察框架。首先,所列出的话步类型都具有高认知要求,目的在于提升学生的高阶思维;其次,每个话步都有较为详细的话步功能和运用策略阐释,且明晰了每个话步可能运用的话语或词语,这有助于对课堂话语互动的精细观察和系统改进,更具有操作性;最后,该列表并未罗列出所有的话步类型,仅仅聚焦于可促进深度学习的话步类型,这有助于发现和聚焦研究问题。

2.通过自我审查表发现问题

教师教学对话的改进首先需要发现日常课堂话语互动中存在的问题,自我审查表是一种有效发现问题的工具。自我审查表的制定以对话话步列表为依据,根据教学目标做适当调整。自我审查的目的在于发现自己的哪些话步能够促进深度学习,哪些话步会抑制深度学习。自我审查表成为促进反思的有效工具,可以有效聚焦需要探究或改进的方面。教师可运用表5-7来反思自己在课堂上的教学以及学生的学习情况,并用以下三种答案进行评价:(1)很少;(2)有时;(3)经常。当然,教师也可以根据自己的教学实际情况适当修改自我审查表。

表 5-7　自我审查表

在教学中,我做到了……吗?	我的评价	在课堂上,我们做到了……吗?	我的评价
重视学生在课堂上的讨论并计划好; 让学生在小组内和在整个班级内发言; 确保每个人包括我自己能经常参与到课堂话语互动中; 在开展话语互动时,我会考虑到每个学生的个体需求和兴趣; 鼓励学生从个人和集体的角度上对自己的学习负责; 请学生构建自己的和别人的想法; 请学生论证自己的想法和意见; 请学生就自己的想法提出具有挑战性的问题; 邀请并鼓励学生对比、协调不同的想法; 以各种方式支持学生,使他们能够分享各自的想法、观点和感觉; 基于学生的贡献,用我自己的专业知识和理解使话语互动更加深入; 冒一些风险,做一些试验,尝试新的对话式教学方法; 聆听学生的意见,以一种建设性的方式给予反馈和应答; 利用课堂资源在学习上帮助学生		营造一种包容性的课堂环境; 信任并聆听彼此; 表达各种各样的观点; 尊敬地挑战彼此; 清晰地解释我们的推理论证过程; 以提问的方式继续探究; 有时愿意自发地改变我们的想法; 有时达成一致意见; 帮助彼此以一种新的方式去理解事物或共同改变想法; 拓宽并细化我们现有的知识; 花一段时间从一堂课到另一堂课来延续一个对话; 总结我们已经学到的; 意识到我们还需要或想要去学什么,并且我们将如何去做	

自我审查表不仅审查教师的教学情况,而且审查学生的学习情况,将教与学融合起来。在自我审查每一项内容时,教师应进一步问自己:这些在实践中的意义是什么,我如何知道它们真地发生了,我的课堂是否支持话语互动,话语互动在什么时候达到理想状态,我更长远的目标是什么,课堂话语互动的强化将如何进一步帮助我实现更广泛的目标。

3. 通过循环反思圈开展行动研究

课堂话语互动瞬息万变,许多问题稍纵即逝。T-SEDA 将反思性探究置于教学的中心位置,鼓励教师反思和讨论课堂话语互动与学习的关系,利用自我审查表发现问题是开展反思性探究的重要一步,但是有可能同时存在诸多问题,或者有些问题难以立即解决,这时教师需要聚焦研究问题。研究问题的确定既可以是通过教师个体的自我反思,也可以是教师与同事之间或者师生之间合作反思的结果。T-SEDA有助于聚焦研究问题并进行小型课堂观察,让教师更加清晰地认识课堂实践并深化理解。循环反思圈尤其适用于教师已经对某个特定的问题感兴趣或对课堂话语互动对学生学习的影响不甚满意的情况。

T-SEDA支持是否干预聚焦的研究问题以及如何干预。这一探究过程类似于行动研究,即通过计划、行动、观察、评估、反思与改进等不断提升课堂话语互动质量。这是一个需要进行多轮的循环过程,目的在于获得深刻理解并通过反思性实践正面影响课堂话语互动与学生的学习结果,从而有助于整体改进课堂话语互动实践。教师通过对当前实践谨慎地自我评价与反思,不断解决对话教学中所遇到的各种问题。当然,随着时间或目标的变化,探究焦点也会发生变化。

4.为探究课堂话语互动设计编码方案

为了深入理解课堂话语互动的实际情况,深刻了解教师或每个学生在课堂话语互动中所做的贡献及发挥的作用,对课堂话语互动进行系统编码是非常必要的。T-SEDA聚焦于话步,通常是分别对每个说话者的话轮进行编码,以上文所列出的对话话步列表为基础。通过编码,可以运用不同的方式系统观察一堂正在进行的课或一堂已被拍摄的课。这既可以系统研究教师和学生所做出的每个会话贡献的功能,也可分析整节课的话语互动实践,如规则的遵循情况和学生参与程度。编码有助于发现和聚焦研究问题,编码会显示出观察者可能不容易看到的东西,尤其是整个课程或每节课上出现的规律,例如,谁经常参与话语互动并且观点更深入。

在具体的编码过程中,研究者也提出了非常详细的具有可操作性的编码指导方案,供教师或其他研究者借鉴和参考。当然研究者也可能开发出自己的一套分类,或者重新使用、改编某套分类。然后,他们系统性地将该编码应用于一整堂课或某些特定的课段,去看一看师生或生生话语互动中会出现哪些特征。

四、教育对话分析框架的实践价值

(一)有效促进了学生的深度学习

近年来由英国经济和社会研究委员会资助的大规模项目研究揭示了课堂话语互动与学生的学习和正向态度有紧密的关联。项目组于2018—2019年获得了经济和社会研究委员会拨款,主要分析教育对话分析框架的应用是否能够改进课堂话语互动实践,对学生的学习产生了哪些影响。该研究首先对48所英国中小学中72名教师的144堂课进行了详细分析,然后再将基于教育对话分析框架的对话教学和学生习得及态度之间的关系进行统计分析,最后得出了相关的研究结果。研究结果表明,基于教育对话分析框架的课堂话语互动分析有利于学生学习和其他个人方面的发展,在所有课程中均可促进学生深度学习,能够发展他们的推理论证和交流能力,从而使他们形成对学校和学习更为有利的态度。话语互动还能增强学生在学习上的角色认同感,提升他们对学习的拥有感和互动性。特别是当不同观点得到表达时,话语互动对学习和推理论证技能有着积极的影响,能够激发学生的批判性思维,有助于学生在不同的学科领域中形成深度理解。

另外一项在英国进行的干预性研究也证明了教育对话分析框架的应用能促进学生的学习。该项目首先为教师开发了一个为期20周的以教育对话分析框架的应用为主的教师专业发展项目,主要目的在于促进对话教学。在研究中,5000名学生参与了标准化测验,结果显示干预组的学生在英语、数学和科学等科目上都超过了对照组学生。

(二)揭示了促进深度学习的教育对话的特征

教育对话分析框架的应用进一步深化了对课堂话语互动结构和功能的理解,深刻揭示了在课堂活动、教学策略和课堂互动中,参与者的实践更具对话性特征,发现了参与者对富有成效的课堂话语互动的意识与理解,寻找到大量能够公开获得的具有阐释性的视频样例作为研究素材。有效的教育对话的部分特征已在实施该项目的许多课堂上显现出来。研究越来越聚焦于识别教师和学生的交际行为哪些是有效的,哪些是无效的,有效揭示了在话语互动中学习结果或变化是如何获得和为何获得的。"积极参与课堂话语互动、观点的开放式交互、共同探究和构建知识、建立声音多元和相互尊重的课堂关系。"[1]这主要体现为强调个人贡献的扩延,每个参与者构建或阐释来自自身或他人之前的贡献;此外扩延教师的再启动话步(也就是教师的反馈和跟进话步)和学生的回应话步也非常有效,扩延教师的回应和启动话步包括让学生阐释、论证和推理。研究指出,教师这样运用回应和启动话步能够有效扩大学生的贡献,促进深度学习。

(三)不仅改进了课堂话语互动实践,而且促进了教师专业发展

教育对话分析框架有助于教师精细而系统地对课堂话语互动进行观察、反思与改进,不但能清晰认识到哪些课堂话语互动是有效的以及哪些话语互动是无效的,而且能够有效改进,对信息技术环境中丰富的、多模态的话语互动形式做出回应。该框架为实践者创造了一个特别的版本,实践者能够以它为指导,发展与学生的话语互动,目的在于丰富教与学实践。

教育对话分析框架,特别是教师教学对话分析框架作为促进和引导教师反思与改进的重要工具,可有效帮助教师更深入地理解话语互动和学习之间的复杂关系,使学习者受益。T-SEDA的运用改进了课堂对话,促进了教师的专业发展,培养了反思性实践者。深刻洞悉课堂话语互动的本质是很有价值的,"对教师而言,看透熟悉的和反复出现的事情是很难的。如果课堂事件的瞬时性和快节奏使教师大多数的工作成为惯例,那么必须通过反思让成为惯例的事情消解它通常的半意识状态"[2]。实

---

[1] Littleton K, Mercer N. Interthinking: Putting Talk to Work[M]. Abingdon: Routledge, 2013: 16.
[2] Edwards A D, Furlong V J. The Language of Teaching[M]. London: Heinemann, 1978: 2.

证结果证明,T-SEDA 的编制与实施有力地改进了课堂话语实践,促进了教师的专业发展。T-SEDA 能有效应对当前教师专业发展中存在的持续性与规模性挑战,这一框架被应用在不同的情境中,有效支持了合作性的、反思性的对教师引导的探究,从而扩大了教师专业发展项目的影响力。

五、研究启示

(一)应构建基于探究式话语互动的课堂话语互动方式

直至目前课堂话语互动的作用并未充分发挥出来,其中一个重要原因在于主导的课堂话语互动结构依然是 IRF(E),这限制了学生主动构建知识和理解知识的程度,传统的课堂话语互动形式和功能是无法满足对话教育的开放性、反思性与共建性要求的。

基于教育对话分析框架的研究揭示出通过在师生、生生互动中扩展学生的思维、论证和推理,能够产生高层次的学生参与和学习。为促进学生的深度学习,课堂话语互动 IRF(E)结构应走向探究式话语互动。基于探究式话语互动的课堂话语互动意味着要学习如何提出更好的问题;如何更好的倾听,不仅听到字面意义而且要听到内在含义;如何开放性地对待新的可能性和新视角,同时学会通过比较不同的观点对这些新视角进行批判性思考。

(二)应重视培养学生"通过对话而学习"的能力

课堂对话能力的缺乏被视为当前课堂话语互动难以有效而丰富展开的另一个障碍。课堂对话能力不但被理解为"学习对话"的能力而且被理解为"通过对话而学习"的能力。正是通过话语互动,师生构建和修正自身的理解,协商复杂的观点,解决问题。教育对话分析框架的一个重要目的就在于通过师生互动来培养师生的对话能力。师生通过口头详尽阐释自己的观点、将自己的观点建立在他人观点的基础之上,质疑彼此,从而主动参与和监控自身的学习,深化对概念和观点的理解。培养"通过对话而学习"的能力对学生而言具有重要的教育价值,"学生正是通过对话学会了推理、讨论、论证以及解释,不但培养了他们清晰表达的能力,而且提升了他们的高阶思维"[①]。此外,"通过对话而学习"的能力能够被迁移到不同的学科和情境,例如,推理技能不仅仅体现在作为一个小组工作的时候,而且也体现在独立工作的时候。对话能力的益处也超越了课堂,支持学生自信心和自尊心的培养。当该能力被娴熟地运用时,学生将具有更大的课堂自主权,开放并深化自身的理解,进行批判性思考,成为自己学习的主人。然而,如果学生缺乏参与话语互动所必需的能力,那么课堂话语互动的优势就会受到限制。所以教授学生如何对话是非常必要的,确保学生有必要的技能和理解力参与到促进学习的对话之中。

(三)应重视课堂文化对课堂话语互动的影响

教育对话分析框架"必须与人种志方法融合,形成一种连贯的'探究逻辑',认识到已经确立的教育过程和文化实践在师生贡献中发挥的重要作用"[②]。研究揭示,参与深度课堂话语互动较为耗时,而且可能对话语互动参与者形成挑战,尤其当话语互动者还不习惯详细表达自己的观点或接受公开意见时,因此适切的课堂氛围是非常必要的。亚历山大的开创性研究强调了"课堂话语互动质量在促进学生学习中发挥的核心作用,文化差异是如何在话语互动和其他教育形式中展示的"[③]。教育对话分析框架研究揭示,深度的课堂话语互动需要师生、生生之间的互惠与相互尊重,这是师生双方在话语互动过程中首先需要拥有的一种态度和道德情感。这些条件创造了一种良好的对话文化,参与者在表达自己的观点和倾听他人的观点时会有安全感,同时需要相互尊重。

---

① Mercer N. Language and the Joint Creation of Knowledge[M]. London:Routledge,2019:372.
② Gee J P, Green J. Discourse analysis, learning and social practice[J]. Review of Research in Education, 1998(11):138.
③ Alexander R J. Towards Dialogic Teaching:Rethinking Classroom Talk[M]. 4th ed. New York:Dialogos, 2008:68.

师生、生生之间的对话是共同确立意义,共同构建关系的、文化的和社会的实践过程。适切的课堂文化可以让学生更积极参与课堂话语互动,对教师持更加正面的态度,更加有效提高学业成绩。在课堂上建立话语互动的"基本规则"对构建适切的对话文化是有益的。课堂话语互动基本规则的构建过程就是课堂文化的形成过程。需要注意的是,基本规则不能由教师单方面制定,需要师生合作共建,需要让学生自主承担话语互动的责任,需要给予学生机会去监控或评估课堂话语互动的效果。

(四)应确定适切的课堂话语互动分析的颗粒度层次

通过对编码框架的迭代检验以及理论探讨,发现合适的课堂话语互动分析的颗粒度层次是交际行为。教育对话分析框架根据预先确定的交际行为类型和范畴设计集群和编码框架,能够长期大规模地观察和分析课堂话语互动,具有重大价值,但是这一方法也有弊端:其一,对框架的实证检验已经表明了某些编码在应用中达成合意是较为困难的。虽然在大多数情况下,在集群层次进行编码能够解决这一困境,然而编码分层有时存在争议,集群的划分有时也存在争议。其二,课堂话语情境并非单一的,而是多元的,话语互动中的师生实时构建的微观的课堂话语情境仅仅依靠预先确定的类型和范畴难以全面有效观察。

会话分析能够进行更加微观的、动态的对话过程分析,从而帮助教师更深入地理解课堂话语互动过程,更加详细地研究自己的话语运用对学生学习的影响,从而提升课堂话语互动的质量。会话分析最重要的作用就是基于数据进行分析而非强加一个预先确定的结构或功能范畴。当然,会话分析也有弊端,其过于微观且耗时费力,难以适应长期的和大规模的教师专业发展要求。

为了适应复杂的、动态的和多元的课堂话语互动实践,应将教育对话分析框架与课堂话语互动分析相结合。应以教育对话分析框架作为主要的课堂话语互动分析工具,聚焦于交际行为的界定与分析,同时辅以会话分析,选择典型的课例,实时分析师生、生生之间的意义构建。

第六章　深度学习视角下课堂话语互动的改进

第一节　深度学习视角下课堂话语互动的现存问题与改进对策

　　今天学生将在一个快速变化的世界中生存,在一个充满了不确定性的条件下工作。传统的以既定事实和信息传递为主要特征的简单学习难以适应新挑战。数字化和知识社会的发展趋势要求学习者具有批判性思维、问题解决和知识创造的能力;全球化和多元文化主义的趋势则强调,我们可能会遭遇到不同甚至相对的声音,愿意容忍不同的声音且学会通过互动与他人合作是非常重要的。在学校里,除了提升学生的交际和合作技能之外,培养学生的知识创造能力和品性也是非常重要的。深度学习的重要性是显而易见的。社会文化理论认为深度学习是话语互动的内化,应将话语互动与深度学习辩证地连接在一起。基于社会文化理论,学习被视为一个参与知识构建的社会过程而非个体努力,知识产生且分布于话语互动之中。深度学习视角下的课堂话语互动既是一个批判性思考和问题解决的过程,又是一个合作与交往的过程,还是一个学会学习、不断反思的过程。深度学习视角下的课堂话语互动既要根植于情境,又要超越具体情境的限制,迁移到不同的情境之中;需要通过合作来创造新知识,学习者需要持有开放的心态,需要熟悉和接受不同领域的知识,使以前看似没有联系的观点连接起来。

　　课堂话语互动不但能提升学生的认知能力,而且能使学生的学习行为与社会行为更好地结合起来,能够增进参与者之间的情感和提高他们的思维水平。课堂话语互动的质量将影响甚至决定深度学习的成效,但是目前课堂话语互动质量普遍不高,存在着诸多抑制甚至阻碍深度学习的因素。为促进深度学习,对课堂话语互动进行改进尤为必要。

一、目前课堂话语互动中存在的主要问题

(一)以单向知识传递为主,缺乏双向知识共建

目前工具性的知识观仍然受到很多人的赞同,认为教学的主要任务就是传递知识。在相当大程度上,课堂话语互动被视为一种学习的通道和工具,课堂话语互动成为单向的知识传递过程,这主要体现在两个方面:其一,参与者特别是教师持封闭的态度,并未真诚地、仔细地了解其他参与者特别是学生对某一主题的所思、所想或所知,并未真正尊重学生的观点尤其是不同的观点,仅仅根据自己的意愿,运用语言对他人施加某种影响,向他人灌输自认为正确的观点、信念、评价、解释和阐释等。其二,学生在相当大程度上仅仅被动盲目地接受教师所传递的观点或信息,缺乏对相关观点或主题的深入思考,较少在理智思考的基础之上提出自己的观点或想法,较少基于证据挑战自己不赞同的观点,较少为话语互动的深化发展做出重要的和实质性的贡献。总之,在目前的课堂话语互动中,参与者较少通过分享、质疑以及反思等共建知识。

默瑟和利特尔顿指出,"学生如果没有真正地理解话语互动的目的或是如何进行话语互动,那么可能并不理解话语互动的重要性,他们会认为,课堂话语互动只是为了得出教师想要的'正确答案'而已"[①]。学生在校外生活中可能没有很多机会学习如何进行理性讨论,或者可能没有意识到当课堂上有协作任务时,他们应该参与其中。"如果教师不提高学生对如何一起交谈和工作的认识,或为他们提供榜样和指导,学生就不

[①] Mercer N, Littleton K. Dialogue and the Development of Children's Thinking: A Sociocultural Approach [M]. London: Routledge, 2007: 58.

可能有集体思考的相关技能并适当地加以应用。"[1]当前课堂话语互动中存在的各种问题,例如,讨论偏离主题、缺乏成效、充满争议和不公平等主要源于此。此外,教师如果仅仅将课堂话语互动视为鼓励学生将精力投入到寻找"正确答案"的工具,而不是帮助学生进行深入思考和共同构建的媒介,那么教室可能是教师而不是学生进行大部分谈话的场所了。

(二)IRF(E)结构模式化,互动回合缺乏连贯性

20世纪70年代英国学者辛克莱和库尔哈德首次提出了课堂话语互动的IRF结构,即启动—回应—反馈,这一结构由教师提出的封闭性问题、学生的简短回答以及教师极短的反馈构成。随后美国学者梅汉将该结构修改为IRE,即启动—回应—评价。后来的研究者普遍将这一结构确定为IRF(E),F(E)意味着教师的反馈基本上发挥了评价作用。课堂话语互动IRF(E)结构能有效传递客观知识和既定事实,成为占主导地位的话语互动结构。根本而言,这是一种"孤立式"的课堂话语互动结构,前后两个互动回合之间没有或缺乏关联性,是一种浅层次的课堂话语互动。课堂话语互动IRF(E)结构抑制了学生参与知识构建的机会和层次,学生往往成为知识的消费者和接受者而非构建者和生产者。到目前为止,这一"孤立式"的课堂话语互动结构依然主宰了大多数课堂,限制了学生的独立思考,不利于发展学生的高阶思维,阻碍了深度学习的有效实施。

(三)规则隐性化,导致课堂话语互动扭曲

课堂话语互动不仅是一种语言现象,而且是一种社会现象,它需要某种维持社会秩序的基本规则,目前的课堂话语互动规则存在隐性化倾向。这主要体现在两个方面:其一,目前占主导地位的课堂话语互动IRF(E)结构不仅在形式上决定了教师掌握更多的话轮,说更多的话,而且隐

---

[1] Mercer N. The social brain, language, and goal-directed collective thinking: A social conception of cognition and its implications for understanding how we think, teach, and learn[J]. Educational Psychologist, 2013(3): 148-168.

藏在这种结构背后的"提问权"和"评价权"为师生不平等权力关系的再生产提供了可能。教师和学生在课堂话语互动中的调节权和参与权是不平等的，例如，只有教师享有课堂话语互动的启动权，只有教师可以在不需要寻求允许的条件下提问，只有教师可以指定谁能够说话，只有教师可以评价参与者的观点。这导致教师观点的标准化和权威化，学生不愿意表达自己的真实想法，创新性的想法经常受到抑制。其二，在生生课堂话语互动中，隐性的课堂话语互动规则体现在生生话语互动的无序化和不负责任性中，部分生生课堂话语互动中的参与者将话语互动视为个人表演的舞台，不关注其他参与者的贡献，不愿意倾听其他参与者的观点，特别是不同的观点，经常抢夺话轮甚至频繁打断他人的发言，较少回应并扩延他人已经说过的话。这导致生生话语互动效率较低，生生之间难以有效地共建知识。

课堂话语互动规则在一定程度上体现了社会文化环境和课堂文化。在课堂话语互动中，教师与学生的关系、学生与学生的关系，以及整个课堂话语互动规则都会影响教师和学生的话语互动成效。一方面，在课堂话语互动中，说话者需要"大声思考"，冒着被其他人听到并评论部分尚未成熟的想法的风险，这需要有相互信任的师生、生生关系。"进行探究式话语互动是一件相当勇敢的事情，除非在讨论小组中有一定程度的信任，否则这种事情往往不会发生。"[①]"对于学生来说，在小组讨论中，他们不得不向一个不太支持他们的听众表达自己的想法。缺乏安全感可能会成为阻碍一些学生表达自己想法的因素，而另外一些学生则会选择讨论一些无关紧要的事情。"[②]另一方面，深度学习视角下的课堂话语互动的成功实施"取决于能否最大限度地减少教师与学生之间权力和地位的不平等，以便学生愿意并能够相互挑战"[③]。教师的教学理念或身份认同

---

① Mercer N, Dawes L. The value of exploratory talk [M]// Mercer N, Hodgkinson S. Exploring Talk in Schools. London: Sage, 2008: 55-71.
② Dawes L. Talk and learning in classroom science[J]. International Journal of Science Education, 2004, 26(6): 677-695.
③ Djohari N, Higham R. Peer-led focus groups as "dialogic spaces" for exploring young people's evolving values[J]. Cambridge Journal of Education, 2020(5): 657-672.

会通过课堂话语互动反映出来,在一定程度上影响着学生在话语互动过程中的地位和作用。

(四)课堂话语互动能力弱,难以推动课堂话语互动丰富而又深入地开展

从本质上来说,课堂话语互动能力聚焦于参与者的互动决策和随后的行动是否能够有效强化知识构建以及提供学习机会,实际上就是参与者用什么方式创造、维持和延续"学习空间"。从促进深度学习的视角看,仅仅要求课堂话语互动参与者的话语准确或流利是不够的,有效的课堂话语互动依赖于与他人合作、共建理解的能力,参与者应学会如何开放性地对待新的可能性和新视角,同时学会通过比较不同的观点对这些新的可能性、新视角进行批判性的思考。

一方面,目前大多数学生的课堂话语互动能力较为薄弱,缺乏认真的倾听、理智的辩论、反思性的分析、扩展的叙述以及富有逻辑的推断等课堂话语互动行为,这导致课堂话语互动难以丰富而深入地开展,结果就是知识共建和创新的效果不彰;另一方面,教师的课堂话语互动能力直接影响着课堂话语互动的实施效果。教师的言语行为,包括提问和反馈都会影响话语互动的功能。"一方面,提问的问题类型直接影响着教师与学生间话语互动的性质,即单一对话还是对话性对话;另一方面,教师的后续行为,即反馈也会影响探究式话语互动,如果教师的后续行动具有生成性,就能够帮助学生从传播立场转变为探索、解释和证明的立场。"[1]教师提问的考核功能阻碍了课堂话语互动中的探究,"当教师提问的目的是测试学生对已经教授过的主题的理解时,学生经常会针对教师的问题进行表象对话,这种情况阻碍了探究,因为这促使学生专注于获得正确的答案、提供预期的信息和适当的对话形式"[2]。教师对学生所做贡献的回应形式也会影响课堂话语互动效果,"如果一位教师对学生的

---

[1] Truxaw M P. Dialogic discourse to empower students in linguistically diverse elementary mathematics classrooms[J]. Teacher Education Quarterly,2020,47(3):120-144.
[2] Barnes D. Exploratory talk for learning[M]// Mercer N, Hodgkinson S. Exploring Talk in Schools. London:Sage,2008:1-15.

贡献表现出足够认真的态度并做出回复,而不仅仅是评估其答案,那么学生会在课堂话语互动过程中更认真地对待自己"[1]。教师在布置任务时对任务目的的解释同样会影响学生参与课堂话语互动的程度。"如果教师希望学生参与探究式话语互动,那么在布置任务时就需要明确表明学生应当采取的交谈策略,可以邀请学生自己提出一系列建议并进行评估。"[2]

二、深度学习视角下课堂话语互动的改进对策

以目前课堂话语互动存在的问题为出发点,以深度学习视角下课堂话语互动的内涵与特征为重要依据,课堂话语互动的改进需要如下对策。

(一)以社会文化理论为基础,构建以知识共建为鹄的的课堂话语互动

通过强调学习的社会性、动态性和合作性,社会文化理论强调了学习的交互本质:学习首先发生在与更有能力的他人的互动之中,在这一过程中,语言作为一种"符号工具"被用来澄清和理解新知识,学习者非常依赖与"更有能力的他者"的讨论。随着新的观点和知识被内化,学习者用语言来评论他们已学过的知识,通过话语互动来传递和澄清新信息,然后再反思所学的知识并使其条理化。

为促进深度学习,需要构建以知识共建为鹄的的课堂话语互动。知识共建包括两种类型:融合取向的共建与冲突取向的共建。"成功的对话过程包含两种类型:融合取向的共识与冲突取向的共识。前者是指参与者通过整合和融合彼此的立场与观点而构建自己的发言;后者包含批判性争论。面对分歧、批判和可替代的观点,学习者被推动着检验和修改

---

[1] Barnes D, Todd F. Communication and Learning Revisited: Making Meaning through Talk[M]. London: Routledge, 2021: 36.
[2] Barnes D, Todd F. Communication and Learning in Small Groups[M]. London: Routledge & Kegan Paul, 1977: 78.

自己的观点,直到达成共识。"①在知识共建中,师生通过在话语互动中详尽阐释自己的观点、将自己的观点建立在他人观点的基础之上、质疑彼此观点的基础,从而主动参与和监控自身的学习,深化对概念和观点的理解。师生通过共同构建来协商复杂的观点,解决问题。

(二)重建课堂话语互动IRF(E)结构,构建链式课堂话语互动IRF(I)结构

链式课堂话语互动的构建需要重建课堂话语互动IRF(E)结构,如下三个方面值得特别关注:一是在启动部分需要提出什么类型的问题,谁有权提出问题;二是反馈需要发挥什么样的功能;三是在回应部分是否需要个人的独立见解。传统的课堂话语互动IRF(E)结构之所以是孤立的和割裂的,就是因为在启动部分所提出的问题是封闭性问题,封闭性问题造成了回应仅仅依靠记忆就可以完成;而反馈仅仅发挥了评价作用,评价往往意味着这一回合互动的结束。为构建链式课堂话语互动,如下对策是必要的。

其一,在启动部分,一方面,教师应运用"高阶问题"促进学生的反思、自我检测和探究,通过运用开放性问题和探索性问题引导学生推断、提出假设、推理、评价以及考虑一系列可能的答案。教师越多运用开放性问题、探索性问题,越能促进学生产生高层次的阐释和推理。另一方面,教师不应独享课堂话语互动启动权,应鼓励学生主动提出问题,开启话语互动。"教师既要提出探索性的、结局开放的问题,也要鼓励学生主动提出问题,延长候答时间允许学生构思答案。"②

其二,在反馈部分,要尽量减少反馈的评价功能,让反馈更多发挥支架和新的启动作用。反馈不是对回应的简单评价,而应成为对回应的追问,实际上就是一种新的启动(I)。教师运用高层次反馈,来进一步回应学生的答案,这些高层次反馈主要包括"让学生提供证据和做出阐释、让

---

① Weinberger A, Stegmann K, Fisher F. Knowledge convergence in collaborative learning: Concepts and assessments[J]. Learning and Instruction, 2007(4):426
② Wragg E C. An Introduction to Classroom Observation[M]. 2nd ed. London:Routledge,1999:28.

其他学生做出评论、以学生的问题为基础构建吸纳性问题,特别是运用吸纳性问题以及修复性问题等高层次反馈,从而构建跨对话序列的具有连贯性的主题"[1]。

其三,在回应部分,所提问题的变化必然导致回应部分的重建,即需要对其观点进行进一步的阐释和论证。一方面,应促进学生分享、扩展和详细阐释其观点;另一方面,通过让学生提供证据支撑论断以及将自己的推理建立在他人的推理之上,深化自己的推理。

(三)提升课堂话语互动能力,提高课堂参与的有效性

高质量的话语互动对话语互动能力提出了新的要求。互动能力的提出与交际能力的发展密切相关,互动能力概念基于交际能力理论框架,但又与交际能力有本质的区别。互动能力主要指人们以交流为目的,共建共享语境,与会话者实现意义协商的能力。而在交际能力理论框架下的交际能力,仅囿于语言知识与社会环境知识或测试任务之间的互动,很大程度上忽略了与会话者合作共建的社会属性和主体间性;互动能力是建立共同理解的能力,关注的是如何在会话中与其他的会话者合作。互动能力是参与者对语言、互动资源以及互动情境的使用能力,而个人对这些资源的使用取决于其他参与者的行为。

话语互动的顺利进行需要参与者相互支持、合作协调,需要参与者具备相当高的话语互动能力。"一是运用'苏格拉底提问',学习自我反思的能力;二是辩证推理的能力;三是分享异质性或对立性的信念、重建自己的信念的能力。能够借助对话教学,反思自己的见解(信念)并琢磨其合理性;开拓复数的视点与见解并琢磨各自逻辑的合理性;发现其间的关系借以重建自己的见解。"[2]这样,学生通过"对话"能够自我反思式地运用"苏格拉底提问"的质问能力,亦即习得探究所必需的技能与态度。苏格拉底讨论法的目的就在于"合理的自我决定"。所谓"合理的自我决

---

[1] Molinari L, Mameli C, Gnisci A. A sequential analysis of classroom discourse in Italian primary schools: The many faces of the IRF pattern[J]. British Journal of Educational Psychology, 2013(3):414-430.
[2] 钟启泉.批判性思维:概念界定与教学方略[J].全球教育展望,2020(1):3-16.

定"包含两种能力:"一是'合理决定'意义上的基于逻辑规则的合理判断能力。二是'自我决定'意义上的凭借自己的意愿进行思考的态度。因此,苏格拉底问答法的探究方法彻底地要求学习者展开'自主性'与'合理性'的讨论,亦即基于'合理判断'能力与'自主思考'态度的培育,来选择课堂讨论的形式。"[1]唯有借助探究共同体的对话与讨论,才能培育反思精神,提升课堂话语互动能力。

(四)构建显性的课堂话语互动基本规则,消除课堂话语互动的阻碍

显性的基本规则的构建应作为促进深度学习视角下的课堂话语互动有效实施的必要和前提条件。构建显性的课堂话语互动基本规则的主要目的就在于消除课堂话语互动中存在的制度上和权力上的扭曲和障碍,实现师生、生生之间有效的课堂话语互动。显性的课堂话语互动基本规则的构建既要关注抽象的话语互动基本规则的要求,又要兼顾到具体的班级文化需求。以下是普遍接受的抽象的话语互动基本规则:"所有的相关信息被公开分享;小组的每个成员都积极参与讨论,且做出贡献;每个人都耐心倾听他人;每一个观点都被仔细考虑;小组成员被要求为他们的观点和想法提供理由;接受对自己观点的建设性挑战,且做出回应;在做出决定之前讨论各种可能的观点;小组互动的目的在于达成协议;小组而非个体对做出的决定承担责任。"[2]这是因为为促进学生的深度学习,某些基本规则必不可少,否则就可能抑制深度学习。但是需要特别关注的是每个班级的文化不同,每个班级的师生对于有效的课堂话语互动都有其独特的看法,这些观点尤其是学生的观点必须得到尊重,教师不能利用自己的特权强制学生接受某些基本规则,基本规则需要师生合作创造,达成合意。这些基本规则应该用通俗易懂的语言来表示,以学生既能够理解又能够认同的方式概括总结。

基本规则一方面让教师不再独享提问权和评价权,学生也可以主动提问,并做出评价,创造了一种平等的师生关系,学生的话语互动空间不

---

[1] 钟启泉.批判性思维:概念界定与教学方略[J].全球教育展望,2020(1):3-16.
[2] Mercer N. Language and the Joint Creation of Knowledge[M]. London:Routledge,2019:369.

断拓展;另一方面,增强了学生的责任感和共同体意识,让学生能够更加包容、尊重、倾听不同的观点,而且在阐释自己的观点时,较多使用证据且较少使用绝对性的语气和语调,尽量为自己的话语留有空白,这极大地扩大了课堂话语互动空间。

(五)联结正式教育与非正式教育,提升参与者的主体性

深度学习视角下的课堂话语互动的目的在于共同思考和知识共建,且具有跨时空性,参与者都是知识的构建者和生产者,这就打破了正式教育与非正式教育的界限,很难明晰学生的知识来源于正式教育抑或是非正式教育。毫无疑问,需要一种新的教育学方法,允许学习者把正式的学校教育与非正式教育进行联结。学习者在某个情境中形成的知识基础应该成为其他情境中学习的资源。这会提升学习者的主体性,使其积极参与不同情境的学习。这样学校中的互动和学习不仅仅对学校教育本身有效,而且对学习者和他们的人生而言都是富有成效的。维果茨基所深入讨论的科学和日常概念之间的关系也能够被视为正式教育与非正式教育的有机联结。根据维果茨基的说法,科学概念来自日常概念,其一旦形成,就会重新界定这些日常概念。在日常概念和科学概念之间具有连续性和非连续性:前者支持后者的发展,后者从而超越了个体与日常经验的关系。

利用学习者跨越时空的多种情境中的知识基础来提升学习者的学习主体性和主动参与。正式的学习空间应扩延到非正式的学习情境,两者的联结意味着强调权威和身份的多元性,强调学习空间的开放性,课堂成员应公开地自由地相互增进知识和经验,从而进一步促进新意义的创造。

第二节　深度学习视角下课堂话语互动基本规则的改进

一、课堂话语互动需要适切的基本规则

1.课堂话语互动不仅仅是一种语言学现象，更是一种社会现象

在课堂话语互动过程中，无论教师还是学生，都处于与对话伙伴相互关切、相互交往、相互合作的关系之中，所以课堂话语互动的过程具有社会性。"从根本上讲，对话不是一种具体的提问和回应的交流形式，而是一种让参与者参与其中的社会关系。"[①]人与人之间在角色、地位、环境和文化等方面所处的情境是不同的，这种差异会加剧各种教育机会上的不平等现象。由于情境性的差异，一些文化习俗和组织架构会严重妨碍课堂话语互动的开展，我们必须对这种现象予以充分的了解。在传统的课堂话语互动中，教师霸占了一些特权，却不愿意与学生共享这些权力，教师霸权的存在就会导致话语互动关系受到破坏。实际上，传统的课堂话语互动IRF(E)结构就是一种被权力结构所扭曲的交流。在这种结构中，教师拥有最终的评价权和课堂管理权，师生之间的关系是不平等的。用德国哲学家哈贝马斯的话来说，这种类型的课堂话语互动就是一种"扭曲的交流"。学生是否能够真实地表达自己的声音在很大程度上取决于师生之间的关系。

为了解决这一问题，哈贝马斯提出了"深度解释学"(depth hermeneutics)概念，要求构建一种扩展到语言之上的系统的前理解，目的在于揭示和消除话语互动中的欺骗和扭曲行为。哈贝马斯认为，只有消除这些导致话语互动扭曲的霸权因素，才能实现不受限制的话语互动。在传统的充满了霸权的课堂话语环境中，必须通过批判性反思，消除制度上和权力上的扭曲和障碍，构建一种新的话语互动基本规则，才能实现师生之间真正的对话。正如有学者指出的那样，有效的课堂话语互动

[①]Burbules N C. Dialogue in Teaching:Theory and Practice[M]. New York:Teachers College Press,1993:19-20.

需要一种"对话性空间"。对话性空间是教育对话的各种活动成为可能的重要条件,这是现实的教育具有对话性的关键所在。这意味着现实的教育生活必须摆脱话语霸权和暴力,必须去除任何支配性、塑造性意志,必须除去教师中心化意识。[①]

2. 基本规则是课堂话语互动实施的前提条件

默瑟主持的"共同思考项目"将课堂话语互动基本规则的构建作为项目有效实施的必要和前提条件。默瑟认为"缺乏安全感是阻碍学生说话和表达的因素,因此应当在课堂中努力创建教师和学生之间相互尊重和信任的合作文化与探究文化"[②]。巴恩斯主张在课堂上为学生建立一个支持性环境,学生能够与教师和同学讨论新想法,从而产生新的思维和感受方式,实现该目标的有效方式便是建立和制定课堂话语互动基本规则。巴恩斯尤其关注学生在话语互动过程中处理社会关系的方式,包括协调人际关系、处理分歧和相互冲突的观点。"在探究式话语互动过程中,参与者能够逐渐掌握以下几种社交技能,一是有效处理可能存在的矛盾和分歧,探究式话语互动允许和鼓励不同想法和观点的出现,这必然会伴随着矛盾和分歧的出现,因此,参与者需要在维持良好的互动关系的基础上处理这些矛盾和分歧;二是适时采取支持性行为,例如,不打断他人,表达对他人所做的贡献的积极感受等。"[③]皮尔斯和吉尔斯主张建立支持性学习社区,"在这个社区中,学习者可以轻松地承担风险,提出试探性的想法,通过创设课堂话语互动基本规则来构建良好的课堂文化环境,例如,学会倾听;以开放的心态接受他人的想法;重视所有利益相关者的想法,确保所有利益相关者都有机会做出贡献;承诺解决冲突或达成真正的共识;留出时间思考、制定和实施计划"[④]。

---

① 金生鈜.规训与教化[M].北京:教育科学出版社,2004:198.
② Mercer N. Language and the Joint Creation of Knowledge: The Selected Works of Neil Mercer[M]. London:Routledge,2019:159.
③ Barnes D,Todd F. Communication and Learning in Small Groups[M]. London:Routledge & Kegan Paul, 1977:112.
④ Mercer N, Hodgkinson S. Exploring Talk in School: Inspired by the Work of Douglas Barnes[M]. London:Sage,2008:78.

高质量的课堂话语互动需要师生理解以下几点：高质量的说与听在课堂话语互动中至关重要；话语互动应该是包容的，尊重不同的观点和意见；所有相关信息都应该被分享；应该寻求和给予理由，小组应该努力达成合意。这就需要构建适切的课堂话语互动基本规则。基本规则不能被视为师生个人的私有财产，而应被视为一种社会财产，它们是在与对话伙伴的联系中表现出来的。这些基本规则既是行为的又是态度的，在关系中获得，在实践中提高。基本规则的制定过程应是师生合作创造课堂文化的过程。本质上就是要创造一种信任的氛围和合作文化，开启和维持创造性解决问题的话语互动空间。

二、课堂话语互动基本规则的内涵与功能

（一）内涵

默瑟在研究探究式话语互动的过程中，一直将话语互动基本规则作为核心内容，他认为"教师应当指导学生学习如何运用语言进行询问、推理和考虑信息，分享和协商想法，并做出共同的决定"[1]。课堂话语互动的基本规则允许不同的声音以一种不仅构建共享知识，而且还批判性评估知识质量的方式相互激励。"共同思考项目"倡导在课堂话语互动中，参与者汇聚想法、观点和信息，共同思考创造新意义、知识和理解。"我批评的是想法，而不是人；我时刻牢记我们是一个集体；我鼓励大家参与；我倾听每个人的想法，即使我不同意他们；如果有人说的不清楚，我会重述一遍；我试图理解问题的两面；我首先提出所有想法，然后将它们组合在一起。"[2] 每个班级都可以构建自己的基本规则，例如，某实验学校四年级某班制定了如下课堂话语互动基本规则：分享观点；给出理由；质疑观点；考虑；赞同；每个人都参与；每个人都承担责任。五年级某班制定了

---

[1] Mercer N, Dawes L, Wegerif R, et al. Reasoning as a scientist: Ways of helping children to use language to learn science[J]. British Educational Research Journal, 2004, 30(3): 359-377.
[2] Smith K, Johnson D W, Johnson R T. Can conflict be constructive?: Controversy versus concurrence seeking in learning groups[J]. Journal of Educational Psychology, 1981, 73(5): 651.

如下课堂话语互动基本规则:我们分享观点和相互倾听;一次只有一个人讲话;我们尊重彼此的观点;我们给予理由解释自己的观点;如果我们不赞同,我们问"为什么"? 我们竭力达成共识。[1]

(二)功能

从本质上讲,课堂话语互动基本规则的主要功能在于将课堂转变为学习共同体。学习共同体不但应该成为未来学校的形式,而且也是课堂话语互动的基础。著名教育学者萨乔万尼(Sergiovanni)认为,人们只有把学校视为一个共同体,而不是组织机构,学生的学习生活才能得到根本的转变。日本学者佐藤学指出,未来的学校应该是一种学习共同体形式。佐藤学认为课堂就是一个微型社会,有三种基本形态:"第一种形态是……原始共同体社会。第二种形态是……群集性社会……第三种形态是靠语言(知识)与信息(伦理)的共同拥有所产生的社会亲和与知性想象力这一纽带,所结成的自觉化的共同体。"[2]佐藤学指出,自觉化的共同体正是课堂话语互动所需要的,只有在此种形态中,每个学生才能在各自自主的个人世界中生活,同时也通过同他人的社会亲和,在课堂的共同体世界中生活。美国学者多尔指出了共同体在话语互动中的必要性,"社区(共同体)的建立——使建立'没有人拥有真理而每个人都有权利要求被理解的迷人的想象王国'成为可能。在此体现出要以对话为基础,通过在关切而富有批判性的社区(共同体)之中的对话"[3]。

事实上,只有在共同体之内,每个成员才能共享自由、平等的话语权力。正如伯恩斯坦所说:"如果形成一种公众生活,就能够强化团结、公众自由、言说和倾听的意愿、相互辩论、理智的劝说,那么就预先假定了一种早期的共同体生活形式。"[4]伯恩斯坦所言的早期共同体就是指古希

---

[1] Mercer N, Littleton K. Dialogue and the Development of Children's Thinking[M].London:Routledge, 2007:62.
[2] 佐藤学.课程与教师[M].钟启泉,译.北京:教育科学出版社,2003:143-144.
[3] 多尔.后现代课程观[M].王红宇,译.北京:教育科学出版社,2000:239.
[4] Bernstein R J. Beyond Objectivism and Relativism:Science,Hermeneutics,and Praxis[M]. Philadelphia: University of Pennsylvania Press,1983:226.

腊时期的人类共同体,它以团结和友谊为基础。杜威(Dewey)指出,共同体不仅仅包含共享和同一,而且还应该包容视角的丰富性和复杂性,对于那些继续在共同体中生活的人来说,个人的充分发展是最伟大的。"他承认,没有高度的共享,一个共同体就不能称为共同体。然而,这个共同体同时也应当包含着可能的视角的丰富性或复杂性,此丰富性或复杂性能够被接纳,而非得到简单的认同。他相信,共同体的发展不需要'牺牲个体性;其成员自身没有得到发展的共同体将是一个贫瘠的共同体'。"[1]另一位美国学者格林(Green)也指出了在共同体中包容歧见的重要性,他说,人们在共同体中总是不可避免地追求团结和一致,这种想法是错误的。对话既不需要达成一致,也不需要消除差异。在打着追求"合意"的幌子下,有些教师试图把自己的观点强加给学生,或者消除不同观点的分歧。人们应该做的是"对那些价值观虽然与我们不同,但是并非敌对的人,抱着一种尊重、虚心倾听和合作的态度"[2]。这就是一种民主精神。"那些导致理解、合作、和解的对话在更广泛的包容和尊重的共同体中继续维持着不同。所以,我们不需要否认共同体,而是把共同体建立在更加富有弹性的和更少的同质化的假设之上。"[3]共同体能够让背景各异、观念多样的人相互理解,亲密地、和谐地生活在一起,但并不奢求共同的目的。共同体以民主为基石,在充分尊重每个人的个性和自主性的前提下,建立起一种具有亲和性的社会关系。

如果在课堂中存在着控制关系,那么就会不可避免地限制和阻碍师生之间的交流和理解。如果许多学生的不同声音被压制,那么课堂话语互动只能是一个美好的幻想,成为一种理想化的自欺欺人之事。课堂话语互动不仅仅需要师生之间的联合与团结,还需要以民主为基础,充分尊重每个人的个性与自主性,包容不同的声音。"对话性的教育共同体意味着教育中的多元声音共存。每一个求教者都是一个完整的精神存在,

---

[1] 王成兵.一位真正的美国哲学家:美国学者论杜威[M].北京:中国社会科学出版社,2007:85.
[2] Green J M. Deep Democracy: Diversity, Community, and Transformation [M]. Lanham: Rowman & Littlefield,1999:60.
[3] Burbules N C, Rice S. Dialogue across difference: Continuing the conversation[J]. Harvard Educational Review,1991(61):393-416.

他具有表达、被倾听、交往的能力和权利,他并不是作为一个单一性功能存在,而是在教育中以完整的人格平等参与各种丰富的活动。"[1]

韦尔斯主张将课堂改造成一个探究共同体,"即学习者与教师共同承担决定主题和调查方式的责任,课堂不再是一个将惰性和非个人的知识传递给被动接受者的地方,而是一个探究共同体,在这个共同体中,知识是协作构建的,因为所有参与者共同参与活动,所有人都致力于这些活动,每个人都根据具体情况尽自己最大的努力做出贡献。在这样一个共同体中,师生、生生共同开展的活动创造了这样一种环境,在这种环境中,所有参与者——教师和学生——都可以在各自的最近发展区相互帮助,相互教与学"[2]。深度学习视角下的课堂话语互动所需要的正是这样一种学习共同体,教师是这个学习共同体中平等的一员,既是教育专家,但同时也是一个学习者。

四、深度学习视角下课堂话语互动基本规则的构建

课堂话语互动中的基本规则是很重要的,它们反映了课堂中维持秩序的需要,所以构建适切的课堂话语互动基本规则是非常必要的。

(一)基本规则需要师生合作构建

基本规则在课堂话语互动的开展中发挥了重要作用,但是不能把预先制定好的基本规则强加给教师和学生,适切的基本规则应该由教师和学生合作创造且达成合意。基本规则的产生需要师生共同讨论与思考在特定的班级情境中富有成效的话语互动是由什么构成的。这些基本规则至少能够部分反映学生特定的"地方性"以及他们对于富有成效或无效的话语互动的看法。基本规则一旦在班级中确立,就成为班级的通用知识,教师或学生可在任何时间使用。为了学生和教师能够更好地互

---

[1] 金生鈜.规训与教化[M].北京:教育科学出版社,2004:198-199.
[2] Wells G. Dialogic Inquiry toward a Sociocultural Practice and Theory of Education [M]. Cambridge: Cambridge University Press,2004:176.

动,如果有必要,可定期进行评估,这些基本规则可以被反复修订或重新制定。共同反思和修订的过程也提供了清晰"谈论有关交谈"的独特方式,这有助于学生反思有效的话语互动的构成要素是什么以及如何更好地通过话语互动学习。

(二)基本规则的构建需要兼顾平衡普遍性与情境性

基本规则的构建既要体现出独特的班级文化,又要遵循普遍的要求。基本规则应该以学生既能理解又能认同的方式概括总结,让基本规则成为学生自身行动的一部分,增强他们使用语言的意识。这些基本规则应该成为课堂知识的一部分,在所有相关活动中都要运用它们。

(三)基本规则的构建需要对社会文化环境进行批判性反思

一个国家或地区的社会文化往往以一种无意识的或潜在的方式制约着教学实践。教学实践是文化习惯的产物,不可避免地受到文化传统和文化模式的制约,与一定文化体系中的价值观念、生活方式、语言符号乃至人生信仰不可分割。课堂话语互动基本规则是社会文化在课堂的集中体现,因而其本质上是课堂文化的一种具体体现。

在大多数情况下,学生会非常热衷于分享他们的想法,但有时课堂中教师或同伴的态度往往会导致他们不想发言或不愿发言。例如,害怕因为犯错而被嘲笑,或是害怕自己所做的贡献没有得到教师与同学的重视和尊重。因此,从这个层面来看,课堂话语互动基本规则的构建需要形成一种有助于对话的课堂文化,让所有学生都能自如地分享和挑战想法。基本规则的构建需要对社会文化环境进行批判性反思。

1.消解较强的等级观念

一方面,我国社会权力的分配呈垂直的等级关系,与之相应,学校中的权力就是按照校长→教师→学生这样一种等级关系分配的,其至于学生内部也建立了等级化的管理体系。家庭里、社会中的尊卑观念也在某种程度上强化了教师的权威地位。另一方面,由于深受传统儒家文化的影响,我国师道尊严观念以及等级观念对学生的思想影响很大,普遍认为应该尊重年长的、地位高的和有权势的人。对于学生而言,教师就是至高无上的权威,这样就会产生课堂内的等级关系。教师既是真理的化身又是权力的化身,教师具有鲜明的榜样角色和权威形象,许多学生从未质疑过教师的榜样角色和权威地位。课堂话语互动基本规则的构建需要消解较强的等级观念,建立民主平等的新师生、生生关系。

2. 提升学生的自我意识

我国学生的群体概念和归属意识较为强烈,认为个体应该服从于集体,害怕被孤立于群体之外。学生在课堂中非常谨慎、非常克制,对教师具有较强的依赖性,自主性较低。同时,中国文化中的"面子"观念很重,强调维护自身的面子和不伤害他人的面子以保持和谐的气氛。在课堂上,我国学生不愿意提问,不愿意主动回答教师的问题。他们怕被其他学生认为是"爱出风头"从而影响伙伴关系,非常在意其他学生对自己的态度,害怕因为个人的"突出"表现而引起其他学生的反感,被排斥在群体之外。课堂话语互动基本规则的构建需要提升学生的自我意识和自信心,使学生积极参与课堂话语互动,敢于表达个人真实的想法,特别是与众不同的想法。

3. 让学生敢于面对不确定性

中国文化强调对不确定性因素和差异性的回避,强调追求一致性,这是求同性思维的体现。在课堂上,学生比较喜欢有组织、有准备的学习,希望问题都有正确且唯一的答案,害怕出现不确定性。对话教学中充满了不可预测性、不确定性,这对于喜欢寻求唯一正确答案的中国学生来说是一个巨大的挑战。不可预测性、不确定性带给中国学生诸多疑虑和不安,影响他们在课堂上的参与程度。深度学习视角下的课堂话语互动绝非寻求唯一正确答案的课堂话语互动,不确定性是其内在规定性,学生只有敢于面对不确定性,才敢于挑战和质疑他人的观点,并能够接受他人的反挑战和质疑,推动话语互动不断深入。

第三节 深度学习视角下课堂话语互动结构的改进[①]

早在20世纪60年代到70年代,诸多学者已经意识到课堂话语互动在教师展示知识和经验、学生内化知识和理念以及双方协商和创生意义的过程中发挥着不可替代的作用,对其进行了大量描述性研究,其中对课堂话语互动结构的分析是研究重点。研究揭示,占主导地位的课堂话语互动结构为IRF(E)结构。研究也进一步发现,课堂话语互动IRF(E)结构适合事实和既定程序的传递,不利于发展学生的高阶思维。更糟糕的是,课堂话语互动IRF(E)结构使师生都想当然地认为某些课堂话语互动规范是正确的、不可挑战的。这不但阻碍了学生高阶思维的发展,而且抑制了学生的个性发展以及交际能力、合作能力、创新能力的发展。由此可见,目前占主导地位的课堂话语互动结构不能满足深度学习的要求。

一、课堂话语互动IRF(E)结构的语类化阻碍了学生的深度学习

20世纪70年代中期,社会语言学家辛克莱和库尔哈德通过话语分析发现了课堂话语互动IRF结构。20世纪70年代末期,梅汉和卡茨登采用课堂人种志方法,把课堂话语互动IRF结构优化为IRE结构。卡茨登进一步指出,在美国70%以上的课堂话语互动采用的正是这一结构。据研究,在我国这一比例更高,课堂话语互动IRF(E)结构已经成为课堂话语互动的主导模式,并且得到了学者的认可,他们认为教师可有效监控学生的学习,及时修正学生的所谓的错误答案,使课堂教学沿着教师预设的轨道前行。纽曼(Newman)、格里芬(Griffin)和科勒(Cole)宣称,"IRE结构是实现教育目标非常好的设计,尽管从整体而言互动是合作构建的,但是这一结构的优点就在于最后一轮存在一个修复结构,这样不正

[①] 张光陆.促进深度学习的师生话语互动结构的重建[J].教育理论与实践,2022(4):58-63.

确的信息就被正确的答案所代替"[1]。

在当前有关学习和学校教育的争论中,工具性的知识和技能观仍然得到许多人认可,其背后的深层假设就是学习能够被量化为习得更多界定良好和边界清晰的知识体系,这种观点假定了客观主义知识观,即知识是先验的,知识与知识的学习者无关,知识的学习与情境无关,学校教育的重点在于让学习者掌握能够回答结构良好的问题的技能,教学的主要任务就是知识的传递。课堂话语互动IRF(E)结构适合事实和既定程序的传递,适应简单的识记学习,所以受到许多人的认可。从某种意义上讲,课堂话语互动IRF(E)结构目前已经成为一种语类(genre)。巴赫金把语类分为简单语类和复杂语类,简单语类是指那些直接反映情景语境、与现实世界直接相关的日常生活中的话语类型,复杂语类是指那些制度化了的、反映文化语境的话语类型,课堂话语互动IRF(E)结构就是一种复杂语类。克里斯蒂(Christie)指出,"整体而言,这种课堂话语互动结构就是一种语类,它表征了在某种文化中目标指向的行事方式"[2]。哈桑(Hasan)最早清晰地扩大了语类的运用范围,克里斯蒂把它应用到课堂中的各种话语互动,并指出课堂话语互动与哈桑所描述的杂货店里的服务交流一样。辛克莱和库尔哈德也表达了类似的观点,认为这种话语互动结构仅仅是课堂互动中一种"非标记的"结构,这是师生默认的结构。

课堂话语互动IRF(E)结构的语类化直接导致两个后果:其一,虽然课堂话语互动IRF(E)结构并没有反映当前课堂话语互动实践的多元性,实际上话语互动也并非如此同质,但是课堂话语互动IRF(E)结构正是因为能有效传递客观知识和既定程序,适应了工业社会所追求的效率至上原则,所以成为主导的话语互动结构,而且似乎是唯一的话语互动结构。其二,课堂话语互动IRF(E)结构的语类化会使师生都想当然地认为某些课堂话语互动规范是绝对正确的,例如:只有教师享有课堂话语互动的

---

[1] Newman D, Griffin P, Cole M. The Construction Zone: Working for Cognitive Change in School[M]. Cambridge:Cambridge University Press,1989:132.
[2] Christie F. Pedagogical and content registers in a writing lesson[J]. Linguistics and Education,1991(3):203-204.

启动权;学生应尽可能有针对性和简短地回答教师的提问;当教师提问时,学生不能自由回答,除非举手且被教师点到;师生都心照不宣地保持一个话轮中只有一个言说者,几乎没有声音重叠的现象。

语类化的课堂话语互动IRF(E)结构不仅仅在形式上决定了教师掌握更多的话轮、说更多的话,隐藏在这种结构背后的"提问权"和"评价权"为师生不平等权力关系的再生产提供了可能。教师权威制度化和角色化,让学生不敢挑战这种权威,为了得到教师的肯定性评价,学生往往会有意识地迎合教师,学生不愿或不敢表达自己真实的声音,也难以产生深刻的批评性思维。这种课堂话语互动结构反映了课堂教学是以知识传递为中心的,大大限制了学生的学习机会和课堂参与机会,揭示出学生在课堂活动中属于被动参与。"深度学习体现在建立新旧知识关联、构建概念系统、抽象并表达模式与原理、评价与解决问题、参与深度对话、反思等六个方面"[1]。伍德指责教师提了太多的问题,特别是一些明知故问的问题,应该鼓励学生更多发挥引发者的作用。伍德呼吁教师要尽量少用课堂话语互动IRF(E)结构,这一结构更多导向简单学习,而深度学习是有意义的社会构建过程。教师在课堂上所构建的互动体系决定了学生所能扮演的角色,从长远来看,也会决定学生所能参与的学习类型。教师不应仅仅关注所教的内容,也必须应对课堂中的社会关系,否则就会危害学习。基于此,重建课堂话语互动结构迫在眉睫。

二、课堂话语互动结构重建的关键:课堂话语互动秩序的改变

当前占主导地位的课堂话语互动IRF(E)结构已近语类化,阻碍了深度学习的顺利实施,但是韦尔斯指出,"IRF结构本身无所谓好或者坏,它的优点或缺点取决于在特定情境中的使用目的以及这些目的所要实现

---

[1] 索耶.剑桥学习科学手册[M].徐晓东,等,译.北京:教育科学出版社,2010:4.

的更大的教育目标是什么"[①]。在不同的课堂里,相同的话语互动结构可能会导致学生参与的程度不同以及教育结果不同。换言之,IRF(E)这一结构并非仅仅服务于简单学习,但我们目前错误地把它语类化,即教师启动—学生回应—教师反馈或评价固定化、模式化,导致了课堂话语互动IRF(E)结构更适合简单学习,阻碍了学生的深度学习。实际上,课堂话语互动IRF(E)结构可以被用来服务一些多元和有趣的目的,可以用来服务学生的深度学习,例如,让学生扮演启动者角色,或者教师通过提出开放性的、具有挑战性的问题,促进学生的参与,培养学生的高阶思维。课堂话语互动结构构成了参与者之间特定的社会关系。结构的再造或改变,依赖的是实践中特定领域的双方之间的关系状态,即"权力平衡"状态,体现为话语秩序的重建,这主要包括三个维度:其一,就话语互动目的而言,独白式话语与探究性话语哪个位阶更高?其二,就参与者而言,教师话语与学生话语哪个位阶更高?其三,就话语互动方式而言,个体话语与合作话语哪个位阶更高?

(一)课堂话语互动目的的重建:从独白式话语到探究式话语

目前语类化的课堂话语互动IRF(E)结构为简单学习服务,体现为对独白式话语的重视。"对于讲解式话语,说话者的注意力主要集中在调整语言、语调和表达方式以适应听众的需要,然而探究式话语更关注梳理说话者自己的思想。"[②]讲解式话语是一种独白式话语,特别是教师的讲解式话语,虽然教师也会根据学生的反应进行调整,但是教师笃信自己是掌握真理的人,调整仅限于语言、语调和表达方式,目的在于让学生更好地接受其所陈述的观点,根本而言,并不尊重学生的观点和声音。学生的讲解式话语指学生陈述他们已经理解的事情,在陈述之前做好准备且能非常流利地表达,所以清晰、流利、完整地回答教师的提问被认为是值得赞许的,反之,犹犹豫豫、吞吞吐吐的回应被认为是知识掌握不牢固

[①] Wells G. Dialogic Inquiry toward a Sociocultural Practice and Theory of Education[M]. Cambridge:Cambridge University Press,1999:169.
[②] Barnes D. Exploratory talk for learning[M]// Mercer N,Hodgkinson S. Exploring Talk in Schools. London:Sage,2008:5.

的表现,可能会受到教师的批评。讲解式话语与灌输教学相关,适合简单学习。传统的课堂话语互动IRF(E)结构更强调讲解式话语的价值,目的是更好地灌输教师的标准答案。

深度学习要求学生把新观点与生活世界连接起来并致力于理解,深度学习成为一个批判性思考和问题解决的过程,既要根植于情境,又要超越具体情境的限制。深度学习视角下的课堂话语互动结构需要探究式话语。探究式话语能有效推动参与者整理自身的想法,尝试新的观点,从而不断创新。

(二)课堂话语互动中师生关系的重建:从教师话语到学生话语

传统的课堂话语互动IRF(E)结构体现了不平等的师生关系,即教师话语的位阶高于学生话语。在与学生话语的比较中,教师的话语毫无疑问占了上风,教师不但有提问权,而且有评价权,教师占据了两个话步。

简单学习强调教师在去情境化的抽象世界中按照既定的程序将知识与技能教给学生,重视教师的"教",不重视学生的"学",但是深度学习更重视学生的"学",认为学生话语的位阶高于教师话语,学生才是学习的主体,教师应创造条件和机会让学生论证、阐释自己的观点而非仅仅背诵教师的观点。教师不应简单地对学生的回应做出评价,而应对学生的回应进行进一步引导和追问,这样学生的理解就会越来越深入,思想就会越来越深刻。韦布(Webb)等人通过实证研究指出,"教师'要求学生提供解释'的话语与学生的深度学习结果之间具有最大相关性"[1]。高阶思维与好奇心和自我引导有关,能够管理非线性的信息结构,让个体以自己的方式处理分歧,形成探究式思维定式,能够解释和解决冲突的信息,构建自身的心理表征和合成信息。在过去,学习往往被视为习得记忆特定事物的知识以及处理特定事物的方式和手段的知识,教师话语往往被视为这些知识的载体,而现在,学习要求学生学会分析或理解新情境,敏锐地洞察已有经验与新情境之间的关系,这样学生话语才能揭示

---

[1] Webb N M, Nemer K M, Ing M. Small-group reflections: Parallels between teacher discourse and student behavior in peer-directed groups[J]. Journal of the Learning Sciences, 2006(1):63-119.

学生的思维进程,成为知识与能力的载体,例如:在过去,读写能力主要指"学会去读"(learning to read),每个学习者应掌握一套技术方法,目的在于处理确定编码的知识体系。在21世纪,读写能力指"为学习而读"(reading for learning),是识别、理解、解释、创造和交流知识的能力,要在持续变化的情境中使用与多样情境有关的书面材料。

(三)课堂话语互动方式的重建:从个体话语到合作话语

语类化的课堂话语互动IRF(E)结构要求学生立即对教师的提问做出回应,更加重视学生话语。传统的学校教育强调学生的个体学习,要求学生独立学习,在学期结束时,学校仅仅证明个体的成就。深度学习需要让学习过程变成合作与交往的过程,"深度学习的过程是一个合作与共建的过程,话语特征具有明显的推理性与合作性"[①]。知识在与他人的沟通和交流中形成,与他人共建对知识的理解和认识是实现对知识更深层次的理解的基础。德拉蒙德等提出,"深度学习是共同学习,共同学习既表明了学习的方式,又表明了学习的规范"[②]。所以深度学习应更重视合作话语,包括师生合作话语和生生合作话语。

通过分析可以发现,在简单学习中,讲解式话语的位阶高于探究式话语,教师话语的位阶高于学生话语,个体话语的位阶高于合作话语,所以简单学习中位阶最高的是教师的讲解式话语,位阶最低的是合作探究式话语。而深度学习中各种话语的位阶正好相反,换言之,合作探究式话语的位阶最高,而教师的讲解式话语的位阶最低。

三、ID[RF(I)]:适合深度学习的课堂话语互动结构

深度学习凸显学生的主体地位,强调合作、交际、创新以及批判性思考等能力,不仅仅包括学生的认知思维发展,而且包括人际关系构建以

[①] Howe C. Peer dialogue and cognitive development[M]// Littleton K, Howe C. Educational Dialogues. London:Routledge,2010:32-43.
[②] Rojas-Drummond S, Hernandez F, Znniga M, et al. Dialogical interactions among peers in collaborative writing contexts[M]// Littleton K Howe C. Educational Dialogues. London:Routledge,2010:128-145.

及自我认同,是学生知识、能力、情感、态度、价值观的全面发展。所以在深度学习中合作探究式话语(包括生生合作探究式话语与师生合作探究式话语)的位阶应该最高。当学生以小组的形式致力于解决某些有趣的和有挑战性的问题时,合作探究式话语就会经常出现,这一话语不是陈述他们已经知道的事情,而是一个逐渐理解、尝试阐释、互相理解的过程,是一个不断构建知识与人际关系的过程。合作探究式话语可不断深化学生的相互理解与自我理解,促进学生知情意的全面发展,这正是深度学习所需要的。

合作探究式话语在深度学习中的位阶最高,所以深度学习视角下的课堂话语互动是一个合作探究的过程,当然这并非完全否定其他话语的价值,其他话语可以作为合作探究式话语的一部分或一个阶段。合作探究式话语互动的启动需要真问题而非那种明知故问的虚假问题,话语互动的结果在于解决一个问题或达成某种合意,话语互动的维系需要对话美德。

(一)为师生合作探究而启动(I)话语互动

任何课堂话语互动都需要启动,关键是如何启动,由谁来启动。传统的课堂话语互动由教师启动,而且教师大多数情况下会提出一个明知故问的问题。深度学习视角下的课堂话语互动的启动权并非由教师独享,学生亦可以启动话语互动,更为关键的是,为了促进合作探究,启动话语互动的问题必须是真问题,换言之,应提出一些寻求理解、应用、分析、综合和评价的问题,这种问题应被视为一种邀请而非考察。提出具有挑战性的真实问题是合作探究式话语所需要的。

(二)讨论(D)是话语互动中的重要一环

话语互动启动之后,在大多数的课堂里学生被要求迅速回答老师的提问,但是迅速的回应并不总是明智的。假如给予学生更多的思考时间,可能会产生更有深度的回答。讨论是深度学习视角下的课堂话语互动的重要一环,是生生合作探究式话语的重要体现,是话语秩序重建的重要一环。

(三)回应(R)和反馈(F)是一个整体

深度学习视角下的回应和反馈不是分裂的,而是一个整体,本质上就是师生合作探究式话语。深度学习视角下的教师和学生之间的回应和反馈是教师与学生相互作用、共同分享的构建过程,是知、情、意、行相互作用的过程。在这一过程中,师生都不掌握绝对的真理,而且真理是"活的",存在于师生不断的理解与解释之中,师生之间实现了真正平等。"在课堂讨论中,允许多元回应而非立刻做出评价;如果学生表达了不同的观点,让学生给出理由并论证他们观点的合理性;在提供确定的论述或阐释之前,应引出学生的看法,并且将教师的解释与学生观点连接起来;允许学生指定下一位回答问题的学生,教师不需要总是选择由谁来回答。"[1]

(四)反馈成为新的启动

反馈成为一种新的启动,本质上就是在平等、民主、开放的理念下尊重差异、生成知识与意义、推进课堂互动深入展开。从这个意义上讲,反馈既是回应,又是启动,这样教师就不再独享评价权,这是师生话语权平等的重要体现。为了促进课堂话语互动,除了反馈应该建立在回应的基础之上外,教师的反馈应扩展而非压缩话语互动,教师应运用引发和摘引策略,使自己的声音表现为许多声音中的一种,从而扩展话语互动。

话语互动具有关系性和相互性,任何一方的进一步发言都应以对方的回应为基础,倘若不顾对方的回应,仅仅按照自己预先设定好的内容陈述,那么话语互动很快就会破裂。不管是生生之间的合作探究式话语还是师生之间的合作探究式话语,其互动的正常运行除了需要真问题之外,还需要对话美德。尽管教师有责任指导话语互动,但是任何人都不能完全控制话语互动的走向,好的话语互动就是不可预测和出人意料的。正如佐藤学所说:"对教师来说,每一个学生的想法和头脑中的表象

---

[1] Mercer N, Dawes L. The value of exploratory talk [M]// Mercer N, Hodgkinson S. Exploring Talk in Schools. Los Angeles:Sage,2008:64.

相互碰撞、呼应起来的'交响乐'本身,乃是教学的最大妙趣。通过'交响乐团'式的教学,不同学生之间富有内涵的相互学习是否能够开展起来,与教师是否尊重学生微妙的个别差异,是否能够洞察其差异之间相互学习的可能性是分不开的。"[1]对话美德包含这样一些特质:"如宽容、耐心、批评和接受批评的开放心态、承认人可能会犯错误的倾向、愿意把自己的关注以一种让他人理解的方式重译或翻译、为了让别人有说话的机会的一种自我克制、机智的和细心的倾听的意愿和能力。"[2]

第四节　深度学习视角下课堂话语互动能力的内涵与提升

　　从促进深度学习的角度看,仅仅要求话语准确或流利是不够的,有效的课堂话语互动有赖于与他人合作、共建理解的能力,这就需要参与者时刻注意所处的情境,学会倾听并表示自己对某个问题的理解,能够澄清意思并清除互动中的障碍等。如果教师和学生想有效合作,他们就需要提高课堂话语互动能力。目前虽然大多数学生的语言经验非常丰富,但是他们非常缺乏理智的辩论、富有逻辑的推断、反思性的分析、扩展的叙述、详尽的阐释以及认真的倾听等语言经验。实际上,课堂话语互动异化为背诵加考查的问答教学是师生话语互动能力低下的一个重要体现,这也充分说明,教师和学生的课堂话语互动能力都需要提升。所以为促进深度学习,仅仅提供课堂话语互动的机会,仅仅具有参与课堂话语互动的意愿是不够的,更为重要的是让师生学会话语互动,具有课堂话语互动的能力,让语言成为思维的工具,从而让师生成为问题解决者、深度思考者以及有效的学习共同体的成员。

---

[1] Burbules N C. Dialogue in Teaching: Theory and Practice[M]. New York: Teachers College Press, 1993: 42.
[2] 佐藤学.静悄悄的革命[M].李季湄,译.长春:长春出版社,2003:50.

一、课堂话语互动能力的内涵

话语互动能力研究始于20世纪80年代,研究认为语言知识和能力体现在特定语境下参与者所共同构建的话语互动中,强调语言使用的情境性和交互性。普遍认为,话语互动能力概念最初由美国学者克拉姆齐(Kramsch)提出,他指出,"聚焦于话语互动能力就是让教师更加关注学习者合作理解的能力"[1]。克拉姆齐强调了话语互动能力的本质是合作理解能力。扬(Young)指出:"话语互动能力体现了参与者对语言和互动资源的运用与所运用情境之间的关系。"[2]扬研究了参与者在特定情境中所运用的语言和互动资源之间的关系。剑桥考试中心学者格拉希兹(Galaczi)基于实证研究结果构建了由话题管理(包括话题的起始、结束、延展和转换等)、话轮管理(包括话轮的起始、结束、保持、重叠或打断等)、听者交互(包括反馈语、理解核实、续说等)、会话修正(包括重述、合作完成等)和非语言行为等五个方面组成的话语互动能力分析框架。这一分析框架主要为测试服务,更多关注了认知思维的发展,较少关注到学生的社会关系和自我认同感的构建。[3]沃尔什将课堂话语互动能力定义为"教师和学生有能力将互动用作一种中介和帮助学习的工具"[4]。他将话语互动置于课堂教与学的核心,并且指出,学习被视为一种社会活动,受到课堂参与的强烈影响,更好地理解课堂话语互动将对学习产生正面影响,通过提升课堂话语互动能力,教师和学生将立即改进学习和增加学习机会。话语互动能力是指以有目的和有意义的方式共同构建互动的能力,具有动态性、生态性和多样性。话语互动能力主要包括:在目标一致的前提下保持话语的条理性、理智性和对不同观点的尊重;在话语互动过程中,寻求更系统化的信息、对于不同观点的倾听、更具有想

---

[1] Kramsch C. From language proficiency to interactional competence[J]. The Modern Language Journal, 1986, 70(4):366-372.

[2] Young R F. Language and Interaction: An Advanced Resource Book[M]. London: Routledge, 2008:22-44.

[3] Galaczi E. Interactional competence across proficiency levels: How do learners manage interaction in paired speaking tests?[J]. Applied Linguistics, 2014(5):553-574.

[4] Walsh S. Exploring Classroom Discourse: Language in Action[M]. London: Routledge, 2011:158.

象力和开放性的猜测、愿意调整自己的观点且遵守规则；回应不仅仅需要提供"正确"答案，而且需要给出理由来支持自身的观点，在必要时进一步阐释、解释，提供更多和更准确的证据、理由或论据等。

　　课堂话语互动能力既要关注到学生的内在需求，又要关注到实时的教育目标。不同的教育目标、不同的教育情境对课堂话语互动能力的要求也不同。深度学习视角下的课堂话语互动能力既要促进深度学习又要满足学习者的内在需求。从本质上来说，课堂话语互动能力聚焦于参与者的互动决策和随后的行动是否能够有效提升学习以及增加学习机会，实际上就是参与者用什么方式创造、维持和延续"学习空间"。学习空间指教师和学生所提供的话语互动空间在多大程度上与实时的具体教育目标相契合。课堂话语互动能力特别强调促进话语互动深入而又丰富地展开，这种话语互动既与特定的微观情境又与具体的教育目标相契合。它不仅仅给学生最大化的互动机会，而且随着特定教育目标的变化不断调整互动模式与结构。

二、课堂话语互动能力的提升对策

　　课堂话语互动能力的提升是一个复杂的过程，因为课堂话语互动能力强调合作，拒绝个体表现，所以课堂话语互动能力的提升绝不是教师或学生单方面的事情，需要师生、生生的合作与配合，但这并不否认教师在课堂话语互动中所发挥的引导与促进作用。特别是在课堂提问、反馈和回应中，教师一方面需要不断提升自身的提问、反馈和回应能力；另一方面需要不断示范和引导，创造必要条件，从而提升学生的相应能力。实际上，从某种程度上说，教师课堂话语互动能力的提升必然会提升学生的课堂话语互动能力。

（一）培养元交谈意识

　　课堂话语互动能力提升的关键是培养元交谈意识。元交谈就是关于话语互动的交谈，聚焦于自己和互动伙伴的交谈，是对话语互动中的交谈的反思与谈论。"元交谈可能出现在话语互动的任何一部分,学生谈论他们正在产出的语言,质疑他们的语言运用,纠正自己或他人。"[1]默瑟指出:"当鼓励学生在交谈中和通过交谈让他们的思维'听得见'时,他们能够更加意识到交谈的力量,这有助于他们更加深刻和批判性地思考与倾听。"[2]元交谈可被分为两种:过程性元交谈和自我评价式元交谈。过程性元交谈主要考虑话语互动的程序,包括清晰讨论和参与性分析话语互动的人际过程和特征,如通过倾听、赞同、探究或扩展替代观点等共同调控话语互动。自我评价式元交谈主要话语互动包含对个人参与的性质和质量的反思与批判,如通过管控不同的观点或分歧,对已经确立的基本规则表示尊重和认可来意识到参与。[3]这些类型的元交谈或者阐明了话语互动应该如何进行,或者是对已经发生了的某次话语互动的具体反思。为培养元交谈意识,从而提升课堂话语互动能力,如下几方面需要特别关注。

其一,需要关注实时的教育目标和情境的变化。课堂话语互动既与特定的微观情境又与具体的教育目标相契合。不同的教育目标、不同的教育情境对课堂话语互动行为的要求也有不同。其二,需要关注他者的内在需求,密切注意相互之间的贡献。课堂话语互动聚焦于合作的意义构建,是说者与听者合作完成的,任何一方不合作都会导致互动关系破裂。这就需要密切关注参与者彼此之间的交流与贡献,学会倾听并表示对某个问题的理解,能够澄清意思并清除互动中的障碍等。其三,需要不断实践反思。参与者如何成功地争取到说话的机会,如何获得和转移话轮,如何适时地打断、要求澄清、提问与反馈、提供支架等都是高度情境化的。这需要参与者不断实践反思,需要对课堂话语互动目标和个体自身独特情境进行深入理解。

---

[1] Swain M, Lapkin S. Interaction and second language learning: Two Adolescent French Immersion Students Working Together[J]. The Modern Language Journal, 1998(10):320-337.
[2] Mercer N, Dawes L. The value of exploratory talk [M]// Mercer N, Hodgkinson S. Exploring Talk in Schools. London: Sage, 2008:55-71.
[3] Newman R M C. Engaging talk: One teacher's scaffolding of collaborative talk [J]. Language and Education, 2017(2):130-151.

(二)运用可能性语言,不断扩大对话空间

深度学习视角下的课堂话语互动应竭力扩大对话空间而非压缩对话空间。扩大对话空间就是询问所思,质疑假定好的框架,例如询问:我们想当然的假设是什么,我们能确定它们是正确的吗,是否能从不同的视角看待整个领域或议题。为扩大对话空间,需要开放性问题而非封闭性问题;强调扩延的贡献,每位参与者构建或阐释来自自身或他人之前的贡献;强调对分歧的认可、探究或批判,并提供理由,而且观点需要以此为基础;在不同贡献之间建立联系以及努力协调。"对话空间的发展未必需要持续强调相对立的或多逻辑思维。通过观点的扩延也有机会创设可能的对话空间,未必总是基于相互对立的观点。"[1]"可能性语言"的运用是拓展对话空间的重要策略。"创造性被定义为可能性思维(possibility thinking)所赋予的能力。"[2]可能性语言被视为具有两种功能:其一,能够探究可能的观点,具有创造性和想象力,且聚焦文本本身;其二,在与"超级受话人"进行对话的过程中,暗示提出的观点是暂时性的,是能够协商的,愿意妥协的。例如,"因为""如果""可能"被视为能够促进深入理解的可能性语言,然而,这些暗示了可能性的具有独特功能的语言一直被忽视。"如果可能性语言被进一步范畴化,那么很清楚的是学生能够创造包含多元思维方式的空间,连接不同观点,期待阐释。"[3]在信息社会,应通过互联网来发现替代性观点且欢迎不同的声音从而寻求一系列可能的观点。

信息社会的话语互动就是把非常宏大的时空视角与个体的更小、更狭隘的时空视角以互联网为媒介编织在一起。无限他者的视角意味着对话空间的无限性,课堂中的观点或者达成的初步结论都是暂时的,并

---

[1] Maine F. Dialogic Readers: Children Talking and Thinking Together About Visual Texts[M]. London: Routledge, 2015: 21.
[2] Craft A. Creativity Across the Primary Curriculum: Framing and Developing Practice[M]. London: Routledge, 2000: 28.
[3] Boyd M, Kong Y. Reasoning words as linguistic features of exploratory talk: Classroom use and what it can tell us[J]. Discourse Processes, 2017(1): 62-81.

非绝对的,我们应该秉持一种开放和谦虚的态度,不断倾听他者,特别是共同体之外的声音,这样才能不断突破原有思维的局限,不断创新。

(三)学会运用必要的语言工具和指示词

英国剑桥大学教育对话研究中心开展的"共同思考项目"系统地整合了教师主导下的互动和小组互动,核心是确保学习者能够有效开展探究式话语互动。该项目在实施过程中采用的措施包括制定详细的课程计划,教授学习者明确的谈话技巧,如批判性提问、分享信息或谈判决定,同时帮助学习者建立一套基本规则,从而引发探究式话语互动。[①]

为了实现有效的课堂话语互动,学生需要理解并能有效运用课堂话语互动基本规则。提供核心的谈话技能课程,使学生建立并使用探究式话语互动的基本规则,并确定话语互动过程中应当使用的必要的语言工具和指示词。[②]一是交谈意识,即教师必须明确指出小组的重要性,指示词包括"让我们谈谈这个""现在我们应该讨论我们的想法""好的,谁想先来?"二是关键问题和推理,利用简单的策略就可以让小组成员了解彼此的想法,指示词包括"你怎么想?""你为什么这么想?""因为""如果""我想……""你同意吗?""我们需要你的意见""你的理由是什么?"。三是主动倾听,保持对新信息的开放式吸收,经过深思熟虑后,在新信息与已知信息之间进行权衡。指示词包括"继续""请再说一遍""什么?""我能说吗?"四是共同决策,即学习共同体必须在其决策过程中作为一个整体,以便后续分享问题或成功经验。指示词包括"我们都同意吗?""我们可以那样做吗?""我们决定了吗?"。

(四)提升倾听能力

深度学习视角下的课堂话语互动需要达成合意,促进理解。为了促进相互理解,参与者不能固执己见,而是彼此开放,这是一个不断"协调

[①] Mercer N. Language and the joint creation of knowledge: The selected works of Neil Mercer [M]. London: Routledge, 2019: 172.
[②] Dawes L. Talk and learning in classroom science [J]. International Journal of Science Education, 2004 (6): 677-695.

信息"的过程。"在'协调信息'的过程中每一方积极地倾听——同情而具有批判性地倾听——对方在说什么。其意图不在于证实一种立场的正确性而是要发现将不同观点联系起来,从而通过积极地参与对方的观点而扩展自己的视域的方式。"[1]这种新理解不仅仅是认知性的,更包含精神性,也就是说,获得知识的个人意义,促进个体的精神成长,在社会关系的构建中提升自我认同感。每个人都对他者保持开放,在倾听他者意见的过程中,不断反思自己的观点,从而不断加深对自己的理解。美国著名教育学者达克沃斯更是提出了"教学即倾听"[2]的观点,认为教学就是去倾听学习者,并让学习者告诉我们他们的思想。

有效的课堂话语互动绝不是一方的独白,而是双方合作创造真理的行为。深度学习视角下的课堂话语互动是一个相互倾听、相互开放、相互融合、相互理解的过程。"在人类行为中最重要的东西乃是真正把'你'作为'你'来经验,也就是说,不要忽视他的要求,并听取他对我们所说的东西。开放性就是为了这一点……谁想听取什么,谁就彻底是开放的。如果没有这样一种彼此的开放性,就不能有真正的人类联系。彼此相互隶属总同时意指彼此能够相互听取。"[3]在伽达默尔看来,真正的话语互动必定是一种相互开放、相互倾听的关系。话语互动不仅仅是相互之间的说话,更重要的还是相互之间的倾听。

1. 倾听的内涵

(1) 倾听是一个同化和顺应的过程。倾听是不能与开放分离的,不能敞开自己的倾听只能是一种偏听。若以封闭的心灵和失聪的双耳以及自己的预设答案来与他人交流,话语互动之初就确信预设答案的准确性,而且认为自己不会从他人那里学到什么新东西,其结果就是只能听到自己愿意听的或者自己所相信的和已知的,根本听不到任何不同的新观点,所以偏听不是真正的倾听。真正的倾听是能够敞开自己去接纳他人所表达的任何观点,不管这些观点是否威胁到自身的利益或地位。

---

[1] 多尔.后现代课程观[M].王红宇,译.北京:教育科学出版社,2000:218.
[2] 达克沃斯.多多益善——倾听学习者解释[M].张华,等,译.北京:高等教育出版社,2004:165-168.
[3] 伽达默尔.真理与方法:哲学解释学的基本特征[M].洪汉鼎,译.上海:上海译文出版社,2004:347.

倾听的前提就是敞开自己,愿意接纳各种观点,但是这并非意味着放弃自己的主张或观点,而全盘接受所听到的一切。"这并不是说,当我们倾听某人讲话或阅读某本著作时,我们必须忘掉所有关于内容的前见解和所有我们自己的见解。我们只是要求对他人的和本文的见解保持开放的态度。"①敞开自己并不意味着放弃自己的观点和主张,那种放弃自己的前见解和自己的理解的倾听也不是真正的倾听。虽然我们主张参与者倾听他人的不同观点,但是并不意味着对他人的所有观点都不做判断。

倾听既不能偏听,亦不能顺从地听。"这种开放性总是包含着我们要把他人的见解放入与我们自己整个见解的关系中,或者把我们自己的见解放入他人整个见解的关系中……一个受过解释学训练的意识从一开始就必须对文本的另一种存在敏感。但是,这样一种敏感既不假定事务的'中立性',又不假定自我消解,而是包含对我们自己的前见解和前见的有意识同化。"②倾听具有关系性,我们的前见或前见解是否正确只有置于关系之中才能确定,在这个关系中,不同的见解相互为镜。我们既不能假定自己前见的完全正确,也不能忽视其潜在的限制作用,而是要对新的不同见解不断地进行同化和顺应。自己的观点是否正确,在听到他人的见解之前一直处于悬而未决的状态。

(2)倾听既是对他人生命存在的揭示,亦是一种本体论的听。倾听不仅仅要听到他人的声音与观点,更重要的是要听到他人的生命存在。所以倾听是"一种主动的听,这种主动性在倾听与精神生命的发展之间建立起实质性的联系。倾听面对的是人的生命存在,倾听是揭示、回忆和思考人的存在的可能性的重要手段。倾听的任务是领悟被听者。这意味着作为倾听者不仅是旁观者,而且是行动者、创造者"③。不仅听他人发言的内容,而且听其发言中所包含着的心情、想法。对他人的倾听不可避免地与对他人的信任、尊重、欣赏,甚至爱等情感因素交织在

---

① 伽达默尔.真理与方法:哲学解释学的基本特征[M].洪汉鼎,译.上海:上海译文出版社,2004:347.
② 伽达默尔.真理与方法:哲学解释学的基本特征[M].洪汉鼎,译.上海:上海译文出版社,2004:347-348.
③ 李政涛.倾听着的教育[J].教育理论与实践,2001(7):1-4.

一起。

倾听不仅仅在于"听到"他人的生命存在,而且在倾听他人的同时,也对自己的存在敞开和追忆。倾听具有相互性和辩证性。"当我倾听自己,听我的话,我的语声时,我也能倾听他人,我在我之内倾听他人。反过来,当我倾听他人时,我也能倾听自己,我在我的世界的他人之中,并通过他们倾听自己。我们彼此共鸣应和。"[1]列文指出了人成长过程中听觉发展的四个阶段:"幼儿阶段的归属性的听、从儿童到成人时期的日常的听、生存的成熟阶段的熟练发展了的听、成熟的智慧阶段的本体论的听。"[2]所谓归属性的听是指完全敞开自己、内在于并且归属于整个声音存在领域,具有完整性、融合性以及前本体论理解性。但是这种类型的听也具有非反思性和非判断性等特点。从日常的听到熟练发展了的听是指一种正常的社会化所要求的技术化的听,其能够认清自我(ego)与自身(self)之间的区别,听的完全敞开的向度逐渐被抑制。成熟的智慧阶段的本体论的听是对于听觉领域的完全开放的追忆,并且欣然于某种对在者之在的存在意义上的理解。所以倾听是揭示、追忆和思考人的存在的可能性的重要手段。

2.倾听能力提升的对策

在话语互动中,参与者不可避免地参与到互动情境之中,不可能跳出互动情境,以"旁观者"的姿态看待话语互动实践。在话语互动中如何倾听是没有现成的放之四海而皆准的规则或策略可以遵循,从根本上讲,倾听是一种实践智慧。作为一种实践智慧,倾听的生成并非易事,因为人的意见、观点、成见、冲动、偏好以及背景总是干扰自己的倾听,使自己无法聚精会神和保持内心的宁静。若要理解他人,必须有一颗谦虚的心,而实际上由于自己精神的、心理或学术上的种种偏见以及生活中的担忧、欲望或恐惧,有时只能听到自己发出的声音,而听不到他人的声音。为提升学生的倾听能力,教师需要引导学生开放自己,调整自己的观点,寻求更系统化的信息等。以下三个方面对于倾听能力的提升至关

---

[1] 列文.倾听者的自我[M].程志民,金令,孙晶,等,译.西安:陕西人民教育出版社,1997:122.
[2] 列文.倾听者的自我[M].程志民,金令,孙晶,等,译.西安:陕西人民教育出版社,1997:48.

重要。

(1)反思前见。倾听离不开对那些构成了自己的前见并时刻干扰倾听的意见、观点、成见、冲动、偏好以及背景的反思。伽达默尔指出,我们的理解总是受到前见的制约,我们的前见是否正确一直处于悬而未决的状态。如果我们想真正理解他人、倾听他人的声音,我们就必须敞开自己,反思自己的前见正确与否。"只有通过解释学的反思我才能自由地面对自己,可以自由地考虑我的前理解中哪些可以被证明为正当,哪些则是不能证明的。而且只有按照这种方式我才学会对以前通过受偏见影响的眼睛所看到的东西获得一种新的理解。"①人的前见在人的背后以一种隐匿的形式发挥作用,如果不对其进行反思,它就不会显现,我们就不能知道哪些前见是正当的,哪些是不正当的,而反思可以使前见呈现于面前。值得注意的是,伽达默尔所指的反思不是个人的苦思冥想,而是在关系中的反思、在对话中的反思。我们只有参与到话语互动中,在与他人的见解的关系之中才能反思判断自己的前见正当与否。"当某个前见不断地不受注意地起作用时,要使人们意识到它可以说是不可能的;只有当它如所说的那样被刺激时,才可能使人们意识到它。而能如此提供刺激的东西,乃是与流传物的接触(Begegnung)。"②所以,从这个意义上讲,对前见的反思、倾听与话语互动是紧密相连的。

(2)倾心投入与积极参与。倾听需要时刻对他人的话语保持敏感。在话语互动中,参与者的思路要随着对方的变化而变化,所以绝不能自说自话,而需要对他人的话语保持警惕,否则就有可能错过一些重要的信息而不能理解对方。对他人的话语保持敏感就是对他人的声音的特点、变化以及隐含的意义保持警惕。"缺少了专注和警觉,那些瞬间就会永逝。而教育的机会和个体发展的机会就蕴藏在无数个瞬间里。"③

在倾听中倾心投入首先意味着态度的真诚与谦逊;其次要不断反思,时刻警惕自己的思维、意识与前见;最后要主动地参与到他人的话语

---

① 伽达默尔.哲学解释学[M].夏镇平,宋建平,译.上海:上海译文出版社,1994:39.
② 伽达默尔.真理与方法:哲学解释学的基本特征[M].洪汉鼎,译.上海:上海译文出版社,2004:386.
③ 李政涛.倾听着的教育[J].教育理论与实践,2001(7):1-4.

中去,特别是对教师来说,有时对学生的回应做适度的引导是非常必要的。教师不应一味地被动地倾听,对学生的回应无所作为,而应主动地参与到学生思想的构建过程中、精神生命的发展过程中,这也是教师职责的必然要求。当然,这种主动投入和参与绝不是控制和干预,而是对学生精神生命存在的应和。另外,教师的主动参与不仅仅在认知领域,更重要的是在情感和精神领域。教师不是从某种理论、概念出发去倾听学生,而是从自己的真实感受、真实体验出发去倾听学生。这样师生之间就不但形成认知上的联系,而且形成一种情感上的和精神上的联系。从这个角度来看,倾听也具有情感因素。"对话也要求对这一交流过程倾心投入,相信它,在必要时愿意坦露自身潜藏已久的理性、情感和动机。"[1]

(3)学会换位思考。从根本上讲,学会换位思考就是要以一种平等和宽容的心态面对他人,就是对他人的尊重和欣赏。换位思考从情感的交融开始,去逐渐了解他人话语的本意或世界的真相。在课堂话语互动中,需要把他人视为和自己一样有血有肉的鲜活的生命个体,具有独特性,他人也有自己独特的经验与偏见。不能用自己的想当然的观点去篡改他人的本意,站在他人的角度看待他人、理解他人是倾听的重要一步。而这一切都建立在对他人了解的基础之上。如果对他人不了解,是很难做到换位思考或将心比心的。

(五)提升深度提问能力

虽然课堂话语互动IRF(E)结构难以适应深度学习的要求,但是不容否认的是,提问、回应和反馈都是课堂话语互动的重要部分,我们所批判的仅仅是将这一结构语类化。课堂话语互动能力的提升离不开提问能力、反馈能力和回应能力的提升。对于教师而言,重要的是转变问题功能和引导学生运用语言;而对于学生而言,重要的是不断批判性反思话语互动。路德维森(Ludvigsend)等人通过对学生话语互动的特点进行观察后发现,以探究式话语互动为特征的讨论最有可能由允许多个正确答

---

[1] Burbules N C. Dialogue in Teaching:Theory and Practice[M]. New York:Teachers College Press,1993:81.

案存在的问题产生,因此,"他主张开放式问题可以让话语互动更具探索性,因此应借助其来引发和开放学生的话语互动"[1]。教师的言语行为会影响话语的功能,提问的类型有可能影响话语的流动,使其趋向独白或对话。例如,测验性问题更有可能导致单一的话语,而开放式问题可能为探究式话语互动的产生提供动力。

深度学习背景下的课堂话语互动需要真正的高质量问题来启动,这就要求提出的问题要体系化,采用阶梯式渐进提问原则,正视个体差异,由浅入深,由表及里,每个问题都是为了引发更深入的反思。不但要询问他人为什么坚持某一观点,而且要询问这一观点的来源、与主题的相关性以及可能的替代观点;提出的问题应该具有开放性和挑战性,为他人提供机会,延长他们表达当前理解、阐释观点和揭示问题的话轮;多运用推理性词语,如"假如""因为""所以"等。

1. 提问功能的改进

在课堂话语互动中可能出于许多不同的目的而提问,如检查知识、询问信息、指引思考的方向、合作构建等。

首先,最简单也是最常见的情况就是寻求一条具体的信息,或者说对一些事实性的知识进行检测。这种类型的提问在课堂话语互动中经常出现,主要是一些封闭性问题、结构良好的问题或展示性问题等。这些问题很难让话语互动深入下去,这是因为对方的一次回应往往就能够让问题得到解决,而对方的回应很难引起新的问题。重复使用这种单向的和受限制的问题必定会挫伤话语互动中的积极性和自发性。这种类型的提问并非没有教育价值,但是存在的问题是:有些教师过多地使用这种类型的提问,把课堂话语互动变成"背诵加考查"的问答教学。例如,展示性问题就是寻求具体信息的问题,"相比于参考性问题,学生对展示性问题的回答较为简短,展示性问题的主要功能是确认检查"[2]。

其次,提出一些可能产生挑战的问题,这些问题可能是开放性的、结

---

[1] Ludvigsen K, Johan Krumsvik R, Breivik J. Behind the scenes: Unpacking student discussion and critical reflection in lectures[J]. British Journal of Educational Technology, 2020(6):2478-2494.
[2] Brock C A. The effect of referential questions on ESL classroom discourse[J]. TESOL Quarterly, 1986 (20):47-59.

构不良的或者参考性的,这需要对方进行推理和探究,这些问题的主要功能在于促进对方的独立思考而非依靠记忆来回答问题。布鲁姆(Bloom)根据认知目标将提问分为六个不同的层级,即知识性问题、理解性问题、应用性问题、分析性问题、综合性问题和评价性问题。[1]以布鲁姆的研究为基础,不少学者基于不同层次的认知水平提出了不同类型的问题,较具代表性的是巴恩斯的分类体系。巴恩斯在观察英国课堂教学的过程中,对教师提问做了深入的分析和研究,将教师的课堂提问划分为四大类型,分别为事实性问题(factual question)、推理性问题(reasoning question)、开放性问题(open question)和社交性问题(social question)。[2]布卢姆所提出的后五类问题以及巴恩斯提出的后三类问题需要学生进行解释推理、提供证据、参与探讨和共同构建,这些都属于挑战性问题。这些问题能够从不同角度征求学生的意见,要求学生解释过程,并寻求不同方法从而促进当前问题的有效解决。

最后,利用问题推动课堂话语互动,合作解决问题和共同构建知识,即发挥问题的支架功能。进入20世纪90年代之后,受社会文化理论的影响,提问的支架功能逐渐受到重视。"提问支架是一组问题,用于指导和改善学习过程,为学生提供认知和元认知支持,同时支架又能够诱导生产性认知过程,并避免学习者肤浅地接触学习材料。教师通过实施有效的提问帮助学生将新信息与先前开发的知识联系起来,促进更多的事实和推理学习。"[3]有效的提问支架不但能够促进批判性反思和知识构建,而且能够帮助师生进行意义协商,实现相互理解。以下四种类型的问题值得特别关注。

一是探究性问题。"探究性问题能够从不同角度征求学生的意见,寻求不同方法从而促进当前问题的有效解决。"[4]二是跟进性问题(follow-

---

[1] Bloom B S. Taxonomy of Educational Objectives[M]. Boston:Allyn & Bacon,1956:82.
[2] Barnes D. Language in the Secondary Classroom[M]. London:Penguin,1969:78.
[3] Ge X,Chen C H,Davis K A. Scaffolding novice instructional designers' problem:Solving processes using question prompts in a web-based learning environment[J]. Journal of Educational Computing Research,2005(33):219-248.
[4] Sahin A,Kulm G. Sixth grade mathematics teachers' intentions and use of probing,guiding,and factual questions[J]. Journal of Mathematics Teacher Education,2008(3):221-241.

up question），"跟进性问题能够帮助学生做出观点评价、探寻解决问题的不同方法、综合理解主题内容等"[1]。三是吸纳性问题（uptake question），"吸纳性问题发挥了维持师生之间的对话、要求学生解释过程和清晰澄清等作用"[2]。四是请求澄清问题（clarification request question），"请求澄清问题能够帮助学生重新进行解释或论证"[3]。

何克抗从建构主义的角度出发，分析研究了提问的支架功能，"教师通过问题来搭建脚手架，围绕问题展开交流和探讨，从而促进同伴协作、知识理解和意义构建"[4]。何克抗对提问功能的研究为后来国内学者展开相关研究奠定了坚实的理论基础。"提问支架式教学即在学生探究式学习过程中，教师运用问题链促进学生积极参与、深度思考，发挥其桥梁和纽带的作用，最终帮助学生顺利完成学习。"[5]近年来，随着深度学习理论不断受到关注，国内学者钟启泉教授从深度学习的研究视角出发，明确指出深度课堂话语互动需要提出有价值的驱动性问题（driving question），"驱动性问题必须同现实世界的状况紧密相连，其功能是促进学习活动的展开，促进问题解决，让学习者感受到教师的问题是有意义且重要的，同时引发学生醉心于学习的心情，以及为学习者带来真切感受"[6]。

为促进有效的课堂话语互动，提问需要发挥支架功能，聚焦教学目标和教学内容，根据学生的最近发展区设计具有层次性的问题链，同时依据情境以及学生思维的变化而不断调整，引导学生将原有知识经验和新知识相联系，完成知识构建，在合作解决问题的过程中共建知识。

---

[1] Clarke D. Teacher questioning practices over a sequence of consecutive lessons: A case study of two mathematics teacher[J]. Sustainability, 2019(11):7.
[2] Bell C V. Uptake as Mechanism to Promote Student Learning[J]. International Journal of Education in Mathematics, Science and Technology, 2013(4):222-225.
[3] Boyd M. Relations Between teacher questioning and student talk in one elementary ELL classroom[J]. Journal of Literacy Research, 2015(3):370-404.
[4] 何克抗.建构主义的教学模式、教学方法与教学设计[J].北京师范大学学报（社会科学版），1997(5):74-81.
[5] 高艳.从社会文化理论的角度论语言教师的中介作用[J].外语教学理论与实践，2008(3):93-96,87.
[6] 钟启泉.深度学习：课堂转型的标识[J].全球教育展望，2021,50(1):14-33.

2.提问策略的改进

如何提问、提出什么样的问题将直接影响甚至决定着课堂话语互动的走向,既可能使话语互动毫无进展,亦可能引起全班学生的兴趣,并且倾心投入,使话语互动深入下去。伽达默尔指出:"柏拉图关于苏格拉底的描述给我们的最大启发之一就是,提出问题比答复问题还要困难……对于那些在谈话中只是想证明自身正确而不是想得到有关事情的见解的人来说,提出问题当然比答复问题更容易。"[1]在课堂话语互动中,如果教师仅把提问视为检测的手段,那么提问显然比回应容易得多,但是对于那些真正想倾听学生的回应,真正想促进学生的创造性思维发展和多元思考,并且想从学生的回应中获得对问题的新理解的教师来说,提问不是一件容易的事情。伽达默尔指出,提出问题是没有方法可以遵循的,学习如何提出问题,以及学习什么是可以提问的,这样的方法是不存在的,所以伽达默尔把提问称为"艺术"而非"方法"。"提问艺术就是能够继续提问的艺术,但也就是说,它是思考的艺术。它之所以被称为辩证法,是因为它是进行某种真正谈话的艺术。"[2]提问不是一个简单的技术问题,它需要提问者的自我反思和自我理解,而且没有任何现成的规则可以遵循,是情境化的,所以它不是一个方法,而是一种艺术、一种实践智慧。提出问题比回答问题还要困难,理解一个观点就意味着把它理解成一个问题,而理解一个问题就是问这个问题。"谁想寻求理解,谁就必须反过来追问所说的话背后的东西。他必须从一个问题出发把所说的话理解为一种回答,即对这个问题的回答。"[3]

(1)构建安全的、探究性的话语环境。其一,应确保学生具有平等的提问权。如何确保学生具有平等的提问权,正是教师提问智慧的体现,教师应该根据特定的对话情境,灵活处理。例如,有些教师在课堂中经常用"让学生猜猜教师可能提的问题"方式激励学生提问,通过这种方式把提问的权力赋予学生,让学生首先提问。"让学生猜猜教师可能提的问

---

[1] 伽达默尔.真理与方法:哲学解释学的基本特征[M].洪汉鼎,译.上海:上海译文出版社,2004:471.
[2] 伽达默尔.真理与方法:哲学解释学的基本特征[M].洪汉鼎,译.上海:上海译文出版社,2004:476.
[3] 伽达默尔.真理与方法:哲学解释学的基本特征[M].洪汉鼎,译.上海:上海译文出版社,2004:480.

题"而不是说"让学生提出他们不懂的问题",虽然换了个说法,但是既能够展现出对学生的尊重,又能够推动学生踊跃提出问题。学生提出问题后,教师不应急于表达自己的观点,而是先让其他学生回答,这样话语互动就首先在生生之间展开,而且学生经常提出一些让教师意料不到的问题,此时课堂教学会以一种丰富而深刻的方式展开。在现实的课堂教学中,提问的权力往往被教师所垄断,而这种被垄断的提问往往演变为一种变相的考查。教师提问的目的只是想让学生获得预设答案,而不是形成新的见解。学生提问权的丧失就会导致课堂话语互动演变为教师对学生知识掌握情况的考查。实际上,学生只有提出问题,才能使教材或教师讲解向他们开放,问题越多,这些文本的回答就越多,学生对这些文本的理解就越深刻。

其二,提问应展现语言艺术。在提问时,教师尊重学生和真诚的态度固然非常重要,但是也不能忽视提问时的语言艺术。学生是否愿意参与话语互动,话语互动是否能够持续下去,在某种程度上与教师提问时的语言艺术分不开。不但教师的语言要亲切和蔼,而且用词要尽量丰富,努力创设一个坦率的、富有探索性的话语环境。例如,在提问时,多数教师只会简单地问为什么。用英国当代著名的青少年文学大师艾登·钱伯斯(Aidan Chambers)的话来说:"当你用'为什么'这种提问方式时,语气往往像在挑衅,很有威胁感,不表赞同,甚至有点拷问的意思。"[①]钱伯斯提出用"说来听听"代替"为什么"。"说来听听"有探询和邀请发言的意味,显示出教师很想倾听学生的想法,而不是站在讲台上质询。教师在提问时,要尽量让语言丰富一些,让学生感到话语互动环境是安全的、富有探索性的。

(2)深刻理解文本与学情,构建问题链。其一,基于大观念,确立问题情境。王蔷等从落实学科核心素养的角度出发,"将'大观念'(big ideas)应用于中小学英语课堂话语互动中,大观念是反映学科本质的,联结教学内容、统摄教与学过程的核心概念框架。教师在设计提问的过程

[①] 钱伯斯.打造儿童阅读环境[M].许慧贞,蔡宜容,译.海口:南海出版社,2007:123.

中,应体现出英语学科大观念"①。作为指向学科具体知识背后本质的内容,大观念是指反映专家思维方式的概念、观念或论题,大观念是深层次、可迁移的,具有五大基本属性:核心属性、聚合属性、启发属性、生成属性和可迁移属性。为促进师生互动,需要教师创设真实的问题情境,真实的问题情境围绕的就是"大观念"。多样化问题情境的设立在一定程度上能激发学生的探索欲望,成为高阶思维的启发器,为提问支架的设立奠定基础。与此同时,问题情境应满足学生的认知需求,以评价性、分析性等问题指引学生发挥主体作用,激发想象力,促进思维和语言的发展,提升元认知能力。

其二,分析学情和课标,建立问题清单。若想充分发挥提问的支架性作用,问题清单的重要性不言而喻。建立问题清单时,要分析当前学生的认知特点和水平、知识储备量、思维的发展情况以及课程目标要求,明确学情和教学目标。作为课堂的引导者,教师只有使提问系统化、层次化和清晰化,支架的作用才能更好发挥出来。

其三,密切关注学生的回应,巧设阶梯式问题链。有效的课堂话语互动的开展需要教师对学生进行不断追问,需要通过推理或提供证据来进一步探究答案的合理性。教师需要给予学生更多的思考空间,需将教学环节中不同的提问支架当作一个整体,巧设类型均衡的问题链,包括探究性问题、吸纳性问题等。

此外,为促进学生的批判性思维、推断性思维等高阶思维能力的发展,提问支架也需具有逻辑性和层次性,具有逻辑性和层次性的问题链使学生能够回应、阐释和论证,是高级阅读的脚手架。

(3)充分发挥问题的支架作用,推动话语互动深入发展。其一,基于学生的文本理解,提出探究式问题。深度学习背景下的课堂话语互动应该以教师的开放式问题为起点,以知识构建为指向,以阐释、分析、推理、归纳、元认知为表现形式。钟启泉教授从深度学习的视角出发,指出教师应该给予学生探究式提问的机会,并指出该问题的焦点,帮助学生围绕焦点进行再提问,在这样的提问帮助下,学生围绕焦点提出的问题不

---

① 王蔷,周密,蒋京丽,等.基于大观念的英语学科教学探析[J].课程·教材·教法,2020(11):99-108.

再是支离破碎的问题,而是一连串相关问题的迸发。[①]高品质课堂的构建需要深度互动关系的形成,而深度互动关系则成为课堂教学的重要追求目标。探究式问题的创设需要建立在学生对文本的深入理解的基础之上。

其二,提问应能够激发学生不断思考。真正的问题不仅仅是提问者在思考,而且也必须能够激发互动伙伴的思考。教师提问后应该留出合适的候答时间,确保学生在话语互动过程中能够深入思考。如果话语互动的目的仅仅在于获得某个具体的信息或某个特定的事实,那么一次回应就有可能让这些问题得到解决,而不会引起新的问题,这样话语互动就会立即结束。在课堂教学中,这种类型的提问也是需要的,如教师可以通过这种方式了解学生的知识掌握情况,或者给学生某种安全感,但是如果在课堂交流中,经常出现这种提问方式,就有可能挫伤学生的对话热情和积极性。所以提问需要激发学生的思考,"我们问那些并不只有唯一答案的问题,这些问题每一个人都有话可说,'你看到了什么?''让我们看看你做的东西'我们注意到当有人好像要说点什么的时候,我们就问他在想什么"[②]。国内也有学者归纳了激发学生思考的提问方式:"发散性提问,即教学中教师设计发散性问题,引导学生多角度、多方面地去思考;互逆性提问,即在教学中,进行一定程度的正向思维训练后,根据学生的掌握情况,适时地设计互变式问题,培养学生的逆向思维能力;推想性提问,即在学生独立阅读的情况下,启发学生的想象力,把课文中没有写但又关系密切的内容推想出来,又称为'假想性提问'。"[③]这些提问方式有一个共同特点:那就是让学生从自己的经验出发,用自己的语言和对自己有意义的方式去表达所思、所想或所知。

其三,提问时应该不断自我反思。提问是检验的艺术,这种检验既是对他人观点的检验,也是对自己观点的检验。伽达默尔虽然主张人的前见对人的理解具有制约作用,但是也指出人的前见可分为适当的和不

[①]钟启泉.深度学习:课堂转型的标识[J].全球教育展望,2021(1):14-33.
[②]达克沃斯.多多益善:倾听学习者解释[M].张华,等,译.北京:高等教育出版社,2004:168.
[③]裴娣娜.发展性教学论[M].沈阳:辽宁人民出版社,1998:144.

适当的。如何才能知道自己的前见是否适当呢？通过话语互动，以他人的观点和见解为镜来反思自己的观点。所以伽达默尔特别强调解释学反思在话语互动中的重要性。一是提问就是对自己的观点、前见进行反思的过程，随着话语互动的深入，不断修改自己的前见，从而形成新的理解；二是提问还需要对互动伙伴的观点进行反思，因为话语互动具有关系性和相互性，任何一方的进一步提问都应以对方的回应为基础，这就是"行动中的反思"。在提问时，苏格拉底会根据学生的不同回应随时变换自己的提问方式，或者从不同的角度提出问题，总之，提问是随着互动伙伴的回应而不断变化的。与苏格拉底的提问概念相比，伽达默尔的提问概念更包含提问者的不断反思之意。伽达默尔指出，真正的话语互动必须有问一答结构，提问者必须具有真正想发现和理解对话伙伴的观点、价值观以及经验的意愿。只有真诚地倾听他人，才能真正检验自己的答案是否正确。

课例6-1[①]所选用的阅读材料来自人教版八年级英语下册Unit10 I've had this bike for three years. Section B Reading部分，其题目为Hometown Feelings，单元主题内容与学生日常生活联系较为紧密。为促进学生更好地掌握阅读内容和发展他们的思维能力，需强化教师对提问支架的使用，需要多设置能够引发有效话语互动的问题，实现创造性阅读能力和迁移运用性阅读能力的培养。具体的问题清单如下。

1.What about the countryside's resources?

2.As a rural child, if your family becomes rich one day, what will you do?

3.What about the agricultural development?

4.What do the changes in their hometown have in common? And what are the differences?

5.In order to protect the environment, what do you usually do in your daily life to protect the annimals?

6.If the government wants to build a new school here, as a student in this school, what will you do?

---

① 本课例主要由笔者所指导的研究生陈施佳同学撰写。

课段 1

(1)T:Guys, before our reading, we need to learn some new words, and they will be helpful for our(1) understanding of the passage. Now, look at the PPT, can you guess the meaning of the first word, Anna?

(2)S1:...

(3)T:Just think about this:If you are going to visit your grandparents today and you will stay at their home still night, what does it mean?(12)

(4)S1:It means I won't go back home.

(5)T:Great, I think your parents will miss you, so [what is the meaning of "return"]?

(6)S1:(2)I guess it means someone doesn't go back to some places.

(7)T:[I agree with you]. What about other words?(120)Great, most of you have known the meaning of these new words. Let's move on to the next step. Read the passage quickly, choose the main idea. and finish the fact sheet on PPT.Then tell me why millions of people leave the countryside for the city every year?(120)

(9)S2:Maybe they want to find better jobs in the city.

(10)T:(coughs)But why do they want to find jobs in the city?

(11)S2:Because the city's 经济 is good and it can offer more jobs. People can make a lot of money.

(12) T: Yes, the city has (smile) good economy, so what about the countryside's resources?

(13) S2: (4) Its traffic is not convenient and there are no large supermarkets. Of course, it doesn't have some good schools.

(14)T:Now that, if people want to live a good life, what will they do?

(15)S2:They want to move to the city and enjoy good service.

(16)T: Nice, just return to the question just now, give your complete answer.

(17)S2:(5)Because the city has good economy, then people can find better jobs and make a lot of money. Of course, people can live a good life because its traffic is more convenient and children can enter good schools to get more knowledge.

（18）T：Perfect. This time(coughs) read paragraph two and three, think about this: What is Zhong Wei's view about the changes in his hometown? Do you agree with him? Why?

（19）S3：Em, he thinks the changes in his hometown are good. About this opinion, I have no idea.

（20）T：OK, as a rural child, if your family becomes rich one day, what will you do? and what about the agricultural development(农业发展)? You can discuss with group members, and during the discussion, just listen to others' ideas carefully and share your own views.(240)

（21）T：Stop here, return to this question, what's your opinion?(2)

（22）S3：These changes are bad, because(1) they are bad for children's development and land in the farm, because children will only enjoy the present life and ignore the pain. The land will also become smaller and smaller because of these changes.

该课例一方面，展现了教师引导学生依据语境推测生词大意的情境；另一方面，探讨了城市化所产生的社会问题背后的深层次原因。话语互动超越了文本，教师引导学生以自身的语言思维和切身体验去构建新的想法。

从以上课段可见，在推理分析方面，从话轮1到话轮6，由于学生的知识储备有限，教师设立简化任务的提问支架，如话轮3；以应用性问题联系生活实际，通过从生活中常见的事情入手，学生能够逐步整合和归纳，准确推测出词意，见话轮6。在探究创新方面，基于学生的回应，教师以分析性问题为提问支架，激活学生的思维，鼓励学生澄清并丰富观点，见话轮10，这在一定程度上培养了学生的论证思维能力。在话轮12，教师利用吸纳性问题引导学生关注城乡资源间的差异，起到透过现象看本质的效果，最终学生能够较为全面地构建想法，形成内容较为丰富、角度较为多元的深度见解,在此过程中,形成了关联拓展类的提问支架,有效发展了学生的创造性阅读能力。在评价反思方面,教师创设了农村家庭由贫穷变为富裕的情境,利用综合性问题,引导学生在组内交流中独立思考、倾听和分享,聚焦于学生身心发展和农业生产,如话轮20,学生在思维碰撞中获得批判性观点,进一步增强了评价反思能力。

课段2

(1)T:Boys and girls, now let's read the last paragraph, can you tell me what has never changed in Zhong Wei's hometown?

(2)S4:The old tree is still opposite ... the school and hometown has left many soft and sweet memory.

(3)T:That's right. In addition to Zhong Wei's hometown, Amy has also experienced great changes in her hometown. Here I will distribute the other text, then according to the fact file, complete Amy's report. After that, read it quickly and analyze the question:Why has their hometown changed greatly?(180)

(4)T:[Have you finished?]OK, Bob, you please.

(5)S5:I think it is related with economy, because(3) ...

(6)T:Yes, what do the changes in their hometown have in common? And what's the difference?(12)

(7)S5:(2)They have all built tall buildings and ...

(8)T:OK, sit down please. All of you work in the groups, listen and express your ideas, and finally summarize your ideas in order to ensure rich content and different angles of view.(180)

(9)S2:People have mobile ... phones, computers and other products, so people can communicate at different times and places. It is convenient.

S3:In their hometown, there are many green forests and people know how to protect the environment. So the environment is good.

S5:I think they have built many different buildings because the economy develops, such as shops, libraries and cinemas.

S6:I think people work hard and get along well with others in their hometown.

(10)T:Stop here,Bob[just tell us your idea].

(11)S5:I think because the economy develops,many different buildings have been built. Of course people pay attention to protect the environment,for example they have planted many trees and cleared the streets. In addition, people work hard and get along well with others in their hometown.

(12)T:Perfect,so if you want to make some contributions(做出贡献) to your hometown,what would you do?

(13)S7:I have no idea.

(14) T: Don't worry, I will give some tips. In order to protect the environment, what do you usually do in your daily life?(smile)What about some public buildings?

(15)S7:(4)For me,I will plant a lot of trees and protect the creatures on the earth in my daily life?

(16)T:Good,so will you drop litter in your daily life?

(17)S7:Of course not. I will obey the rules and put the rubbish into different (2)dustbins.

(18)T:That's right. (smile) Anything else?(4)What about some public buildings? Can you give other ideas?(15)

(19)S7:Yes,I will study hard and build my hometown when I grow up. In addition,I will protect public buildings and not write something on it. Of course. I will tell my friends to do so.

(20)T:Nice idea. (smile)

以上课段通过拓展关于Amy家乡变化的课外文本,补充相关阅读知识,增强了学生的阅读体验,同时联系中外文化,培养学生的文化素养,让其进一步感悟挖掘文本背后隐藏的深层含义,探索家乡发生巨大变化的原因。此外依据生活经验与文本进行对话和交流,一定程度上丰富了学生的认知,树立了正确的价值观。

整个课段分为两个部分:其一,在探究创造方面,基于课外文本的阅读知识,教师在话轮3创设鼓励学生探究的问题情境,虽然学生通过独立思考,能够构建知识,但仍然无法明确具体理由。在话轮6,教师将探究性问题作为聚焦主题意义类的提问支架,指明了小组交流的方向,即两者家乡变化的共同之处和区别,并且开展小组合作探究,让不同程度的学生的智慧得到尽情的发挥,实现观点的碰撞与融合,最终学生的想法得到拓展,能够产出内容丰富和角度多样化的观点,创造性思维得到有效发展。其二,在迁移运用方面,教师引导学生关注实际生活,从保护环境和建筑物入手,利用应用性问题和吸纳性问题建立启发提示类的提问支架,见话轮14;通过层层追问,帮助学生构建自身的知识体系,迁移并重构文本知识,在话轮19学生的逻辑思维、归纳能力进一步得到展现与发展。

(六)提升深度反馈能力

教师需要采用"生成性的评估或反馈,帮助学生从传播立场转变为探索、解释和/或证明他们的想法的立场"[1]。"教师提供的反馈要求学生扩展他们的思维,证明或澄清他们的观点,或联系已有的经验,通过这样的方式,教师与学生的话语能够逐渐呈现出更为协同的特征,从而鼓励更多学生主动提出想法和回答问题。"[2]反馈语的长短和丰富度是影响课堂话语互动的重要因素,是衡量课堂话语互动能力的一个重要指标。反馈不是对回应的简单评价,而应成为对回应的追问,实际上就是一种新的回应,成为一种新的启动,教师应该引导学生扩延话题,鼓励对不同观点的尊重。

1.反馈功能的转变

教师的反馈语不仅能够帮助学习者更正答案,而且可以进一步激发学习者的学习热情以及改善学习者的表现。卡伦(Cullen)区分了反馈的

---

[1] Truxaw M P. Dialogic discourse to empower students in linguistically diverse elementary mathematics classrooms[J]. Teacher Education Quarterly,2020(3):120-144.
[2] Mercer N, Hodgkinson S. Exploring Talk in School: Inspired by the Work of Douglas Barnes[M]. London:Sage,2008:126.

评价功能和对话功能,"前者是教师明确地表示接受或不接受学生的回应,允许学生确认、否认和修改自己提供的词汇项目或语法结构;后者则是为了选出学生的贡献以纳入课堂话语流,维持和发展教师和学生之间的对话"①。所谓的对话功能,是指反馈要发挥促进对话连贯且深入发展的作用,从本质上说,即发挥了促进对话深入发展的支架作用。总体而言,教师反馈发挥了两种主要功能,即评价功能和支架功能。

(1)传统课堂话语互动中反馈语的评价功能占主导地位。20世纪70年代后期,美国学者梅汉和卡茨登认为大多数课堂中的教师反馈主要具有评价功能,他们直接把课堂话语互动IRF结构修改为IRE结构。直至今天,在大多数的课堂话语互动中,教师的反馈语依然主要具有评价功能。根据教师课堂评价语的性质,有学者将其分为"积极评价语和消极评价语"②。其中,积极评价语以教师对学生的支持、赞扬和认可为主,具有提供表扬、产生激励、营造积极课堂气氛、增强学生的学习动机、改进学生行为等作用。③然而,也有学者注意到"'OK''Good'等积极评价语的机械使用并不能促进上述作用的发挥"④。教师对学生回答所做出的消极回应被称作消极评价语。消极评价语旨在帮助学生意识到问题,引导学生完善自己的回答。学者对消极评价语的研究主要集中于纠错式评价语,代表性成果是加拿大学者利斯特(Lyster)和兰塔(Ranta)把纠错式评价语分成六类,具体包括:"明确纠正(explicit correction),即教师明确告知,并由教师本人纠正学生的错误;重述(recasts),即教师并不指明错误,而是重新表述学生的回答;请求澄清(clarification request),即教师要求学生澄清自己的错误;元语言提示(metalinguistic clues),即教师教给学生语言学的知识或原则,让学生自己发现和改正错误;诱导(elicitation),即教师通过暗示诱导而非明确告知的方法帮助学生自己发

---

① Cullen R. Supportive teacher talk:The importance of the F-move[J]. ELT Journal,2002(2):117-127.
② Nunan D. Language Teaching Methodology: A Textbook for Teachers[M]. New York: Prentice Hall, 1991:195.
③ Richards J C, Richards J C R, Lockhart C. Reflective Teaching in Second Language Classrooms[M]. Cambridge:Cambridge University Press,1994:67.
④ Nunan D. Language Teaching Methodology: A Textbook for Teachers[M]. New York: Prentice Hall, 1991:196.

现错误和更正错误;重复(repetition),即教师用上扬语调重复学生的错误。"[1]

当教师的反馈语主要发挥评价作用时,教师的反馈语主要被定义为对外界的一种反应,"其目的在于通过反馈强化学生的行为"[2]。但是由于教师的评价往往意味着这一话语序列的结束,课堂话语互动呈现割裂化与机械化等特征,前后两个话语序列之间缺乏有机联系,这难以推动话语互动深入而又丰富展开,难以激发学生的高阶思维。教师的反馈语评价化没有留给学生足够的发挥创造力和自主性的空间,不利于构建相互开放、相互倾听、寻求理解、合作探究的高质量课堂话语互动。

(2)有效的课堂话语互动需要反馈语发挥支架作用。基于社会文化理论,反馈语被定义为"一种为了填补学生当前理解内容和目标理解内容之间的空白而提供的有关学习任务或学习过程的语言,是为实现社会交往而使用的一种有意义的语言,包括了对话双方意义共建的互动过程"[3]。反馈语的质量不仅取决于教师,而且与互动双方和学习目标相关。发挥反馈语的支架作用需要重建课堂话语互动结构。康纳和迈克尔斯提到了一种在话语中被称为"回音"的重复动作,其指的是学生的贡献在讨论中被教师或其他人"重新说出"(re-uttering)或"重新表达"(reformulates)。正是通过这种回音,"教师可以让学生在澄清自己最初的想法时保持自主权,重新定位彼此对内容的思考,并扩展学生的贡献"[4]。哈蒙德(Hammond)和吉本斯(Gibbons)指出,"教师可以利用序列的第三话步来探索和阐述学生的回答,而不是简单地评价,从而延长师生的对话时间,为学生搭建发展支架"[5]。反馈语不仅仅具有检验知识,提供答

---

[1] Lyster R, Ranta L. Corrective feedback and learner uptake: Negotiation of form in communicative classrooms[J]. Studies in Second Language Acquisition, 1997(1):37-66.
[2] Werts M G, Wolery M, Holcombe A, et al. Instructive feedback: Review of parameters and effects[J]. Journal of Behavioral Education, 1995(1):55-75.
[3] Hattie J, Timperley H. The power of feedback[J]. Review of Educational Research, 2007(1):81-112.
[4] O'Connor M C, Michaels S. Aligning academic task and participation status through revoicing: Analysis of a classroom discourse strategy[J]. Anthropology and Education Quarterly, 1993(4):318-335.
[5] Hammond J, Gibbons P. Putting scaffolding to work: The contribution of scaffolding in articulating ESL education[J]. Prospect, 2005(1):6-30.

案或个人建议的功能,还要更公平地分配话轮、支持和推动学生的学习,发挥支架作用。"教师的反馈语被认定为一种关注学生学习过程的语言,它必须总体上是正向的、带有支持性的,并且需要具备相关性和挑战性。"[1]

支架性反馈语发挥了重要作用,包括"提供高水平的支持,增强学生的自主性和参与性,构建高质量的师生关系等"[2],"提供累积的、持续的语境框架来指导学生理解的发展,为帮助学生主动学习消除障碍和创造条件等。"[3]为了适应深度学习视角下的课堂话语互动,教师必须"转变反馈语实施策略"[4],在课堂话语互动中创造安全的"潜在空间以为学生探索世界提供支持和安慰"[5]。

由此可见,教师的反馈语不应局限于肯定或否定学生言行的判断功能,还要"及时为学生提供足够的信息,及时搭建支架,帮助学生积极构建自我理解"[6],因此需要对教师反馈语的功能进行重新定位,打破IRF结构的限制,使得话语自由地流转于师生之间,推进深度学习的发展。

2.支架性反馈语的构建对策

高质量课堂话语互动必然离不开反馈语所提供的支持与推进。若反馈语使用不当,或是仅仅发挥其价值判断作用,难以实现课堂话语互动的拓展和延伸,还有可能阻碍课堂话语互动对深度学习过程的推进,挫伤学生参与学习的积极性和投入学习的能动性。基于此,反馈语在课堂中既需要发挥评价功能,也需要发挥支架功能。反馈语的合理利用是课堂话语互动顺利开展的重要保证。师生通过一连串未被预设的、简明

---

[1] Fund Z. Effects of communities of reflecting peers on student-teacher development including in-depth case studies[J]. Teachers and Teaching:Theory and Practice,2010(6):679-701.
[2] Reeve J. Teachers as facilitators:What autonomy-supportive teachers do and why their students benefit[J]. The Elementary School Journal,2006(3):225-236.
[3] Mercer N. Talk and the development of reasoning and understanding[J]. Human Development, 2008(1):90-100.
[4] Hussain N, Ayub N. Learning styles of students and teaching styles of teachers in business education:A case study of Pakistan[J]. Procedia-Social and Behavioral Sciences,2012(69):1737-1740.
[5] de Carlo L. Teaching negotiation through paradox[J]. Negotiation Journal,2012(3):351-364.
[6] 高艳.从社会文化理论的角度论语言教师的中介作用[J].外语教学理论与实践,2008(3):93-96.

扼要的、尊重差异的开放性追问,包容不同互动伙伴的观点,实现更平等的课堂参与方式,努力构建相互开放、相互倾听、寻求理解、合作探究的高质量课堂话语互动。[①]

(1)应以协助学生填补当前掌握内容与目标掌握内容之间的空白为目的。为了缩短学生当前发展水平与潜在发展水平之间的距离,教师应当重视反馈语的支架功能,通过发挥反馈语的多维支架功能适时为学生提供帮助。据此,教师应该成为课堂话语互动的促进者、引导者,使反馈语充当为学生的深度学习所搭建的支持性"支架"。简言之,教师应当将反馈语视为支架,通过与学生的互动使学生成功达到潜在发展水平。当然,教师在利用反馈语追问的过程中既要挑选学生感兴趣、与他们生活息息相关的话题,同时也必须兼顾文本,做到源于文本又深于文本,只有这样才能使学生深度理解文本从而促进其深度学习。此外,教师应当发挥反馈语关联拓展和指导话语互动方向的支架功能,让学生通过教师的引导拓展文本本身的价值。在拓展的过程中,教师可以基于学生现有发展水平提供带有一定挑战性的反馈语,激起学生主动参与课堂的欲望,使其在与教师的互动过程中主动积极构建知识。

(2)营造良好的课堂环境鼓励学生积极探索。教师一定要给予学生充足的时间思考,尊重学生不同的声音,避免对学生造成心理压力。教师需要在IRF结构的第三话步中转变简单评价和关闭回合的做法,而是要求学生澄清问题、延伸学生的回答,或者请求学生进行更详细的解释,这可能会增加学生交流和合作的前瞻性、对话性和探索性。因此,教师应适当发挥反馈语的情感支架功能,以正向积极鼓励为主,为学生提供一定的情感支持。

(3)支架应当随着学生能力发展而变化,并逐渐撤离。发挥支架功能的教师反馈语应当最终把学习的权力交还给学生,尽管明确的支架性反馈语能够帮助学生发现自我认知上的不足,并加强自我调节,但要"保

---

① Wells G. Dialogic Inquiry Toward a Sociocultural Practice and Theory of Education [M]. Cambridge: Cambridge University Press,1999:200.

证语言的规范性,在构建适当支架的同时避免过度干预"①。

课例6-2②选自人教版九年级英语Unit 2 I think that mooncakes are delicious! Section B 2b部分以"The Spirit of Christmas"为题的阅读文本,根据最新版《初中英语课程标准》和《义务教育英语课程标准(2022年版)》中的话题及主题语境的要求,该话题既包含"人与社会"主题语境,又包含"人与自我"的主题语境,文本对应主题语境的内容要求为"不同民族文化习俗和传统节日""良好的人际关系和社会交往"以及"小说鉴赏"。该单元的四个板块共包含了七个语篇,篇幅长短不一,文体类型多样,并紧紧围绕"festivals"和"give a personal reaction"话题展开,内容包含了了解不同节日的风俗习惯和文化内涵,以及根据个体体验做出评价。其中Section B 2b部分呈现了较长的阅读文本,讲述了一个吝啬鬼在圣诞夜前夕遇到鬼魂从而改变自己的故事,选自查尔斯·狄更斯的圣诞小说《圣诞颂歌》(*A Christmas Carol*)。教材中与阅读文本相关的活动共有五个,且内容丰富,按照讨论—略读—精读—改编的顺序展开,既体现出了对阅读策略的要求,又体现出了对学生创造性的发掘。根据以上对教材内容的简析,能够提炼出本单元的大概念,有利于学生主动探索并分享个人感受;学生能够尊重不同国家、民族的优秀文化,形成优秀文化能够共存的态度。

(1)T:Do you think Jacob Marley wants to help Scrooge? Why?(2)

(2)S1:Yes, because Jacob Marley was punished after he died ... I think after he helps Scrooge, he won't be punished.(4)

(3)T:He wants to remove his punishment, that's why ... he chooses to help Scrooge. Am I right?(1)

(4)S1:Yes.

(5)T:Yes? Any other reasons or other ideas?(2)

(6)S2:I don't think Jacob Marley wants to help Scrooge, because the reason he helps him(1) is for himself not being punished.

---

①李丹丽.二语课堂互动话语中教师"支架"的构建[J].外语教学与研究,2012(4):13.
②本课例主要由笔者所指导的研究生谭丽同学撰写。

（7）T: You think the reason is not so bright, so Jacob Marley doesn't really want to help Scrooge. Is it so?

（8）S3: But he indeed helped Scrooge, I think the fact is more important than ... the willing.

（9）S2: It says "want to help", I think it emphasizes the willing. (2)

（10）T: You are very creative to think the questions from different angles. Anyone else wants to share?

（11）S4: I think nobody pushes Jacob Marley to help Scrooge, so he wants to help him. (2)

（12）T: Okay, how about Scrooge? ... Is Scrooge willing to help others?

（13）Ss: Yes.

（14）T: Why is Scrooge willing help others? (3)

（15）S5: He wants to (1) change his life and be a better person.

（16）T: Isn't Scrooge for himself? (2) What is the difference between Jacob and Scrooge? (2)

（17）S2: I think Jacob shouldn't be set as a good example for Scrooge ... because he is afraid of punishment, perhaps. The laws are more useful when we admit it in heart instead of being afraid of being punished. (1)

（18）T: I think maybe the outside forces and inside admission can exist together. Which one is higher?

（19）S2: Yeah, perhaps the fear is the lower and the willing is higher.

（20）T: Very great conclusion. Perhaps the punishment is useful for those lower mind (1) such as Jacob and the willing is useful for those ... who has a higher mind, just like the morality and law in our life. Do we have a similar festival to the Christmas in China?

（21）S1: Yes, it's the Spring Festival.

（22）T: Yes! Now you can work in groups to draw a mind-map like we did to show the similarities and differences between the Christmas and the Spring Festival.

在该课例中,话轮3属于重述学生话语并请求确认的反馈语,教师对生1在话轮2中的回答进行了总结性改述,然后邀请生1对改述的准确性进行确认。另外,话轮5既包含了重述学生话语并请求确认的反馈语,也包含了询问学生想法或观点的反馈语,目的在于邀请更多的学生表达个人看法。在生1回答了话轮1中的问题后,教师并未直接告知学生该问题的正确答案,而是意识到了话轮1中问题的可辨性,引导学生共同参与,并对问题进行热烈探讨。生2在话轮6中给出了与生1不同的观点,指出Jacob并不想帮助主人公Scrooge,并指出Jacob帮助Scrooge的原因是"not being punished",是创造性阅读能力之探索与发现中提出与众不同观点的具体表现。话轮7同样属于重述学生话语并请求确认的反馈语,发挥了启发提示的功能。虽然教师在话轮7中启发提示的对象是生2,但是同样引起了其他同学的注意。在话轮8中生3主动争取到话轮,回应时不仅对生2的理解进行了评价和批判,而且表达了个人的观点,紧接着生2在话轮9中正面回应了生3的质疑,学生在话语互动的过程中展开了争论。学生在争论过程中均回顾了文本内容与题目,对问题进行了分析并标注了不同的重点,生3指出Jacob帮助Scrooge的事实重于其帮助的理由,但生2则认为教材强调的是助人者的意愿,两位学生踊跃参加讨论并在文本中寻找证据来佐证自己的观点,既是推断性阅读能力中分析与推断的具体表现,也是批判性阅读能力中反思与评价的具体表现。接着在话轮10中教师对生2与生3的争论提供了反馈语,对他们进行了表扬。这种表扬不仅使两位发言者得到了情感支持,而且也鼓励接下来发言的同学发掘创新,对课堂话语环境起到了辐射性的良性作用。当学生对Jacob是否想帮助Scrooge这个问题争执不下的时候,教师在话轮12提供了延伸话题,将问题过渡到Scrooge是否主动帮助其他人上,学生再次回顾了文本,关注文本中与问题相关的细节并做出推断。随后教师通过询问学生理由或细节的反馈语来邀请学生回答,暂时隐去学生之前热烈讨论的Jacob,重新将关键信息标注到了Scrooge身上。生5在话轮15中对文本内容进行了归纳概括,是推断性阅读能力中分析与推断的具体表现。紧接着,教师在话轮16中给予了表达不认同与询问学生想法的反馈语,通过反馈语引导学生对Jacob与Scrooge的区别进行概括与分析。生2在话轮17中首先做出了个人评价"Jacob shouldn't be set as a good example for Scrooge",对文本进行了批判和质疑,这是批判性阅读能力的重要表现;紧接着进行了理由陈述,联系文本后通过隐喻进行阐释,这是推断性阅读能力中分析与推断的具体表现。话轮18属于表达个体相关看法的支架性反馈语,主要由教师对上述讨论进行总结,帮助学生正确认识"主动帮助他人"与"迫于外界压力帮助他人"之间的区别。话轮20属于想法上的协调和同意的反馈语与联系先前知识和经验的反馈语。在话轮19中生2回答,内心认可与免受责罚相比较对人们提出了更高的要求,教师在话轮20中首先给予了肯定的态度,紧接着将道德与法律之间的关系和文本内容联系起来,将问题生活化与具体化,这对于学生道德观念的形成具有重要意义。

(七)提高回应能力

课堂话语互动IRF(E)结构要求学生立即做出回应,学生只能依靠记忆来回答教师的问题,没有时间进行深入思考,也没有机会与他人合作回答或解决问题,导致课堂话语互动浅层次化,难以发展学生高阶思维。回应能力的提高对策主要有三点。

1.教师需要引导学生对其观点进行进一步的阐释和论证

一方面,应鼓励学生分享、扩展和详细阐释观点;另一方面,通过让学生提供证据支撑论断以及将自己的推理建立在他人的推理之上,深化自己的推理。教师需要让学生理解回应不仅仅需要提供"正确"答案,而且需要给出理由来支持自身的观点,在必要时需要进一步的阐释、解释,提供更多、更准确的证据、理由或论据等。

2.在课堂回应之前增加小组讨论

给予学生更多的思考时间,就有可能产生更有深度的回答,在课堂公开回应之前的小组讨论使学习成为合作的过程,有可能会产生多元的有深度的观点。

3.延长候答时间

在有关提问和反馈的研究中,候答时间受到了相当大的关注。普遍认为,较长的候答时间能够给予学生更多的思考时间和让学生更深刻反思教师提出的问题,带来更大的学习收获。延长候答时间对教师和学生行为都产生了正面影响。延长候答时间能让学生更少拒绝回答,更少回答说"我不知道"。延长候答时间也会让学生的回应更长,回应中更可能包含解释或逻辑推理。学生的推理性回应增多,也会提出更多的问题。延长候答时间更具有对话教育的某些特征。

不给学生充足时间冷静思考的课堂是缺乏深度学习、不能实现有效学习的课堂。"提问的等待体现了两层意思,一是指教师提出问题后的等待时间,一般由教师自主决定,3秒以上对学生的发展更加有利。二是指教师在学生回答完问题后应该等待一定的时间提出另外的问题。在这种等待下学生有了充分的机会来反思、斟酌自己的答案,提供充足的时间让学生进一步的补充、说明、修改回答,从而使学生的思维和表达更加流畅。"[①]教师在提问后以及学生回答后要确保学生有独立思考的时间。一方面,学生能够在充足的思考时间中多角度、更深层次地构建回应,有效缓解了需要立即做答的压力,以便在分享和讨论的过程中提出更加有建设性的观点。另一方面,充足的思考时间更加有助于学生进行反思,改进自己的话语,促进师生之间、生生之间进行有效的课堂话语互动。

第五节　促进课堂话语互动的教师身份的构建

深度学习超越单纯的基础知识与基本技能的掌握,强调在不断变化的情境中通过不断反思从而发展学习者的高阶思维、品行和情感,适应"不断变化的情境"正是深度学习的本质要求。情境是变化的,学生是多维的,深度学习是复杂的。深度学习视角下的课堂话语互动要求转变传统的线性的单维课堂教学方式,要求教师不仅更新自身的知识与技能结构,而且还应逐渐反思并转变传统的教师角色,形成与深度学习的理念

---

① 魏薇,于璇.小学语文教师课堂提问策略有效性的比较研究[J].基础教育,2014,11(4):57-65.

与实践相一致的教师身份认同。深度学习视角下的课堂话语互动并不能自然发生,它需要促发条件。将教师视为教学工匠和知识测试者可能会弱化教师作为独立的、批判性的知识分析者和知识创造者角色,最终阻碍深度学习的实施。深度学习视角下的课堂话语互动不仅仅需要教师知识与技能的更新,更需要教师身份重建。

一、目前的教师身份认同危机

深度学习视角下的课堂话语互动作为一种新的教学样态,对师生关系、教学方式、课程实施以及教学环境都提出了新要求,这极大地冲击了传统的教师身份、教师存在的意义与价值。教师不仅仅需要回应"如何教"的问题,更需要思考"我是谁"的问题,这就需要教师身份的转变与重建。然而,目前我国许多教师的身份认同与深度学习视角下的课堂话语互动要求之间存在着诸多矛盾,体现为多方面的身份认同危机。

(一)教师的学科专家身份

传统的知识观与师范教育的培养模式导致我国教师强烈的学科专家身份认同,教师的学科专家身份认同体现在三个方面。

1. 教师被认为是某一学科领域的权威

学科专家的身份认同意味着在课堂教学中,教师永远是权威的一方,永远是正确的一方,永远是有特权的一方。师生角色是二元对立的:"教师教,学生被教;教师无所不知,学生一无所知;教师思考,学生被考虑;教师讲,学生听——温顺地听;教师制定纪律,学生遵守纪律;教师做出选择并将选择强加于学生,学生唯命是从;教师做出行动,学生则幻想通过教师的行动而行动;教师选择学习内容,学生适应学习内容……"[1]结果就会导致课堂教学成为灌输教学,学生的创造性与积极性被压制,学生仅仅学习了一些脱离情境的缺乏生命力的"信息",学生的高阶思维难以得到有效发展。与此同时,教师也不愿意向学生学习,难以实现"教

---

[1] 弗莱雷.被压迫者教育学[M].顾建新,赵友华,何曙荣,译.上海:华东师范大学出版社,2001:25-26.

学相长"。深度学习要求教师既要成为学生学习的促进者又要成为催化者,教师需要与学生构建伙伴关系,需要与学生共同制定有意义的学习目标,培养学生学会学习的能力,努力让学生成为反思性的、元认知的学习者。

2.教师仅关注自己所教的学科

普遍而言,教师仅仅重视对学生学科知识的培养,忽视对学生跨学科知识以及通识知识的培养。这与我国目前的职前教师教育模式密切相关。我国中小学师资培养工作主要由高等学校(包括专科学校)承担,特别是中学师资的培养工作主要由高等学校中的各学科性学院承担,例如:中学数学教师主要由理学院培养,中学语文教师主要由文学院培养,中学英语教师主要由外语学院培养。虽然小学师资的培养工作主要由教育学院承担,但是在教育学院内部也是分不同学科培养。毫无疑问,这种学科取向的职前教师教育模式难以适应深度学习的需要。今天重要的是多才多艺的人才,他们能够将技能应用于不断扩延的情境和经验之中,并获取新的能力,构建新的关系和承担新的角色。他们不但能够持续适应,而且能够持续学习和发展,在快速变化的世界中实现自身定位和再定位。

3.教师仅关注学生的学科学习

教师重视教学,忽视育人。一方面,教师仅仅关注如何促进学生有效地进行学科学习,重视促进学生认知层面的发展,但忽视了促进学生精神层面以及社会性的发展。另一方面,教师忽视了隐性课程的育人价值,特别是忽视了师生关系与课堂文化的构建,忽视了课堂文化在促进学生核心素养发展方面的重要作用。

(二)教师的技术工人身份

深度学习视角下的课堂话语互动具有情境性,教师需要为课堂话语互动创设有意义的情境,确保学生有机会整合、应用和展示他们所精通的知识与技能。深受技术理性以及所谓的"科学化"的教师专业发展模式的影响,教师追求普世化的或者说"最好的"教学方法,将自身视为某种技术工人,这体现在两个方面。

1. 对真实的教育情境的需求缺乏敏感性

教师忽视教育情境的动态性与模糊性,认为存在可以应用到所有的情境中的教学规则或技术,结果导致教师在面对新情境和新问题的时候缺乏转化能力,难以识别和使用相关的知识与规则来解决新问题。教师重视的是教学目标的达成,重视"教",不重视学生的"学",学生经常看不到知识与现实情境的关联性,缺乏学习的动机与兴趣。教师缺乏开发和传递能够把学生所需的重要概念和技能联系起来的课堂与单元的能力,只在课堂教学中教授分裂的毫无联系的阻碍学生批判性思维及其他核心素养发展的知识。教师秉持课堂教学的技术思维,追求理想化的、普适性的教学模式,认为仅仅遵循某些所谓的教学秘诀或者规则就能确保教学成功,缺乏实践反思,缺乏对个体的深入理解。

2. 教师的研究意识与能力缺乏

其一,教师在课程教学中秉持忠实取向,认为自己仅仅是课程的"消费者",缺乏对教育实践、教育理论以及自身经验的批判性反思,特别是缺乏教育行动中的反思。其二,在教学实践中,缺乏自我观察从而发现问题的意识,更缺乏通过开展行动研究不断改进教学实践从而促进自身专业发展的意识。其三,教师缺乏多元的教学技能,难以运用思维工具和显性的问题为特定学生的学习提供支架,满足学生更高层次的学习需求。

(三)教师的个体工作者身份

深度学习视角下的课堂话语互动倡导合作,但目前教师普遍的个体工作者身份认同是阻碍深度学习有效实施的重要因素,教师的个体工作者身份认同主要体现在如下三个方面。

1. 缺少与学生的合作

个体工作者的身份认同阻碍了师生之间的合作,主要体现在三个方面:其一,教师在教学设计阶段,并未基于学生的需要、兴趣和与真实学习的连接而设计,严重影响了学生的参与,影响了学生复杂性思维的提升。教师不能把课程与学习者的经验连接起来,导致无法帮助学生系统地提高他们掌握新概念的能力与意识。其二,在教学实施阶段,缺乏对学生的倾听。在课堂教学中,许多教师未能意识到自己的理解并非绝对性的理解,是需要不断完善和修正的,需要师生之间的相互理解,而往往把自身的理解作为主导的或唯一正确的理解强加给学生,导致双方的观点得到仔细检验,抑制了学生的创新精神和高阶思维的发展,同时也抑制了教师自身的发展。其三,在课堂文化的构建方面,由于缺乏与学生的合作,难以有效构建促进深度学习的课堂文化,这是因为深度学习的课堂文化本身就是师生合作的结果,它具有如下特征:"学生主动提问,利用适切的语言进行探究,而非被动地接受来自教师的答案;问题比答案更为重要,学习、发现和表达的过程与结果一样重要;具有多样化的学习模式,学习方法的选择与学生的兴趣和需要匹配,支持学生不断接受挑战;与真实世界中的应用具有明显的联系,不仅仅是给予机会,而且要提供支架;学生掌握课堂内外合作的技能;学习评价是内在的、透明的和真实的,学生制定个人目标、监控进步、参与同伴和他者的反馈。"[1]

2.缺少与同事的合作

教师与同事的合作是教师专业发展的需要。从20世纪70年代开始,多位学者明确指出了推动教师合作的必要性,并且也强烈呼吁建立合作的教师文化;进入20世纪90年代,教师合作的研究达到了新高度;进入21世纪,教师合作能力被视为教师关键能力的重要组成部分。2005年、2011年和2013年欧盟出台了三份促进教师关键能力提升的文件,这三份文件中都把合作能力视为教师关键能力的重要组成部分,指出教师需要具备在社会中工作并与社会和谐相处的素养;要求教师成为当地教育共同体中负责任的专业人员,鼓励合作、跨文化对话和相互尊重。美国的职前教师素养框架也将合作能力视为教师的一项关键能力,指出教师应积极参与教师学习共同体,在社会情境和专业共同体之中走向对话与合作,在学校或学区之内通过教导、知识共享和合作教学等方式来磨

---

[1] Fullan M, Quinn J, Mceachen J. Deep Learning: Engage the World, Change the World[M]. Thousand Oaks: Corwin, 2018: 79.

炼专业技能,并且承担社会责任,参与公共管理。

但是许多教师依然认为教学工作是个体性工作,是独特的,不需要合作也能进行有效教学,他们未清楚意识到教师合作的必要性与重要性;目前普遍存在的对教师的绩效评价或奖惩性评价,导致教师不愿意进行同行评议,不愿意让自己的工作被公开讨论。一方面,由于不愿意与同事合作,教师难以有效发现、反思并改进教学实践中的问题,难以有效促进自身的专业发展;另一方面,深度学习是基于问题和项目解决的学习,需要课程整合,需要跨学科知识,由于缺乏与同事的合作,教师在教学设计和教学实施阶段都面临诸多难以克服的问题。

3. 缺乏与社区的合作

教师与社区合作既可以促进学校教育,又可以促进社会发展。一方面,传统的教师角色仅仅关注如何促进学生个体的发展,而忽视了促进社会的发展,忽视了教师的"公共知识分子"角色。另一方面,仅有课堂教育并不能满足学生深度学习的要求,这就要求教师不能仅仅关注自身课堂教学技能的提升,还应成为一个社会活动者,承担一定的社会责任,具有良好的社区合作能力。世界越是相互依赖,个体的合作与调和能力就越重要,交流与合作的价值就越大。佐藤学主张扩大教师合作伙伴的范围,合作伙伴应包括学生、同事、家长,特别应包括社区人员;他指出学校应向社区开放,创建相互探究的教师学习共同体。

二、21世纪核心素养框架对教师身份重建的启示

教师身份的重建并不仅仅是一种形而上的理念重建,它需要扎根于教师的核心素养之中。深度学习视角下的教师身份重建与教师核心素养是一体两面,换言之,深度学习视角下的教师身份的重建体现为教师核心素养的养成,只有教师具备了相应的核心素养,才会展现出相应的身份,这是因为教师核心素养本身就是教师知识、技能和情意的统一体。为落实深度学习,促进课堂话语互动的有效开展,世界各国以及经济合作与发展组织(OECD)和欧盟等国际组织都非常注重教师核心素养的培

育与提升。教师应具备哪些核心素养一直是世界各国和国际组织研究的重点。

(一)三位一体的欧盟教师核心素养内涵与框架

作为较早制定学生核心素养框架的国际组织,欧盟一直非常重视对促进学生核心素养落实的教师核心素养的研究。自从公布学生核心素养框架以来,欧盟公布了多份促进教师专业发展的文件,其中涉及教师核心素养的重要文件有三份。

其一,2005年,欧盟公布了《欧洲教师素养及资格的共同标准》,对欧盟各国教师需具备的共同素养以及资格进行了阐述,从而推动各成员国落实学生核心素养。《欧洲教师素养及资格的共同标准》主要由共同原则、核心素养及政策建议三部分内容组成,将教师需要具备的核心素养分为三大类:(1)与他人协作的素养,强调了专业价值之内的宽容的价值,目的在于形成学生的人际交往和合作技能以及心理学—教育学知识;(2)运用知识、技术和信息的素养,这暗示了检索、管理和批判性分析多种信息的能力,包括应用于专业目的的数字技术以及教学技能;(3)在社会中工作并与社会和谐相处的素养,要求教师成为当地教育共同体中负责任的专业人员,鼓励合作、跨文化对话和相互尊重。[①]

其二,2011年,"欧盟教育和培训2020:教师专业发展主题工作小组"发表了研究报告《教师核心素养:需求与发展》,综述了教师发展所需要的核心素养,强调反思性实践、持续学习、合作、积极参与研究和创新是专业知识和教学技能(教授跨领域能力、使用信息技术和教授异质课堂)之外教师的基本需要。具体指出了教师所需要的核心素养:(1)专业的学科知识;(2)教育学技能,包括教授异质课堂、运用通信技术、创设安全的吸引人的学校环境等;(3)具有如下文化或态度,包括反思性实践、研

[①] European Commission. Common European Principles for Teacher Competences and Qualifications[EB/OL]. (2005-04-18)[2022-03-16]. http://www.cedefop.europa.eu/fi/news-and-press/news/common-european-principles-teacher-competences-and-qualifications.

究、创新、合作、自主学习等。[①]

2011年的文件与2005年的文件相比,既有相同之处,亦有不同之处。两份文件在阐释教师所应具备的核心素养时秉持的理念是一致的,都是基于教师的终身学习理念,都是为了促进学生的专家思维与复杂性交往能力的培养,且都是从三个方面进行了阐释。但是2011年的文件在阐释教师所应具备的核心素养时更为清晰,从知识、技能与情感态度三个维度展开,而且内容更为具体。

其三,2013年欧盟发表了报告《为更好的学习结果,支持教师素养发展》,认为教师专业发展需要时间、详尽的认知过程、有目的的实践和高质量的反馈。报告指出教师所需要的超越教育文化和传统的核心素养如下:(1)关于课程、教育理论、评价的结构与组织良好的知识框架,由有效的知识管理策略所支撑;(2)如何教授特定学科的良好的知识与数字技术素养和对学生学习的理解相连;(3)课堂教学、管理技能和策略;(4)为在专业学校共同体工作所需要的人际的、合作的、反思性的和研究技能;(5)基于不同来源——学习结果、理论和专业对话——的对于专业实践和创新的批判性态度;(6)对持续的专业发展、合作、多样化和包容持有积极的态度;(7)有较强的适应能力——能够使计划和实践满足不同情境和学生的需求。[②]

与前两份文件相比,2013年的文件则使教师核心素养的概念更加清晰,是教师知识、技能、价值、态度和情感的复杂组合,能够在特定领域的特定教学情境中发挥作用。2013年的文件不但指明教师需具备知识、技能与情感态度三个方面的核心素养,而且指出这三个方面是紧密相连的,而非截然分开的;不但从教师"教"的角度阐明了教师所应具备的核心素养,而且从学生"学"的角度阐明了教师所应具备的核心素养,更加凸显了教师也是终身学习者,需要持续的专业发展。

---

① European Commission. Teachers' Core Competences:Requirements and Development[EB/OL]. (2011-03-15)[2022-03-16]. http://ec.europa.eu/education/policy/school/teaching-professions_en.
② European Commission. Supporting Teacher Competence Development for Better Learning Outcomes [EB/OL]. (2013-02-14)[2022-03-16]. http://ec.europa.eu/dgs/education_culture/repository/education/policy/school/doc/teachercomp_en.pdf.

三份文件都清晰地表明,欧盟教育政策中对教师核心素养的强调根植于知识社会、终身学习与全方位学习,经济结构调整对技术需求的影响,文化的多元主义和生活方式的多样性。强调教师应具有学会学习、适应变化、批判意识、自主性和自我反思等信息时代所需要的高级技能和态度。

(二)技能取向的美国教师核心素养内涵与框架

为了促进学生习得知识与技能,美国的21世纪技能合作组织(P21)为实施"21世纪学习框架"提供了完备的支持系统,包括"21世纪标准""21世纪评价""21世纪课程与教学""21世纪专业发展""21世纪学习环境"等五个彼此联系的子系统,并且制定了多份促进教师专业发展的文件。此外,美国教师教育学院协会与21世纪技能合作组织合作发布了《职前教师的21世纪知识与技能》,明晰了美国职前教师的核心素养框架,包括以下几方面:(1)成功地把技术与教学内容和教育学相结合,并能够创造性地使用技术来满足特定的学习需求;(2)使教学与标准相结合,特别是那些体现了21世纪知识与技能的标准;(3)在直接讲授策略与基于项目的教学方法之间保持平衡;(4)把儿童和青少年的发展知识应用于教师培养和教育政策之中;(5)运用一系列的评估策略来评价学生的表现并且能够区分教学(包括但不局限于形成性的、基于档案袋的、课程嵌入式的和总结性的);(6)积极参与学习共同体,在学校或学区通过教导、知识共享和合作教学等方式来磨炼专业技能;(7)担任同行的辅导者和教导者;(8)使用的一系列的策略(如形成性评价)来教授多元学生,并且创造因材施教的环境;(9)持续追求学习机会,把终身学习视为一种专业伦理。[①]

总体而言,美国的教师核心素养框架是技能取向的,这里所说的技能与简单应用的技术知识是不同的,其具有很强的情境敏感性,指具体教学情境中的推理、洞察和顿悟,还具有实践理性,并不具有普遍性和客

[①] P21. 21st Century Knowledge and Skills in Educator Preparation [EB/OL]. (2010-11-12)[2022-03-16]. http://www.p21.org/storage/documents/aacte_p21_whitepaper2010.pdf.

观性;另外,教师的技能不仅仅表现为实践理性,还表现为一种美德,更与教师是一个什么样的人不可分割地联系在一起。所以根本而言,这种技能本质上是一种实践智慧。文件中多次指出教师应具备某些体现灵活性、适应性与判断力的技术、策略与方法,而且要与相关知识和理念相融合,如具备儿童和青少年的发展知识以及终身学习的理念等。

(三)以价值为核心的新加坡教师核心素养内涵与框架

OECD虽然制定了学生核心素养框架,但是并未制定教师核心素养框架。为促进学生核心素养的落实,OECD一方面开展了教师教学国际调查(TALIS),并根据调查结果,提出诸多政策建议;另一方面汇编并推广成员国在教师教育模式、教师专业发展、教师资格认定、新手教师培养以及教师评价等方面的诸多成功经验。重要的文件有两份:一份是2011年公布的《构建高质量的教学专业:基于全球经验》;另一份是2012年公布的《为21世纪培养教师和学校领袖:基于全球经验》。这两份文件皆重点推荐了新加坡的教师教育模式及教师核心素养框架。

新加坡非常重视学生核心素养培育和发展过程中的教师培训,明确指出所有教师都必须接受新加坡国立教育学院的职前培训,该培训依据的是2009年发布的教师教育21世纪框架,使教师具备必需的技能和知识,以便能够培养学生的"21世纪素养"。新加坡国立教育学院是一所大学性质的教育机构,一方面,它提供理论基础来培养"善于思考的教师";另一方面,又与关键的利益相关者和学校建立强有力的合作关系,保障实现教师专业发展中强有力的"临床式"实践。这一模式探寻完善教师教育的关键要素,包括作为基础的哲学、课程、对教师的期待以及学术之路,这些被认为是迎接21世纪课堂挑战的必要前提。模式聚焦于三种价值范式:学习者中心、教师身份认同、服务专业和共同体。学习者中心价值将学习者置于教师工作的核心,通过了解学习者的发展情况和多元性,相信所有的年轻人都能学习,关心学习者,在内容教学中追求学术性,学会在可能的条件下创设最好的学习环境。教师身份认同价值指鉴于教育环境的迅速变化,教师需要具有较强的学习动力,及时回应学生的需求。服务专业和共同体价值指通过积极的合作而投身于专业发展,努力成为更好的实践者而助益共同体。[1]这一模式也强调了在当今全球化的趋势下,教师需要掌握的知识和技能,提升学习效果。具体而言,教师需要掌握的知识包括自我知识、学生知识、共同体知识、学科内容知识、教育学知识、教育基础和政策知识、课程知识、多元文化素养、全球意识、环境意识;教师需要掌握的技能包括反思性技能、教育学技能、人力管理技能、自我管理技能、公共管理技能、交流技能、促进发展技能、技术技能、革新与创新技能、设计技能。[2]

新加坡的教师核心素养框架虽然包含价值、技能与知识三个维度,但是强调以价值为核心,统合技能与知识,将教师应具备的价值置于教师核心素养框架的重要位置。

三、教师身份重建的趋向

(一)教师作为终身学习者的身份构建

深度学习需要教师身份从"静态化"走向"动态化"。所谓教师身份"静态化"指教师的身份是由制度预先规定的,是固定不变的,在教学之前就已经存在。"动态化"的教师身份指教师身份是在教学过程中逐渐形成的,并非仅仅依靠制度规定,而是依靠理性检验之后的认可;教师身份是在持续的学习过程中不断形成的,师生身份可以互换。所以教师不能仅仅因为制度上的教师角色就永远以权威者自居,需要认识到真正的教师身份要得到学生的认可,而不仅仅依赖特定制度。"毫无疑问,作为一名教师,就意味着宣称具有某种程度的合法的权威,但应该避免陷入制度化的权威角色。权威的合理性并不是以制度化的角色和特权为基础,也不是以未经检验的专业假设为基础。权威不应该被视为参与者的固

---

[1] Scheicher A. Preparing Teachers and Developing School Leaders for the 21st Century: Lessons from around the World[EB/OL]. (2012-06-12)[2022-03-16]. http://dx.doi.org/10.1787/9789264174559-en.
[2] Scheicher A. Preparing Teachers and Developing School Leaders for the 21st Century: Lessons from around the World[EB/OL]. (2012-06-12)[2022-03-16]. http://dx.doi.org/10.1787/9789264174559-en.

定财产,而应作为一种前提条件被带到教学中。毋宁说,权威应当被认为来自持续的交流互动。"[1]

教师身份的动态化意味着教师需要构建终身学习者身份。联合国教科文组织强调,教师工作是一种"终身学习的专业"。"学习的专业需要专业的学习。教师专业的'学习'拥有三个基本定律:其一,越是基于学习者的内在需求就越有效;其二,越扎根于学习者的鲜活经验就越有效;其三,越细致地反思学习者自身的经验就越有效。所以,教师的成长需要终身学习。"[2]教师的专业发展是一个终身学习的过程,是一个持续的发展过程,将会伴随其整个职业生涯。具体而言,让教师成为终身学习者,以下几个方面是非常重要的。

1. 提升教师的内在学习动力

目前教师的专业发展在相当大程度上还属于"被发展",教师缺乏发展自我的内在动力。为改变这种"被发展"的状况,一方面,教育主管部门和学校在推动教师专业发展时应倾听教师的意见,充分尊重教师在专业发展中的主体地位;另一方面,在重视教师专业知识和技能提升的同时,亦应重视培养教师的专业态度与教育观念,特别是应将深度学习的理念落实在每个教学设计、每节课的教学实践之中。教师只有真正经历了课堂教学中的碰撞,才能更好地理解深度学习,更好反思自己应该成为怎样的教师,才能对自己的身份有全新的认识。随着教育环境的迅速变化,教师只有具有强大的学习动力,才能够及时回应学生的新需求。

2. 转变评教方式,走向发展性评价

当前学校主要实施绩效性评价或奖惩性评价,不利于教师的专业发展。在现有的评教制度下,教师依然处于弱势地位,甚至不得不屈从于外部的规约和控制,丧失了专业发展的自主性。更糟糕的是,教师不愿意开展同行合作,不愿意开放教室进行同行评议,担心自己的劣势或缺点被公开,从而产生不利的评价结果。这压抑了教师"自为"发展的精神

---

[1] Burbules N C. Dialogue in Teaching:Theory and Practice[M]. New York:Teachers College Press,1993:34.
[2] 钟启泉.为了未来教育家的成长——论我国教师教育课程创新的课题[J].教育发展研究,2011(18):20-26.

需求和选择行为,从而丧失了专业发展的积极性。教育主管部门和学校应该用发展的眼光看待教师,注重评价过程,针对不同的教师采用不同的评价标准,多角度、多层次去评判教师专业发展,评教的目的不在于奖惩教师,而在于促进教师全面发展。

3.构建教师学习共同体

教师学习共同体的构建是推动教师成为终身学习者,不断提升其专业素养的重要途径,欧盟、美国与新加坡的教师核心素养框架都明确指出了教师需要具备参与教师学习共同体的意识与能力。我国的中小学教师专业标准亦提及教师需要与同事合作交流,分享经验和资源,共同发展。教师学习共同体的构建需要体现自然合作文化而非人为合作文化,只有这样才能实现真正的合作,否则就是虚假合作。自然合作文化是教师在日常生活中自然而然生成的相互开放、信赖、支援性的同事关系,它具有自发性、自愿性、发展取向性、超越时空性和不可预测性等特点。自然合作文化体现了教师的主动合作,这是教师合作的前提,这是基于教师自觉自愿的、主动的而非被动强加的合作关系。许多教师缺乏合作意愿就是因为自然合作文化缺失,所以合作平台的构建应以此为文化基础。可以采用如下举措。

其一,搭建校本研修和校际研修平台。虽然校本研修平台可以由教师自主构建,但是由于种种条件的限制,教师自主搭建的研修平台并不多见,这就需要学校根据教师的特性主动为教师合作穿针引线,并且为校本研修提供资金、设备与场地支持。此外,教育主管部门也应根据地方的教育特色,创设各种校际研修平台,鼓励引导教师跨校交流与合作。虽然学校和教育主管部门参与了平台的构建,但是必须尊重教师的自主性与自愿性。同时需要转变校本研修和校际研修的方式,不仅应关注教师的教学,更应多关注学生的学习,特别是学生的深度学习。

其二,充分利用信息技术,搭建各种网络学习社群。信息时代的到来,为教师之间的合作提供了各种有利条件,教师可以运用信息技术手段进行"非面对面"的合作,这种合作甚至可以是跨学校、跨区域的,学校和教育主管部门应充分利用这一有利条件,根据需要与自主原则,构建多种网络学习社群。同时还可以借用网络平台,本着自愿的原则,将教师的教案、教学日志以及发表的科研成果进行公开展示,让教师相互借鉴和分享。

(二)教师作为反思性实践者的身份构建

无论欧盟、美国还是新加坡的教师核心素养框架都强调了教师反思性技能的重要性,教师应具备反思性思维,而且实际上每一项知识与技能的应用都离不开教师的反思性思维,因为教学总是发生在特定的时空之中,课堂情境是动态的、模糊的,没有任何现成的规则或技术可以应用到所有的情境中,知识与技能都不能被简单化应用。这就意味着有效的课堂教学必须立足于具体的情境,需要对真实的教育情境保持敏感。"实践工作者特别是借由他与情境对话的能力,创造了一个可理解的、和谐一致的构思。在反思性对话中,实践工作者解决重新框定问题的努力,将会衍生出新的行动中的反思。"[1]另外,教师亦要为学生创设适合的教学情境,不断激发学生的学习兴趣,促使学生主动学习并提供恰当的帮助,这些都没有固定的模式或程序可以遵循,教师必须根据所处情境,在行动中不断选择与思考。

(三)教师作为通才的身份构建

学科取向的职前教师教育模式已经不能适应新时代对教师的需求,必须打破学科界限,让教师不仅成为学科专家,更要成为多才多艺的人才,构建通才教育取向的职前教师教育模式。为解决职前教师教育的学科化与深度学习的跨学科性之间的矛盾,在职前教师教育中大力发展通识教育与选修教育成为必然趋势,目的在于培养通才,使其既能够成为某一领域的专家,又能够很容易地适应工作情境的不断变化。通才教育理念也是我国传统儒家教育思想的精髓。"士先器识而后学问。""器识"指文化修养,"学问"指专门知识。前者是通才,后者是专才。通才教育

---

[1] 舍恩.反映的实践者:专业工作者如何在行动中思考[M].夏林清,译.北京:教育科学出版社,2007:114.

之终极目的在于造就人才,培养人格,使人学习如何做人,而知人之所以为人的道理。教育倘若缺少人格教育,那就是简单的职业培训而非真正的教育,真正的教育必须做到教与育并重。

通才教育的核心在于博约合一。教师既要成为专才,又要成为通才,两者应相辅相成。教师不但需要精通任教的学科知识,特别是学科的基本学术结构,使以前看似没有联系的观点连接起来,而且需要了解跨学科知识;不但需要具有自我知识,而且需要了解支撑学生的内容学习所需要的人和大脑的发展、元认知发展的知识;不但需要具有个体知识,而且需要具有社会知识;不但需要具有教学知识,而且需要具有课程知识;不但需要具有教育学方面的知识,而且需要具有超越教育学的多元文化知识、全球知识以及环境知识等。

(四)教师作为平等对话者的身份构建

深度学习背景下的课堂话语互动的目的不在于消解教师的作用,而是把教师的作用置于关系框架中。"作为平等者中的首席,教师的作用没有被抛弃;而是得以重新构建,从外在于学生情境转化为与这一情境共存。权威也转入情境之中。"[1]关系化的教师权威指权威是在课堂话语互动的过程中逐渐形成的,权威与身份地位无关,而且师生的身份是可以互换的。这意味着教师并不总是可以依靠、可以信赖的权威,学生不能盲目地接受教师的见解,而是需要运用理性不断检验和重新确立权威。正如伽达默尔所说,权威不是现成给予的,权威是需要得到他人的承认和认可的。"在这一过程中,建立在'权威'基础上的论点不再有效;为了起作用,权威必须支持自由,而不是反对自由。"[2]这就表明,在话语互动过程中,师生的角色是来来回回不断变换的,权威地位不是教师独享的。

课堂话语互动会揭示和形成师生的身份。"人际功能可以被分为两个成分功能,即关系功能与身份功能,它们必定与社会关系在话语中得到运用的方式有关,与社会身份如何在话语中得到显示的方式有关,当

---

[1] 多尔.后现代课程观[M].王红宇,译.北京:教育科学出版社,2000:238.
[2] 弗莱雷.被压迫者教育学[M].顾建新,赵友华,何曙荣,译.上海:华东师范大学出版社,2001:31.

然也与社会关系与社会身份如何在话语中得到构建(再建、争夺、重构)的问题有关。"[①]教师的身份是在课堂话语互动中通过协商、构建、重塑而获得的,是教师不断与学生和自我对话的结果。当前主导的课堂话语互动结构为IRF(E),教师发起话轮,学生对教师的提问进行回答,之后教师对学生的回答进行反馈。这一结构被诸多学者所诟病,他们认为教师主宰了课堂,拥有绝对的话语权,而学生只是被动的接受者。深度学习视角下的课堂必定打破传统话语互动结构的桎梏,真正的课堂交流不是固定的IRF(E)结构,学生也可以发起话轮,也可以对教师的回应予以反馈。教师要鼓励学生大胆向"权威"说"不",打破传统的故步自封的思想,积极促进自己身份的转变和教育理念的更新。根本而言,课堂话语互动不应仅仅被视为知识的传递手段,更意味着关系的构建和身份的重构,话语互动是从各个方面积极地建造或构筑社会的过程。课堂话语互动不仅构建与课题或教材之间的认知性关系,也构建师生、生生之间的人际关系。当然,这也是一个自我构建、自我展现的过程。

(五)教师作为学生话语互动的促进者和引导者的身份构建

深度学习视角下的课堂话语互动代表了一种联合的、协调的语言推理形式,说话者以理性和公平的方式分享知识、挑战想法、评估证据和考虑选项。教师在课堂中如何表现,特别是他如何接收和使用学生的话语,是学生如何开始学习以及能够学到什么的关键。教师如果将自己的角色仅仅视为传递权威知识的中介,那么就不大可能给予学生探究新观点的机会。课堂话语互动不仅要求教师具备良好的学科知识,而且要求教师对学生可能带入课堂的日常观点有一定的洞见,在面对面和随时变化的互动中敏锐地察觉学生的当前水平并不断试探和挑战,从而引领学生到达下一个高度。有效的课堂话语互动的前提就是为学生营造一个可以相互挑战、安全和远离权威的空间,而这恰恰需要教师对于学生可能出现的各种情况时刻保持敏感。教师能够在话语互动中迅速接收到学生想要表达的欲望,并对不自信的学生进行鼓励和支持。例如,教师

[①] 费尔克拉夫.话语与社会变迁[M].殷晓蓉,译.北京:华夏出版社,2003:127.

要根据学生的回答随机调整问题的类型和难度等。教师应敏锐地察觉到学生观点中值得进一步挖掘和发展的因素和成分,并能基于学生的回应引发学生更多可能的贡献和思考。教师不仅需要对学生的各种观点和想法保持敏感,还需要对学生在语言理解和语言使用过程中出现的各种障碍,或是在交流过程中出现的各种情感需求保持敏锐的洞察力。

教师除了要在课堂中观察和发现发生在学生身上的各种事件和情况,更重要的是要在此基础上给予学生适当的帮助和支持。其一,教师要为学生提供语言资源和情感支持,帮助学生树立完成任务的信心、学会面对挑战甚至寻求新的挑战,同时让学生看到自己的变化。语言上的支持不一定是直接告知,有时可以通过提示或隐蔽地更正和示范,但必要时也可以直接告知。对于情感上的支持,则可通过适当的语调、表情等给予肯定和鼓励,这很大程度上表现在教师的反馈语上。有效的课堂话语互动鼓励学生之间的理性质疑和挑战,所以当学生的主张没有立即被接受,或是受到质疑时,就可能产生两种结果:一是退回到之前的观点,不敢再发声,选择妥协;二是进行明确的推理或论证,继续提出有效性主张,恢复破裂的共识。以上两种不同的行为结果均取决于学生是否接收到来自教师或同学的情感支持。因为对学生而言,缺乏安全感可能会成为阻碍他们说话的因素。所以,教师要能够在察觉到学生的情感需求的时候给予他们鼓励和支持。例如,对缺乏自信心的学生多使用鼓励性语言,或是在学生观点发生分歧的时候维系学生之间的社会性关系,或是在与学生对话的过程中保持真诚和诚恳的态度。其二,教师在课堂话语互动中应当充当学生对话和学习的促进者以及为学生之间分享知识、挑战想法和评估证据提供指导。教师应有意识地为学生提供更多表达观点的机会,通过要求学生相互评价、澄清观点或举例的方式推动和促成学生的表达以及对问题的深刻理解。其三,为了开展探究式话语互动,教师需要学习如何促进学生独立思考,为学生提供相应的指导。例如,探究式话语互动要求学生对观点进行论证,但并非所有学生在开始阶段就能掌握论证的基本要素,或是以规范科学的方式对观点进行回应,因此,教师对学生的认知指导就显得尤其重要。此外,学生在阐述想法的过程中,往往无法精确地使用词语或句子,这时教师也需要为学生进行示范。在具体的话语互动过程中,有时会出现打断他人对话,或是没有认真倾听其他学生发言的情况,这时教师就需要为学生提供行为指导,规范学生的行为。

第六节　深度学习视角下课堂话语互动的改进
——英国"共同思考项目"的实践经验与启示[①]

课堂话语互动的质量会影响深度学习的效果,但证据显示目前我国中小学的许多课堂话语互动徒有形式,互动质量不高。一方面,课堂话语互动的主导结构依然是IRF(E)结构,适合事实和既定程序的传递,不利于发展学生的高阶思维;另一方面,在生生话语互动中,学生仅仅在小组中学习,而非作为一个小组而学习,较少通过合作解决问题,平等且深入的讨论也较为少见。

从20世纪90年代开始,英国剑桥大学教育对话研究中心的默瑟教授主持了一项被称为"共同思考"的教学项目,主要参与者有琳恩·道斯和鲁伯特·维格瑞夫等。到目前为止,该项目已经进入到第三期,且不断深化。"共同思考项目"实施几十年以来,不但对英国的国家课程指导产生了重要影响,而且产生了重大的国际影响力,最初主要在英国和墨西哥等国家进行干预性研究,目前相关研究已经在芬兰、荷兰、日本、挪威以及西班牙等国家展开。"共同思考项目"的实施有效提升了学生的高阶思维,深化了合作关系,支持了维果茨基有关人的社会和心理发展之关系的论断。

[①] 张光陆.深度学习视角下课堂话语互动的改进——英国"共同思考项目"的实践经验与启示[J].比较教育研究,2021(8):40-47.

一、"共同思考项目"的目的、理论基础与发展阶段

(一)目的

"共同思考项目"是以对话为取向发展学生高阶思维和促进深度学习的方法,主要目的有三个。

1.提升学生的高阶思维能力

"共同思考项目"的一个重要目的就是发展学生运用语言推理、构建知识和理解的能力,把学生思维技能和交际技能的培养与课程学习结合起来。这一项目基于如下信念:"学校教育的一个重要作用就是能够清晰地教授学生如何更有效地运用语言去学习、追求兴趣、形成相互理解,关键的是,能够推理和共同解决问题。"[1]"共同思考项目"不仅仅进行某种特定形式的交际技能培训,学生所学的绝不仅仅是一套交谈模式。它鼓励学生参与某种特定形式的交谈,清晰地引导学生把语言作为一种共同推理工具,鼓励学生提供理由、寻求澄清、询问问题、倾听彼此的观点等。学生不仅要学会如何互动,而且要学会共同思考,主动形成特定的交谈和思维方式,强化把交谈作为思维工具的意识。

2.促进学生学会合作,特别是学会与异质的人合作

"共同思考项目"的另一个重要目的就是确保学生学会各种技能,让他们不仅能够与亲密的朋友,而且与异质的人一起工作。在"共同思考项目"的小组活动中,不同性别和能力的学生有机会一起活动,在活动过程中,学生被要求合作讨论议题,而且在问题解决方面竭力达成合意,从而发展交际与合作技能。

3.提升学生的探究式话语互动能力

学生学会独立思考的重要标志之一就是学会与他人讲道理。"共同思考项目"意味着促进对高阶思维和深度学习发展非常有效的课堂交

---

[1] Mercer N, Littleton K. Dialogue and the Development of Children's Thinking[M]. London: Routledge, 2007: 60.

谈。巴恩斯首先描述了这种交谈,将其称为探究式话语互动。[1]在"共同思考项目"中,探究式话语互动被视为一种对话,具有如下特征:"每位参与者批判而有建设性地参与彼此的观点;每位参与者提供所拥有的相关信息;每位参与者的观点都值得认真思考;互动伙伴相互提问和回答,并且寻求和给予理由;小组成员在每一阶段结束要竭力达成协议;在交谈中,推理是'可视的'。"[2]探究式话语互动提供了一个中介,基于这一中介,参与问题解决的互动伙伴能够分享、重新组织和扩展他们的观点,通过共同思考构建一种更好的分享性理解。

(二)理论基础

"共同思考项目"以社会文化理论作为重要理论基础,拒绝静止的、客观化的知识观,拒绝将教学视为知识传递的过程。社会文化理论的代表性人物维果茨基指出,语言的习得和运用转变了学生的思维。他既将语言描述为一种文化工具(知识在共同体或社会成员之间构建和分享),又将其描述为一种心理工具(使个体思维的过程和内容结构化)。他进一步指出,这两种应用之间有密切的关系,人际思维(社会的、互动的)活动产生了重要的个体内思维(个体的、认知的)能力,学生参与合作性活动能够产生新理解和新思维方式。"社会文化理论不仅仅在认知发展方面联结了社会和心理,而且也提供了将语言视为文化和认知,或者说教育的首要工具的理论基础。"[3]从社会文化理论的视角看,教育和认知发展都是一个文化过程;知识不仅仅由个体所拥有,而且由共同体成员所创造并且分享,文化和历史因素形塑了知识的创造方式。对这一视角的支持来自相关研究,"人类的智力本质上是社会性的和交际性的"[4]。社

---

[1] Barnes D. Exploratory talk for learning [M]// Mercer N, Hodgkinson S. Exploring Talk in School. London:Sage,2008:5.
[2] Littleton K,Mercer N. Interthinking:Putting Talk to Work[M]. Abingdon:Routledge,2013:16.
[3] Mercer N, Howe C. Explaining the dialogue processes of teaching and learning:The value of sociocultural theory[J]. Culture and Social Interaction,2012(1):12-21.
[4] Mercer N. The social brain, language, and goal-directed collective thinking:A social conception of cognition and its implications for understanding how we think, teach and learn[J]. Educational Psychologist,2013(3): 148-168.

会文化理论的一个重要启示是鼓励人们在教育的社会和交际过程中寻找教育成功和失败的原因,而非仅仅从学生个体的内在能力、教师个体的讲授技能或者所运用资源的质量方面来寻找原因。这意味着师生之间、生生之间话语互动的质量具有至关重要的教育价值。

(三)发展阶段

"共同思考项目"开始于20世纪90年代,虽然目前该项目仍然在进行,但是研究的焦点已经发生了一些变化。大致而言,可分为三个阶段。

第一阶段:研究的焦点在于为成功而交谈。通过教授学生如何共同思考而增加教育机会。语言和推理能力薄弱是导致许多学生学业成绩较差,并产生行为问题的一个主要因素,但是必要的交谈和推理技能在大多数学校并没有被有效教授。基于此,研究焦点在于提升学生的交际能力和与他人共同思考从而有效交谈的能力,这种能力对于学生而言是必不可少的。

第二阶段:主要探究如何运用信息技术特别是互动白板推进课堂话语互动。这一阶段主要探究在小学科学中运用互动白板强化课堂对话式教学的情况,研究焦点在于学生如何运用互动白板分享观点、解决问题、构建知识。研究者的研究兴趣在于互动白板为学生的合作学习提供了哪些帮助。

第三阶段:主要研究如何通过"共同思考项目"提升学生的学业成绩。目前正在进行的研究项目由英国经济和社会研究委员会(ESRC)赞助,主要通过对课堂教学进行系统编码,并运用教育对话分析框架开展分析,探究数学、英语、科学推理以及普遍推理等与学生的学习结果之间的关系。

二、"共同思考项目"的实施策略

"共同思考项目"是一个干预性项目。在项目的开始阶段,每位教师都需要接受基本操作方法培训,而且由研究者与教师合作创造"共同思考课程"。这些课程会提供一些活动,让教师以合作协商的方式完成,并且与班级学生一道创设探究式话语互动的基本规则,目的在于开启和维持具有主体间性的互动空间。也就是说,这些课程主要是为了强化教师和学生对探究式话语互动的理解与运用。具体而言,主要包括如下实施策略。

(一)构建课堂话语互动基本规则

"共同思考项目"将课堂话语互动基本规则的构建作为其有效实施的必要和前提条件。"共同思考项目"倡导的是探究式话语互动,在其中,参与者交换想法、观点和信息,共同创造新意义、知识和理解。探究式话语互动的产生有赖于参与者愿意尊重一些基本的行为规范,被称为"基本规则",师生在交谈和共同解决问题时需要用到这些规则。

(二)构建新型教师角色

在"共同思考项目"中,教师不仅仅是一个平等的参与者,还需发挥其他重要作用。

1. 探究式话语互动的示范者和引导者

在研究的初始阶段,一些研究揭示小组合作经常是无效的,这是因为学生对于小组活动过程以及如何有效地完成这一过程缺乏清楚的理解。一个重要原因就是教师较少清晰地表达他们对活动的期望。所以,教师需要提供一些指导,"为了成功的合作能够产生,教师需要教授学生如何合作,这样他们对于教师的期望就有了清晰的了解"[1]。"共同思考项目"特别强调教师在语言运用中发挥引导者和示范者的作用,清晰地教授学生探究式话语互动的相关知识,强调推理、共享知识和合作的重要性。

项目组成员开设了一系列的"交谈课"来教授这些基本规则,并且将其应用到正常的课程教学与学习之中。例如,教师在每次课的导入中都清晰阐释合作活动的目的;教师提供给学生精心设计的适合小组合作的

---

[1] Galton M, Williamson J. Group Work in the Primary Classroom[M]. London:Routledge,1992:43.

活动,在这些活动中,学生练习课堂话语互动技能;在整个班级讨论过程中,教师引导学生反思话语互动的性质和质量;教师认真设计每堂课,确保引导活动与小组活动之间保持平衡。"共同思考项目"鼓励教师示范对话,包括教师在课堂讨论中示范探究式话语互动的方式或者做出榜样,例如,在合适的时间问"为什么",为观点说明理由等。

2.人际思维发展区的构建者

"共同思考项目"的有效实施不能仅仅关注社会层面的互动,更需要对文化和心理因素对探究式话语互动的影响保持敏感。教师既要构建包容性的课堂话语互动环境,同时又要创造条件和机会让学生更好地运用语言。维果茨基所提出的"最近发展区"是一个静态概念,它表征了个体学习者在某个时刻的思维水平,而非通过对话发展的动态过程。默瑟提出了一个新概念——人际思维发展区(intermental development zones),即在一个教育活动过程中,教师和学生如何随着彼此知识和理解水平的变化而不断适应对方。[1]随着话语互动的持续发展,人际思维发展区也被不断构建。从这一方面讲,重要的是不仅仅把教师视为学生学习的指导者或促进者,而且把教师视为人际思维发展区的构建者,教师在课堂创设"探究共同体",引导学生以语言为个体推理和合作解决问题的工具,这样能够很好地协调和支持课堂探究共同体的发展。在探究共同体中,每个学生在构建自身理解的过程中都能扮演分享的、主动的和反思性角色。课堂话语互动的成果有赖于教师创建探究共同体和运用课堂活动来发展人际思维发展区。

(三)创设合作文化

"共同思考项目"倡导知识的共同构建,因此需要在课堂中创设合作文化。

1.让学生意识到小组合作的优势

教师需要让学生意识到小组合作的优势。例如,学生应逐渐认识到

---

[1] Mercer N, Littleton K. Dialogue and the Development of Children's Thinking[M]. London: Routledge, 2007: 64.

要倾听不同的观点,且进行比较,有助于做出更加理智的决定;通过学习如何共同有声思考,他们能学会如何清晰地思考;帮助他人学习是一个逐渐理解观点的方式;小组成员通过话语互动能够产生共享的记忆,将来回忆时可以用到;话语互动让每个人既可以反思已经学会的知识又可以反思是如何学习的;他们在小组合作中的表现经常比独立完成时要好很多。为了促进小组合作价值最大化,"所有参与者必须通过话语互动来完成任务,绝不是一个附属事件;活动应该被设计用来鼓励参与者之间的合作而非竞争;参与者对于活动的目的应该有一个良好的和共享的理解;参与者应该具有一些'元意识',即如何通过话语互动有效分享观点和解决问题"[1]。

2.辩证对待合意与分歧

"共同思考项目"倡导合作,鼓励达成合意。有些人可能会质疑达成合意的重要性,认为强调达成合意就会鼓励遵从和接受,忽视了人们观点之间经常会有不可调和的分歧。但是在"共同思考项目"中,要求达成合意是为了鼓励学生以一种深思熟虑和批判性的方式参与和持续参与彼此的观点和建议。该项目强调小组成员竭力达成合意,而非简单地接受大多数人的观点,鼓励学生充分探究视角和理由的多样性。

帮助学习者学会合作的目的不是让他们成为顺从者或者避免分歧。"共同思考项目"鼓励学生面对和讨论观点、解释和理解的多样性与差异性。研究者一致赞同:"在让学生持续参与知识构建的过程中,分歧和合意同样重要……没有分歧就没有必要进行话语互动,所以就没有变革的动力。"[2]真正的话语互动包含挑战和分歧,争论和讨论有时可能会产生分歧和争执。"尽管合意可能是适切的最终目的,但是如果所有参与者要获得真正的理解,表达和考虑替代的观点、经验和意见可能是必需的。"[3]

---

[1] Mercer N. Language and the Joint Creation of Knowledge[M]. London:Routledge,2019:371.
[2] Wells G. Dialogic Enquiry:Toward a Sociocultural Practice and Theory of Education[M]. Cambridge:Cambridge University Press,1999:111.
[3] Claxton G. Education for the learning age:A sociocultural approach to learning to learn[M]// Wells G,Claxton G. Learning for Life in the 21st Century. Oxford:Blackwell,2002:7.

(四)充分利用信息技术

"共同思考项目"以信息技术为中介,使课堂中的探究式话语互动和知识共建成为可能,并使其不断发展。近些年来该项目一直利用一系列课堂中常用的技术工具,来研究教师如何运用信息技术构建丰富的、新颖的、多模态的课堂话语互动形式。

1.基于计算机的合作性活动

自从20世纪90年代该项目启动以来,项目组成员就一直运用基于计算机的活动,作为提升学生共同思考能力的干预项目。2004年,项目组成员维格瑞夫和道斯出版了一本著作《用ICT思维和学习》,详细探讨了这方面的应用。研究者创设了与课程目标相关的基于计算机的活动,在这些活动中,学生能够发展共同思考技能。例如,维格瑞夫设计的一款被称为"凯特选择"(Kate's Choice)的软件,聚焦于道德教育或公民身份教育,目的在于引出探究式话语互动。通过创设个人道德(如对朋友忠诚)与社会道德(盗窃是犯罪)之间的冲突,激发学生的深入交谈,提升共同思考能力。信息技术在促进活动结构化方面发挥了重要作用,比书面文本更能够有效吸引并维持学生的注意力。

2.以数字产品为中介的对话

随着信息技术的进展,研究视角已经发展到凸显数字产品在中介对话中的作用。在有效开展课堂话语互动的目的之下,运用信息技术强化或抑制特定的活动模式,能够为教师和学生提供新的机会,让他们运用语言和其他的符号表征公开分享、解释、论证、批判和重新构建观点。例如,许多研究工作聚焦于如何运用互动白板开展话语互动。最新的相关研究是跨课程的数字化项目(DiDiAC),它开始于2016年,主要目的在于探究"共同思考项目"与微博运用的关系,理解学生是如何在当代的数字化学校中学习的。

3.支持教师以信息技术为中介的对话式专业发展

在信息技术时代,教师的教育学立场以及了解如何最好地利用信息技术所提供的可能性,对有效利用这些教与学工具是至关重要的。该项目并未仅仅关注培养教师的技术技能,而是帮助教师运用信息技术中介进行对话,这一项目的一个重要特征就是通过融合多媒体资源与教师的教育学立场来激发讨论、反思和探究。

(五)与4Cs的融合

儿童哲学4Cs是由马修·利博曼(Mathew Lipman)在20世纪60年代提出的一种教育方法,包括关心性思维(caring thinking)、合作性思维(collaborative thinking)、批判性思维(critical thinking)和创造性思维(creative thinking),现在世界上大约60个国家或地区在实践这种方法,产生了重大的影响。4Cs提供了一种促进有效的小组话语互动模式,其能够成为重要的实践工具,创造促进话语互动丰富开展的课堂氛围。作为在儿童哲学情境中提升对话质量的方式,4Cs的框架已经确立。"共同思考项目"认为它在其他情境中同样有效,有助于构建课堂对话文化,让各方都能获得对话学习的益处。

"共同思考项目"将4Cs运用于课堂话语互动,用可操作性行为来描述。"典型的关心性思维行为包括一次只有一个人说话;专注倾听他人;当不同意时,注意用词,考虑他人的感受;要善解人意;认真对待他人的观点;关注对话及话题。典型的合作性思维行为特征包括对先前发言者的发言做出回应;愿意参与对话(包括愿意提供试探性的引言,让其他发言者以此为基础进一步扩展);支持他人进一步阐释自己的观点;接受他人不同的视角,并寻求理解它们;寻求达成协议。典型的批判性思维行为特征包括给予或询问理由或证据来支持观点;要求澄清观点;识别异同;形成和提炼概念;将问题分解,直至可以操作;验证观点;基于可能获得的最好的证据和理由达成结论;根据理由和证据改变自己的观点。典型的创造性思维行为特征包括提出替代性的观点和视角;推断和提供假设;发现有用的例子;发现有用的比较;联结不同观点。"[1]"共同思考项目"将利博曼的有效思维理论转变为教师和学生可以运用的某些行为,针对"良好思维"和"有效对话"之类模糊的表达,给出了具体的样例,而

---

[1] Phillipson N, Wegerif R. Dialogic Education[M]. London: Routledge, 2017: 21-22.

且提供了一个框架,这样教师和学生可以深刻理解需要聚焦的行为,从而提升话语互动质量。

4Cs提供了一个构建适切的课堂话语互动环境有效的且可以实际操作的框架,在这种话语互动环境中,观点得到分享、探究、挑战、拓展和整合,让构建更好的理解成为可能,这一框架可为"共同思考项目"增添新的价值。

三、"共同思考项目"的实施效果

为了解"共同思考项目"的实施效果,在每一个项目中,选择相应的"实验学校"和"控制学校",实验过程至少为六个月。实验结束后主要评估小组中学生话语的质量、推理技能的发展以及教师对示范和引导策略的运用。研究提供了一些独特的证据来支持维果茨基有关语言运用、社会互动和认知发展之间关系的论断,证实了社会文化理论的有效性,揭示了师生、生生之间的课堂话语互动至关重要,对学习和教育产生了重要影响。

(一)学生的合作和个体推理能力明显增强

为评估学生的推理能力,研究人员主要运用瑞文推理能力测验(Raven's progressive matrices test),来检测实验学校和控制学校学生推理能力的发展变化。

为评价合作性推理,研究人员向实验学校和控制学校的学生提出同一个瑞文推理能力测验问题。学生以三人为一小组。研究者测验两次,第一次是在实验学校学生参加"共同思考项目"之前,第二次是在项目完成之后。在完成瑞文推理能力测验之后,研究者比较了实验学校和控制学校学生的话语互动情况以及研究项目开始之前和完成之后的话语互动情况。结果表明,"共同思考项目"提高了学生运用语言进行共同推理的能力,参与了"共同思考项目"的学生讨论问题更加深刻,更愿意去寻求解释和提供理由来支持他们的观点。当解决问题时,他们展现出更多的推理能力。简而言之,实验学校的学生逐渐开展更多的探究式话语互动,这与其不断提升的合作推理能力密切相关。

同样,为了评价学生的个体推理能力,研究者也运用瑞文推理能力测验来测试实验学校和控制学校的学生。结果表明,实验学校的学生在独立解决问题方面的能力明显高于控制学校的学生。也就是说,那些参与了"共同思考项目"的学生的个体推理能力得到了提升。

(二)课堂话语互动质量明显提升

在"共同思考项目"中,学生不但非常注意倾听他人,而且认真对待他人的观点。师生、生生不仅仅在互动,而且在"共同思考",用创造性的方式整合他们的思考,包括教师在内的参与者尝试可能的观点以及竭力构建共同理解。教师对学生采取了尊重、鼓励的态度,甚至有时不但重复学生的观点,而且将反馈的权利让给其他学生,教师在课堂话语互动中成了一个促进者、引导者而非主导者,学生的主体性和能动性得到有效体现,每个学生与他人一道参与到意义的构建之中,既批判性又建设性地参与彼此观点,试图扩大和转变他们自身的理解。参与者在互动中既准确和有逻辑地解释、澄清、论证自己的观点,也相互争论,让彼此观点得到批判性检验,并根据理智的判断,来证明(或驳斥)某一观点。

(三)教师引导策略的运用更加娴熟

研究结果显示,教师鼓励学生运用特定的语言去实现更好的学习和理解,能够引导学生进行新的交际和认知实践。在课堂话语互动中,教师不但经常提出高质量的问题,而且也经常支持学生回应或构建观点,这意味着教师的支架构建能力正在增强。研究揭示,在许多情境下,一方面,教师的问题具有开放性和挑战性,能够引发更深入的反思,延长学生表达当前理解、阐释观点和揭示问题的话轮;另一方面,学生做出回应之后,教师不仅仅对当前说话者的说话内容做出反应和评价,而且配合说话者继续当前会话,彰显参与度及主体间性,具有会话协同特征。

四、"共同思考项目"的启示

为提升我国的课堂话语互动质量,从而促进学生的深度学习,我们应学习和借鉴"共同思考项目"。基于对我国课堂话语互动实践的批判性反思,以下几个方面值得特别关注。

(一)构建对话性课堂

21世纪是知识经济与信息社会,文化正在经历激进的变革,未来的需求难以预测。所以教育应该面向激进变化,帮助学生提高学习能力和养成乐学的态度,让学生在不确定性中茁壮成长。通过把话语互动作为推理和学习的有力工具,学生能够更加有效地参与社会和与他人交往,最终具有较强的论证和推理能力,创造性地应对不确定的未来社会所带来的挑战。这就要求师生能够真正包容互动伙伴的观点,彼此开放,相互倾听,愿意通过与他人合作的方式探寻究竟、提出问题、寻求理解;在充分尊重个体自主性的前提下,师生、生生之间应该保持总体上合作、包容和平等的精神,而且处于持续交流和批判性反思的关系之中。"知识和理解来自验证证据、分析观点和探究价值而非毫无疑义地接受他人认为确定无疑的东西。"[①]

(二)提升课堂话语互动能力

语言在知识合作构建的过程中发挥了主要作用,从本质上讲,这一过程必定包含理智的论证。尽管教育中最明显的焦点之一就是教授和学习知识,但是许多教师并未意识到学生应该学会构建论断来支持自身的观点、分析、解决方案或结论。当然不仅仅是为了证明自己观点的合理性,也应关注自身立场的改变。在课堂中,不但应提供机会让学生通过话语互动来学习,而且要支持学生话语互动,帮助学生深刻理解活动目的和话语的运用既与课程学习相关又与高质量的有效的具有教育意义的话语互动和共同推理有关。教师引导的全班活动特别需要认真设

[①] Alexander R. Towards Dialogic Teaching: Rethinking Classroom Talk[M]. Cambridge: Dialogos, 2004: 26.

计,以便强化学生的如下意识:如何开展话语互动以及如何在共同推理和问题解决活动中利用语言。

(三)以课堂话语互动为目的的教师信息技术素养的提升

研究揭示,数字技术能够为对话教学提供有价值的支持,但是技术的运用必须基于话语互动目的,重要的是教育学而非技术。目前信息技术已经越来越多地对人们的生活方式、思维方式和行为方式产生影响,给各行各业带来了巨大变革,教育领域亦不能例外。"共同思考项目"要求教师首先具有较高的信息技术素养,并将信息技术运用到课堂实践中,与学科教学进行整合。潘雅·米什拉和马修·科勒在2006年提出TPCK(technological pedagogical content knowledge)框架,即整合技术的学科教学知识,这个框架以李·舒尔曼(Lee Shulman)的学科教学知识为基础,但加入了技术知识。在信息技术时代,如何教授特定学科的知识需要整合数字技术素养和教育学立场。信息技术可以促进教学模式由课堂讲授式逐步向互动式学习转变,教学手段可以由静态的物质载体向多功能的动态多媒体转变,从而逐步确立信息时代教育的新意识、新观念。因此,教师一方面要不断学习信息技术内容,另一方面要逐渐适应新的教育理念带来的教师角色的转变。

(四)重视课堂话语互动基本规则的构建

高质量的课堂话语互动需要师生能够理解以下内容:高质量的说与听在课堂话语互动中是至关重要的;讨论应该是包容的,应该尊重不同的观点和意见;所有相关的信息都应该被分享;应该寻求和给予理由,努力达成合意。这就需要构建新的课堂话语互动基本规则。基本规则的制定过程应是师生合作创造课堂文化的过程,本质上就是要创造一种信任的氛围和合作文化,开启和维持创造性解决问题的话语互动空间。

参考文献

埃莉诺,杰勒德.对话:变革之道[M].郭少文,译.北京:教育科学出版社,2006.

安富海.促进深度学习的课堂教学策略研究[J].课程·教材·教法,2014,34(11):57-62.

安桂清.话语分析视角的课堂研究:脉络与展望[J].全球教育展望,2013,42(11):21-28,59.

安桂清.以学为中心的课例研究[J].教师教育研究,2013,25(2):72-77.

巴赫金.陀思妥耶夫斯基诗学问题[M].白春仁,顾亚玲,译.北京:生活·读书·新知三联书店,1988.

贝克.优化学校教育:一种价值的观点[M].上海:华东师范大学出版社,2011.

伯姆.论对话[M].王松涛,译.北京:教育科学出版社,2004.

布兰思福特.人是如何学习的:大脑,心理,经验及学校(拓展版)[M].上海:华东师范大学出版社,2002.

布鲁克菲尔德,普瑞斯基尔.讨论式教学法:实现民主课堂的方法与技巧[M].罗静,褚保堂,译.北京:中国轻工业出版社,2002.

布鲁克菲尔德.批判反思型教师ABC[M].张伟,译.北京:中国轻工业出版社,2002.

布鲁姆.教育目标分类学[M].上海:华东师范大学出版社,1989.

蔡春,扈中平.从独白到对话——论教育交往中的对话[J].教育研究,2002,24(2):49-52.

陈太胜.巴赫金对话理论的人文精神[J],学术交流,2000,16(1):108-114.

陈向明.教师如何作质的研究[M].北京:教育科学出版社,2001.

陈向明.实践性知识:教师专业发展的知识基础[J].北京大学教育评论,2003,1(1):104-112.

褚宏启.杜威教育思想引论[M].长沙:湖南教育出版社,1998.

崔允漷.有效教学[M].上海:华东师范大学出版社,2009.

达克沃斯.多多益善:倾听学习者解释[M].张华,等,译.高等教育出版社,2004.

达克沃斯.精彩观念的诞生:达克沃斯教学论文集[M].张华,等,译.北京:高等教育出版社,2005.

邓友超,李小红.论教师实践智慧[J].教育研究,2003,25(9):32-36.

邓友超.教育解释学[M].北京:教育科学出版社,2009.

董小英.再登巴比伦塔:巴赫金与对话理论[M].北京:生活·读书·新知三联书店,1995.

杜威.民主主义与教育[M].王承绪,译.北京:人民教育出版社,2001.

杜威.我们怎样思维:经验与教育[M].姜文闵,译.北京:人民教育出版社,2005.

杜威.学校与社会:明日之学校[M].赵祥麟,任钟印,吴志宏,译.北京:人民教育出版社,2005.

段金菊,余胜泉.学习科学视域下的e-Learning深度学习研究[J].远程教育杂志,2013,31(4):43-51.

多尔.后现代课程观[M].王红宇,译.北京:教育科学出版社,2000.

范会敏,陈旭远,毛清芸,等,课堂教学评价语:历程与趋势[J].广西社会科学,2021,37(2):184-188.

范梅南,教育敏感性和教师行动中的实践知识[J].北京大学教育评论,2008,6(1):2-20,188.

范梅南.教学机智:教育智慧的意蕴[M].李树英,译.北京:教育科学出版社,2001.

费尔克拉夫.话语与社会变迁[M].殷晓蓉,译.北京:华夏出版社,2003.

冯建军.论交往的教育过程观[J].教育研究,2000,22(2):35-41.

冯茁,曲铁华.教育对话的本体论解读——哲学解释学的视角[J].教育科学,2008,24(1):1-5.

弗莱雷.被压迫者教育学[M].顾建新,赵友华,何曙荣,译.上海:华东师范大学出版社,2001.

弗莱夏.分享语言:对话学习的理论与实践[M].温建平,译.上海:华东师范大学出版社,2005.

富兰.教育变革新意义[M].赵中建,陈霞,李敏,译.北京:教育科学出版社,2005.

伽达默尔.真理与方法:哲学解释学的基本特征[M].洪汉鼎,译.上海:上海译文出版社,2004.

高艳.从社会文化理论的角度论语言教师的中介作用[J].外语教学理论与实践,2008,28(3):93-96,87.

古德莱德.一个称作学校的地方[M].苏智欣,胡玲,陈建华,译.上海:华东师范大学出版社,2006.

郭华.深度学习及其意义[J].课程·教材·教法,2016,36(11):25-32.

郭晓明.课程知识与个体精神自由[M].北京:教育科学出版社,2005.

郭元祥.论深度教学:源起、基础与理念[J].教育研究与实验,2017,35(3):1-11.

韩雪屏.阅读教学中的多重对话[J].全球教育展望,2003,32(9):31-36.

何克抗.建构主义的教学模式、教学方法与教学设计[J].北京师范大学学报(社会科学版),1997,42(5):74-81.

何玲,黎加厚.促进学生深度学习[J].计算机教与学,2005,58(5):29-30.

赫舍尔.人是谁[M].隗仁莲,译.贵阳:贵州人民出版社,1994.

洪汉鼎.理解的真理[M].济南:山东人民出版社,2001.

洪汉鼎.中国诠释学[M].济南:山东人民出版社,2004.

黄山.IRF课堂话语结构刍议:发现、争论与再思考[J].全球教育展望,2018,47(5):15-24.

黄淑琴.教师支持性反馈话语的类别与功用——以中学阅读教学为例[J].华南师范大学学报(社会科学版),2009,54(3):102-108,160.

黄伟.教师话权运作及其话语霸权探查:基于课堂教学的话语分析[J].教育研究与实验,2012,30(2):22-25,35.

黄志成,王俊.弗莱雷的"对话式教学"述评[J].全球教育展望,2001,30(6):57-60.

吉.话语分析导论:理论与方法[M].杨炳钧,译.重庆:重庆大学出版社,2011.

纪卫宁,辛斌.费尔克劳夫的批评话语分析思想论略[J].外国语文,2009,30(6):21-25.

加拉格尔.解释学与教育[M].张光陆,译.上海:华东师范大学出版社,2009.

贾爱武.语言课堂话语模式的分析与改进[J].解放军外国语学院学报,1999,22(4):72-73.

金生鈜.规训与教化[M].北京:教育科学出版社,2004.

靳玉乐.对话教学[M].成都:四川教育出版社,2006.

卡西尔.人论[M].甘阳,译.上海:上海译文出版社,1985.

康内利,柯兰迪宁.专业知识场景中的教师个人实践知识[J].何敏芳,王建军,译.华东师大学报(教育科学版),1996,14(2):5-16.

李冲锋.走向对话教学——对话教学基本问题探究[J].教育发展研究,2006,27(10):56-60.

李丹丽.二语课堂互动话语中教师"支架"的构建[J].外语教学与研究,2012,44(4):572-584,641.

李刚,吕立杰.大概念课程设计:指向学科核心素养落实的课程架构[J].教育发展研究,2018,39(Z2):35-42.

李瑾瑜.试谈教学评语及其运用[J].课程·教材·教法,1991,11(1):

58-59.

李丽华,谭素群,吴新华.新手教师与专家教师课堂话语比较分析[J].中国教育学刊,2010,31(11):76-79.

李松林,杨爽.国外深度学习研究评析[J].比较教育研究,2020(9):83-89.

李松林.深度教学的四个实践着力点——兼论推进课堂教学纵深改革的实质与方向[J].教育理论与实践,2014,34(31):53-56.

李艺,钟柏昌.谈"核心素养"[J].教育研究,2015,37(9):17-23,63.

李永大.英语课堂去语境化的会话策略[J].课程·教材·教法,2009,29(4):55-59.

李镇西.对话:平等中的引导[J].人民教育,2004(Z1):45-47.

李镇西.共享:课堂师生关系新境界[J].课程·教材·教法,2002,22(11):18-22.

李政涛.倾听着的教育[J].教育理论与实践,2001,21(7):1-4.

梁鹏,张小莉.课堂教学话语霸权及矫治[J].湖北社会科学,2005,19(11):156-157.

列文.倾听着的自我[M].程志民,金今,译.西安:陕西人民教育出版社,1997.

林正军,周沙.中学英语课堂教师反馈语的类型与特征研究[J].外语教学理论与实践,2011,31(3):15-22,34.

刘钧燕.家庭校外培训需求动因及对落实"双减"政策的启示[J].全球教育展望,2021,50(11):85-98.

刘萍,张雪梅.国外课堂互动中教师支架研究述评(1984—2017)[J].外语界,2018,39(6):53-60,86.

刘庆昌.对话教学初论[J].教育研究,2001,22(11):65-69.

刘世清,姚本先.课堂教学中的话语现象探析[J].当代教育论坛,2004,3(2):56-58.

刘铁芳.从独白到对话:传统道德教化的现代型转向[J].北京大学教育评论,2004,2(1):77-83.

刘万海.德性教学论[M].上海:华东师范大学出版社,2009.

刘学惠.社会文化理论视角下的外语课堂与语言学习[J].课程·教材·教法,2011,31(7):46-51.

刘月霞,郭华.深度学习:走向核心素养[M].北京:教育科学出版社,2018.

柳夕浪.从"素质"到"核心素养"——关于"培养什么样的人"的进一步追问[J].教育科学研究,2014,25(3):5-11.

陆昌萍.教师课堂评价言语行为的语用原则[J].安徽师范大学学报(人文社会科学版),2010,54(1):24-28.

马淑风,杨向东.促进高阶思维发展的合作推理式学习[J].教育发展研究,2021,42(24):64-73.

米靖,布伯.对话教学思想探析[J].外国教育研究,2003,30(2):25-29.

莫兰.复杂性理论与教育问题[M].陈一壮,译.北京:北京大学出版社,2004.

诺丁斯.学会关心:教育的另一种模式[M].于天龙,译.北京:教育科学出版社,2003.

派纳.理解课程[M].张华,钟启泉,译.北京:教育科学出版社,2003.

裴娣娜.发展性教学论[M].沈阳:辽宁人民出版社,1998.

彭文秀."失真"与"归真":新课程中的课堂教学互动[J].教育科学研究,2005,16(6):35-37.

皮华英.关心生命体的成长——教师教学评语的调查与研究[J].湖南师范大学教育科学学报,2008,7(1):80-82.

戚亚军,庄智象.课堂话语研究的范式演进与实践转型——从"会话"走向"对话"[J].外语教学,2017,39(6):52-57.

钱伯斯.打造儿童阅读环境[M].许慧贞,蔡宜容,译.海口:南海出版社,2007.

钱中文.巴赫金:交往、对话的哲学[J].哲学研究,1998(1):53-62.

钱中文.巴赫金全集[M].李辉凡,等,译.石家庄:河北教育出版社,

1998.

钱中文.文学理论:走向交往对话的时代[M].北京:北京大学出版社,1999.

舍恩.反映的实践者[M].夏林清,译.北京:教育科学出版社,2007.

申继亮.教学反思与行动研究[M].北京:北京师范大学出版社,2006.

石雨晨.论证式议题教学及其应用[J].全球教育展望,2022,51(5):68-78.

石中英.知识转型与教育改革[M].北京:教育科学出版社,2001.

史密斯.全球化与后现代教育学[M].郭洋生,译.北京:教育科学出版社,2000.

宋萑,张文霄.教师专业认同:从专业角色走向身份认同[J].全球教育展望,2012,41(3):56-62.

孙桂英.英语话语分析与课堂会话能力的培养[J].河南大学学报(社会科学版),1999,39(2):43-45.

田海龙.批评话语研究之"话语互动"新路径[J].外语学刊,2021,44(2):16-22.

王成兵.一位真正的美国哲学家:美国学者论杜威[M].北京:中国社会科学出版社,2007.

王加兴.中国学者论巴赫金[M].南京:南京大学出版社,2014.

王健.对话教学何以难为——关于对话教学实践阻力的研究[J].当代教育科学,2006,21(11):23-26.

王蔷,周密,蒋京丽,等.基于大观念的英语学科教学探析[J].课程·教材·教法,2020,40(11):99-108.

王蔷.核心素养背景下英语阅读教学:问题、原则、目标与路径[J].英语学习,2017,4(2):19-23.

王珊,吴娱.论学生课堂教学参与中教师的话语能力——基于费尔克拉夫批判话语分析理论的探析[J].教师教育研究,2017,29(6):29-34.

王兄,方燕萍.课堂话语分析技术:以新加坡数学研究课为例[J].教育学报,2011,23(4):64-73.

王永祥.强势话语的弱势化与弱势话语的强势化——如何实现课堂场域教师话语的对话性[J].教育研究与实验,2012,30(2):26-30.

韦拉.如何倾听,怎样沟通[M].涂义才,译.北京:教育科学出版社,2007.

温雪.深度学习研究述评:内涵、教学与评价[J].全球教育展望,2017(11):39-54.

文浩.巴赫金的对话理论和阐释的公共性[J].中国文学研究,2019,35(1):28-34.

吴永军.关于深度学习的再认识[J].课程·教材·教法,2019,39(2):51-58,36.

吴媛媛,杨向东.集体创造性写作中学生讨论过程的会话分析[J].全球教育展望,2019(2):95-105.

夏雪梅.在传统课堂中进行指向高阶思维和社会性发展的话语变革[J].华东师范大学学报(教育科学版),2019,37(5):105-114.

萧净宇.超越语言学:巴赫金语言哲学研究[M].上海:上海人民出版社,2007.

肖思汉,刘畅.课堂话语如何影响学习——基于美国课堂话语实证研究的述评[J].教育发展研究.2016,37(24):45-54.

肖思汉.基于互动分析取径的课堂教学评价[J].教育发展研究,2017,38(18):22-29,64.

肖思汉.听说:探索课堂互动的研究谱系[M].上海:华东师范大学出版社,2018.

辛斌.批评话语研究中的互文性分析[J].外语与外语教学,2021,43(3):1-12,147.

辛涛,姜宇,王烨辉.基于学生核心素养的课程体系建构[J].北京师范大学学报(社会科学版),2014(1):34-37.

邢思珍,李森.课堂教学话语权力的反思与重建[J].教育科学研究,2004,15(12):13-15.

熊剑.在线学习环境下的协同知识建构:互动质量研究[J].中国教育

信化,2019,25(5):1-7,28.

徐辉,谢艺泉.话语霸权与平等交流——对新型师生观的思考[J].教育科学,2004,20(3):49-51.

徐洁.民主、平等、对话:21世纪师生关系的理性构想[J].教育理论与实践,2000,20(12):12-17.

许启贤.传统文化与现代背景[M].北京:中国人民大学出版社,1987.

杨晓哲.基于人工智能的课堂分析架构:一种智能的课堂教学研究[J].全球教育展望,2021(12):55-65.

叶澜.让课堂焕发出生命活力——论中小学教学改革的深化[J].教育研究,1997,19(9):6.

余玲艳,代建军.语文深度阅读教学的分析模型[J].教育科学研究,2017,28(5):49-53,59.

袁华莉,余胜泉.网络环境下语文深度阅读教学研究[J].中国电化教育,2010,31(7):13-22.

张光陆,赖娟英.深度学习视角下的英语阅读教学:特征与实施[J].教育导刊,2020,38(9):71-76.

张光陆,李娜.课堂争论对学生深度学习的影响:基于交互论证分析[J].宁波大学学报(教育科学版),2022,44(2):21-29.

张光陆.促进深度学习的师生话语互动:特征与提升对策[J].全球教育展望,2020,49(10):27-38.

张光陆.促进深度学习的师生话语互动结构的重建[J].教育理论与实践,2022,42(4):58-63.

张光陆.教师核心素养内涵与框架的比较研究[J].宁波大学学报(教育科学版),2018,40(5):101-106.

张光陆.深度学习视角下的课堂话语互动特征:基于会话分析[J].中国教育学刊,2021,42(1):79-84.

张光陆.深度学习视角下课堂话语互动的改进——英国"共同思考项目"的实践经验与启示[J].比较教育研究,2021,57(8):40-47.

张光陆.探究式话语互动:特征、实践价值与实施对策[J].课程·教材·教法,2021,41(7):84-90.

张光陆.探究式话语互动对学生深度学习的影响:基于课堂话语分析[J].全球教育展望,2021,50(5):3-14.

张光陆.有效的课堂对话与学生核心素养的养成[J].课程·教材·教法,37(3):52-57.

张浩,吴秀娟,王静.深度学习的目标与评价体系构建[J].中国电化教育,2014,35(7):51-55.

张华.对话教学:涵义与价值[J].全球教育展望,2008,37(6):7-16.

张华.论核心素养的内涵[J].全球教育展望,2016,45(4):10-24.

张华.试论对话教学的知识基础[J].全球教育展望,2009,38(3):7-18.

张增田,靳玉乐.论对话教学的课堂实践形式[J].中国教育学刊,2004,25(8):42-45.

张增田,靳玉乐.论新课程背景下的对话教学[J].西南师范大学学报(人文社科版).2004,48(5):77-80.

张增田,靳玉乐.马丁·布伯的对话哲学及其对现代教育的启示[J].高等教育研究,2004,25(2):24-28.

张增田.对话教学的课程设计:理念与原则[J].课程·教材·教法,2008,28(5):18-22.

张增田.对话教学实践的问题与改进[J].中国教育学刊,2009,30(4):58-61.

郅庭瑾.为思维而教[M].北京:教育科学出版社,2007.

钟启泉."有效教学"研究的价值[J].教育研究,2007,29(6):31-35.

钟启泉.对话与文本:教学规范的转型[J].教育研究,2001,23(3):33-39.

钟启泉.教师实践性知识问答录[J].全球教育展望,2004,33(4):3-6.

钟启泉.教学活动理论的考察[J].教育研究,2005,27(5):36-42,49.

钟启泉.课堂话语分析刍议[J].全球教育展望,2013,42(11):10-20.

钟启泉.批判性思维:概念界定与教学方略[J].全球教育展望,2020,49(1):3-16.

钟启泉.社会建构主义:在对话与合作中学习[J].上海教育,2001,45(7):

45-48.

钟启泉.深度学习:课堂转型的标识[J].全球教育展望,2021,50(1):14-33.

钟启泉.为了未来教育家的成长——论我国教师教育课程创新的课题[J].教育发展研究,2011,32(18):20-26.

钟启泉.现代课程论[M].上海:上海教育出版社,2006.

周淑卿.课程发展与教师专业[M].北京:九州出版社,2006.

朱彦.透过"反馈"之镜,倾听课堂之音——大学英语学习者对口头纠错反馈的信念探究[J].外语与外语教学,2016,38(1):33-40,147.

佐藤学.静悄悄的革命[M].李季湄,译.长春:长春出版社,2003.

佐藤学.课程与教师[M].钟启泉,译.北京:教育科学出版社,2003.

佐藤学.学习的快乐:走向对话[M].钟启泉,译.北京:教育科学出版社,2004.

Alexander R, Willcocks J, Nelson N. Discourse, pedagogy and the national curriculum: Change and continuity in primary schools[J]. Research Papers in Education, 1996, 11(1): 81-120.

Alexander R. Culture, dialogue and learning: Notes on an emerging pedagogy [M] //Mercer N, Hodgkinson S. Exploring Talk in Schools. London: Sage, 2008.

Alexander R. Towards Dialogic Teaching: Rethinking classroom Talk[M]. 4th ed. London: Dialogos, 2008.

Alexander R. Towards Dialogic Teaching: Rethinking Classroom Talk[M]. Cambridge: Dialogos, 2004.

Asterhan C S C, Schwartz B B. Argumentation and explanation in conceptual change: Indications from protocol analyses of peer-to-peer dialog[J]. Cognitive Science, 2009, 33(3): 374-400.

Asterhan C S C, Schwartz B B. The effects of monological and dialogical argumentation on concept learning in evolutionary theory [J]. Journal of Educational Psychology, 2007, 99(3): 626-639.

Baker M. Computer-mediated interactions for the co-elaboration of scientific notions [M]// Baker A M, Suthers D. Arguing to Learn: Confronting Cognition in Computer Supported Collaborative Learning Environments. Dordrecht: Kluwer, 2003.

Bakhtin M. Speech Genres and Other Late Essays[M]. Austin: University of Texas Press, 1986.

Bakhtin M. The Dialogical Imagination: Four Essays [M]. Austin: University of Texas Press, 1981.

Barnes D. Language in the Secondary Classroom[M]. London: Penguin, 1969.

Bauer D M. Feminist Dialogics: A theory of Failed Community[M]. New York: SUNY Press, 1988.

Bell C V. Uptake as mechanism to promote student learning [J]. International Journal of Education in Mathematics, Science and Technology, 2013, 1(4): 217-229.

Bellack A, Kliebard H, Hyman R, et al. The Language of the Classroom[M]. New York: Teachers College Press, 1966.

Bereiter C. Implications of postmodernism for science, or, science as progressive discourse[J]. Educational Psychology, 1994, 29(1): 3-12.

Berkowitz M W, Gibbs J C. Measuring the developmental features of moral discussion[J]. Merrill-Palmer Quarterly, 1983, 29(1): 399-410.

Bernstein R J. Beyond Objectivism and Relativism: Science, Hermeneutics, and Praxis[M]. Philadelphia: University of Pennsylvania Press, 1983.

Bernstein R J. Philosophical Profiles: Essays in a Pragmatic Mode[M]. Philadelphia: University of Pennsylvania Press, 1986.

Biesta G. The community of those who have nothing in common: Education and the language of responsibility[J]. Interchange, 2004, 35(3): 307-324.

Bloom B S. Taxonomy of Educational Objectives[M]. Boston: Allyn & Bacon, 1956.

Boyd M. Relations between teacher questioning and student talk in one elementary ELL classroom[J]. Journal of Literacy Research, 2015, 47(3): 370-404.

Braton S. Participant perception of others' acts: Virtual otherness in infants and adults [J]. Cultural Psychology, 2003, 9(3): 261-276.

Brock C A. The effects of referential questions on ESL classroom discourse [J]. TESOL Quarterly, 1986, 20(1): 47-59.

Brown B A, Spang E. Double talk: Synthesizing everyday and science language in the classroom[J]. Science Education, 2008, 92(4): 708-732.

Bruner J. The Process of Education [M]. Cambridge: Harvard University Press, 1982.

Burbules N C, Rice S. Dialogue across difference: Continuing the conversation[J]. Harvard Educational Review, 1991, 61(4): 393-417.

Burbules N C. Dialogue in Teaching: Theory and Practice[M]. New York: Teachers College Press, 1993.

Cazden C B. Calssroom Discourse: The Language of Teaching and Learning [M]. Portsmouth: Heinemann, 2001.

Christie F. Pedagogical and content registers in a writing lesson [J]. Linguistics and Education, 1991, 3(3): 203-224.

Chusinkunawut K, Henderson C, Nugultham K, et al. Design-based science with communication scaffolding results in productive conversations and improved learning for secondary students[J]. Research in Science Education, 2021, 51(4): 1123-1140.

Clarke D. Teacher questioning practices over a sequence of consecutive lessons: A case study of two mathematics teacher[J]. Sustainability, 2019, 11(1): 139-156.

Cullen R. Supportive teacher talk: The importance of the F-move[J]. ELT Journal, 2002, 56(2): 117-127.

Dawes L, Sams C. Developing the capacity to collaborate[M]// Littleton K, Miell D, Faulkner D. Learning to Collaborate, Collaborating to Learn. New

York:Nova,2004.

Dewey J. Experience and Nature[M]. New York:Dover Publications,1958.

Edwards A D, Furlong V J. The Language of Teaching[M]. London: Heinemann,1978.

Engeström Y, Sannino A. Studies of expansive learning: Foundations, findings and future challenges[J]. Educational Research Review,2010,5(1): 1-24.

Farida L A, Rozi F. Scaffolding talks in teaching speaking skill to the higher education students, why not?[J]. Asian Pendidikan,2022,2(1):42-49.

Felton M, Garcia-Mila M, Gilabert S. Deliberation versus dispute: The impact of argumentative discourse goals on learning and reasoning in the science classroom[J]. Informal Logic,2009,29(4):417-446.

Francois F. Interpretation and Dialogue in Children and Some Others[M]. Paris:ENS,2005.

Fullan M, Quinn J, Mceachen J. Deep Learning: Engage the World, Change the World[M]. Thousand Oaks:Corwin,2018.

Fund Z. Effects of communities of reflecting peers on student-teacher development-including in-depth case studies[J]. Teachers and Teaching: Theory and Practice,2010,16(6):679-701.

Galton M, Hargreaves L, Comber C, et al. Inside the Primary Classroom: 20 Years on[M]. London:Routledge,1999.

Galton M, Williamson J. Group Work in the Primary Classroom[M]. London:Routledge,1992.

Ge X, Chen C H, Davis K A. Scaffolding novice instructional designers' problem-solving processes using question prompts in a web-based learning environment[J]. Journal of Educational Computing Research,2005,33(2): 219-248.

Gee J P, Green J. Discourse analysis, learning and social practice[J]. Review of Research in Education,1998,23(1998):119.

Gee J P. Social Linguisitcs and Literacies: Ideology in Discourse[M]. New York: Falmer, 1990.

Gumperz J J. Discourse Strategies[M]. Cambridge: Cambridge University Press, 1982.

Gutiérrez K D, Baquedano-López P, Tejeda C. Rethinking diversity: Hybridity and hybrid language practices in the third space[J]. Mind, Culture, and Activity, 1999, 6(4): 286.

Hattie J, Timperley H. The power of feedback[J]. Review of Educational Research, 2007, 77(1): 81-112.

Heath S B. Ways with Words: Language, Life and Work in Communities and Classrooms[M]. Cambridge: Cambridge University Press, 1983.

Hennessy S, Rojas-Drummond S, Highama R. Developing a coding scheme for analysing classroom dialogue across educational contexts[J]. Learning, Culture and Social Interaction, 2016, 68(9): 16-44.

Howe C, Abedin M. Classroom dialogue: A systematic review across four decades of research[J]. Cambridge Journal of Education, 2013, 43(3): 325-356.

Howe C. Peer dialogue and cognitive development[M]// Littleton K, Howe C. Educational Dialogues. London: Routledge, 2010.

Hussain N, Ayub N. Learning styles of students and teaching styles of teachers in business education: A case study of Pakistan[J]. Procedia-Social and Behavioral Sciences, 2012, 69(9): 1737-1740.

Kazepides T. Education as dialogue[J]. Educational Philosophy and Theory, 2012, 44(9): 913-925.

Kuhn D, Hemberger L, Khait V. Argue with Me: Argument as a Path to Developing Students' Thinking and Writing[M]. London: Routledge, 2016.

Lantolf J P, Thorne S L. Sociocultural Theory and Genesis of Second Language Development[M]. Oxford: Oxford University Press, 2006.

Latour B. On interobjectivity[J]. Mind, Culture, and Activity, 1996, 3(4): 266-269.

Lee C D. Signifying as a scaffold for literary interpretation[J]. Journal of Black Psychology, 1995, 21(4): 357-381.

Lefstein A. More helpful as problem than solution[M]// Littleton K, Howe C. Educational Dialogues. London: Routledge, 2010.

Lewin K. Resolving Social Conflicts[M]. New York: Harper, 1948.

Littleton K, Mercer N. Interthinking: Putting Talk to Work[M]. Abingdon: Routledge, 2013.

Littleton K, Mercer N. The significance of educational dialogues between primary school children[M]// Littleton K, Howe C. Educational Dialogues. London: Routledge, 2010.

Lyster R, Ranta L. Corrective feedback and learner uptake: Negotiation of form in communicative classrooms[J]. Studies in second language acquisition, 1997, 19(1): 37-66.

Maine F. Dialogic Readers: Children Talking and Thinking Together about Visual Texts[M]. London: Routledge, 2015.

Markova I. The Dialogical Mind: Common Sense and Ethics[M]. Cambridge: Cambridge University Press, 2016.

Matusov E. Journey into Dialogic Pedagogy[M]. Hauppauge: Nova Publishers, 2009.

McNeill K L, Pimentel D S. Scientific discourse in three urban classrooms: The role of the teacher in engaging high school students in argumentation[J]. Science Education, 2009, 58(2): 203-229.

Mead G H. Mind, Self and Society[M]. Chicago: University of Chicago Press, 1934.

Mercer N, Dawes L. The value of exploratory talk[M]. Mercer N, Hodgkinson S. Exploring Talk in Schools. Los Angeles: Sage, 2008.

Mercer N, Howe C. Explaining the dialogue processes of teaching and learning: The value of sociocultural theory[J]. Culture and Social Interaction, 2012, 1(1): 12-21.

Mercer N, Littleton K. Dialogue and the Development of Children's Thinking[M]. London:Routledge,2007.

Mercer N. Talk and the development of reasoning and understanding[J]. Human Development,2008,51(1):90-100.

Mercer N. The social brain,language,and goal-directed collective thinking: A social conception of cognition and its implications for understanding how we think,teach and learn[J]. Educational Psychologist,2013,48(3):148-168.

Mercer N. Words and Minds:How We Use language to Think Together[M]. London:Routledge,2000.

Mercer N.Language and the Joint Creation of Knowledge[M].London: Routledge,2019.

Molinari L, Mameli C, Gnisci A. A sequential analysis of classroom discourse in Italian primary schools:The many faces of the IRF pattern[J]. British Journal of Educational Psychology,2013,83(3):414-430.

Newman D, Griffin P, Cole M. The Construction zone: Working for Cognitive Change in School[M]. Cambridge:Cambridge University Press,1989.

Newman R M C. Engaging talk:One teacher's scaffolding of collaborative talk[J]. Language and Education,2017,31(2):130-151.

O'Connor M C,Michaels,S. Shifting participant frameworks:Orchestrating thinking practices in group discussion[J]. Discourse,Learning,and Schooling, 1996,63(3):63-103.

O'Connor M C,Michaels. Aligning academic task and participation status through revoicing:Analysis of a classroom discourse strategy[J]. Anthropology & Education Quarterly,1993,24(4):318-335.

O'Connor M C,Resnick L B. Deliberative discourse idealized and realized: Accountable talk in the classroom and in civic life[J]. Studies in Philosophy and Education,2008,27(4):283-297.

Ochs E,Schieffelin B B. The theory of language socialization[J]. The Handbook of Language Socialization,2011,34(1):23-35.

Osborne J. The role of argument:Learning how to learn in school science [M]// Fraser B J,Tobin K,McRobbie C J. Springer International Handbooks of Education,24. Netherlands:Springer,2012.

Phillipson N,Wegerif R. Dialogic Education[M]. London:Routledge,2017.

Pierce K M,Gilles C. From exploratory talk to critical conversations[M]// Mercer N,Hodgkinson S. Exploring Talk in Schools. Los Angeles:Sage,2008.

Reeve J. Teachers as facilitators:What autonomy-supportive teachers do and why their students benefit[J]. The Elementary School Journal,2006,106(3):225-236.

Richards J C,Lockhart C. Reflective Teaching in Second Language Classrooms[M]. Cambridge:Cambridge University Press,1994.

Rizal D. Scaffolding talks in English language teaching[J]. Encounter,2011,17(3):35-46.

Rojas-Drummond S,Mazón N,Fernández M,et al. Explicit reasoning, creativity and co-construction in primary school children's collaborative activities[J]. Thinking Skills and Creativity,2006,1(2):84-94.

Rojas-Drummond S, Torreblanca O, Pedraza H. Dialogic scaffolding: Enhancing learning and understanding in collaborative contexts[J]. Learning, Culture and Social Interaction,2013,2(1):11-21.

Sacks H,Schegloff E A,Jefferson G. A simplest systematics for the organisation of turn-taking for conversation[J]. Language,1974,50(4):696-735.

Sahin A,Kulm G. Sixth grade mathematics teachers' intentions and use of probing,guiding,and factual questions[J]. Journal of Mathematics Teacher Education,2008,11(3):221-241.

Sampson V, Clark D. The impact of collaboration on the outcomes of scientific argumentation[J]. Science Education,2009,93(3):448-484.

Savilie-Troike M. The Ethnography of Communication:An Introduction [M]. 3rd ed. Oxford:Blackwell Publishing Ltd,2003.

Shor I,Freire P. What is the "dialogical method" of teaching?[J]. Journal of Education, 1987, 169(3):11-31.

Sinclair J M H, Sinclair J M H, Coulthard M. Towards an Analysis of Discourse: The English Used by Teachers and Pupils[M]. Oxford: Oxford University Press, 1975.

Swain M, Lapkin S. Interaction and second language learning: Two adolescent French immersion students working together[J]. The Modern Language Journal, 1998, 82(3):320-337.

Van Lier L. Interaction in the Language Curriculum: Awareness, Autonomy & Authenticity[M]. New York: Addison Wesley Longman Ltd., 1996.

Venville G J, Dawson V M. The impact of a classroom intervention on grade 10 students' argumentation skills, informal reasoning, and conceptual understanding of science[J]. Journal of Research in Science Teaching, 2010, 47(8):952-977.

Vygotsky L. Mind in Society: The Development of Higher Psychological Process[M]. Cambridge: Harvard University Press, 1978.

Vygotsky L. Thought and Language[M]. Cambridge: MIT Press, 1962.

Walsh S. Exploring Classroom Discourse[M]. New York: Routledge, 2011.

Wegerif R, Dawes L. Thingking and Learning with ICT[M]. Abingdon: Routledge, 2004.

Wegerif R. Dialogic, Education and Technology: Expanding the Space of Learning[M]. New York: Springer, 2007.

Weinberger A, Stegmann K, Fisher F. Knowledge convergence in collaborative Learning: Concepts and assessments[J]. Learning and Instruction, 2007, 17(4):416-426.

Wells G. Reevaluating the IRF sequence: A proposal for the articulation of theories of activity and discourse for the analysis of teaching and learning in the classroom[J]. Linguistics and Education, 1993, 5(1):1-37.

Wells G. Using L1 to Master L2: A Response to Anton and DicaMilla's "Socio-Cognitive Functions of L1 Collaborative Interaction in the L2

Classroom"[J]. The Modern language Journal,1999,83(2):248-254.

Werts M G,Wolery M,Holcombe A,et al. Instructive feedback:Review of parameters and effects[J]. Journal of Behavioral Education,1995,5(1):55-75.

Wood D J,Bruner J S,Ross G. The role of tutoring in problem solving.[J]. Journal of ChildPsychology and Psychiatry,1976,17(2):89-100.

Wragg E C. An Introduction to Classroom Observation[M]. 2nd ed. London:Routledge,1999.

附 录

附录1 课堂话语互动观察量表

观察点	类别	具体描述	人数	次数
课堂话语互动行为	补充发展	对自己或他人之前的想法或观点进行补充、延伸、澄清、修改或评价		
		邀请他人对已有的想法和观点进行补充、延伸、澄清、修改或评价		
	推理论证	进行预测或提出假设,运用论据、例子对自己的观点进行论证		
		邀请他人进行预测或提出假设,运用论据、例子对观点进行论证		
	挑战质疑	对某个观点或想法表示质疑、不同意,或提出不同的想法		
	共建观点	共建或澄清他人的贡献		
		阐明/详尽阐释自己的贡献		
	联系回忆	联系和回忆之前课程中的经验和知识或课堂以外的经验或知识		
	维持对话	运用支架策略避免对话中断,维持对话的进程,包括给予思考时间、提供线索和提示等		
	表明立场和协调观点	对他人的想法和观点表示赞同		
		对不同的观点和想法进行对比、评估		
		综合概括,达成理智的合意		
		提出新观点或解决方案		
	反思对话	对话语互动过程进行评价或反思,例如,对彼此的观点或语言表达进行评价,对话语互动基本规则进行思考,对对话或讨论的效率效果进行反思等		

附录2　教师访谈提纲（针对探究式话语互动）和学生访谈提纲

一、教师访谈提纲

1. 对于探究式话语互动,您是如何理解的?

2. 您在课堂开展探究式话语互动的过程中有遇到困难吗？具体有哪些困难?

3. 请问您认为在探究式话语互动中,您主要扮演何种角色？需要完成哪些任务?

4. 请问您在开展探究式话语互动时最常使用哪些互动策略,为什么?

5. 对于更好地开展探究式话语互动,您有什么建议或是您觉得还有哪些需要进一步提升的地方?

二、学生访谈提纲

1. 你喜欢现在的课堂话语互动模式吗？为什么

2. 通过现在的课堂学习后,你有哪些收获?

附录3　课堂话语互动实施调查问卷（针对学生）

1. 教师经常会提出一个真实且开放的问题来激发我们的交流。
完全符合(　)　基本符合(　)　不确定(　)　基本不符合(　)
完全不符合(　)

2. 教师经常让我们对彼此的想法进行评价,以激发我们的交流。
完全符合(　)　基本符合(　)　不确定(　)　基本不符合(　)
完全不符合(　)

3. 教师经常鼓励我们对彼此的想法进行质疑或挑战。
完全符合(　)　基本符合(　)　不确定(　)　基本不符合(　)
完全不符合(　)

4. 针对我的回答,教师经常继续提出具有挑战性的问题。
完全符合(　)　基本符合(　)　不确定(　)　基本不符合(　)

完全不符合(　)

5.我对课堂中的话语互动表现出极大的参与热情。

完全符合(　)　基本符合(　)　不确定(　)　基本不符合(　)
完全不符合(　)

6.我能够适应课堂话语互动模式。

完全符合(　)　基本符合(　)　不确定(　)　基本不符合(　)
完全不符合(　)

7.在课堂话语互动过程中我经常能流畅地进行表达。

完全符合(　)　基本符合(　)　不确定(　)　基本不符合(　)
完全不符合(　)

8.在课堂话语互动中我可以自由发言。

完全符合(　)　基本符合(　)　不确定(　)　基本不符合(　)
完全不符合(　)

9.在课堂话语互动中,教师会尊重我提出的各种观点。

完全符合(　)　基本符合(　)　不确定(　)　基本不符合(　)
完全不符合(　)

10.我在课堂话语互动中经常主动提问或发言。

完全符合(　)　基本符合(　)　不确定(　)　基本不符合(　)
完全不符合(　)

11.我在课堂话语互动过程中经常关注他人的想法。

完全符合(　)　基本符合(　)　不确定(　)　基本不符合(　)
完全不符合(　)

12.我在课堂话语互动过程中会主动遵守规则,例如,认真倾听同学发言、轮流表达观点等。

完全符合(　)　基本符合(　)　不确定(　)　基本不符合(　)
完全不符合(　)

13.我在评价观点时会给出详细的理由。

完全符合(　)　基本符合(　)　不确定(　)　基本不符合(　)
完全不符合(　)

14.我在陈述自己的观点时会给出详细的理由,例如,结合课内外经验进行举例。

完全符合(　)　　基本符合(　)　　不确定(　)　　基本不符合(　)　　完全不符合(　)

15.我会主动挑战或质疑课堂中的观点。

完全符合(　)　　基本符合(　)　　不确定(　)　　基本不符合(　)　　完全不符合(　)

16.通过课堂话语互动,我的思维能力明显提升。

完全符合(　)　　基本符合(　)　　不确定(　)　　基本不符合(　)　　完全不符合(　)

17.通过课堂话语互动,我的沟通交流能力明显提升。

完全符合(　)　　基本符合(　)　　不确定(　)　　基本不符合(　)　　完全不符合(　)

18.通过课堂话语互动,我的反思能力明显提升。

完全符合(　)　　基本符合(　)　　不确定(　)　　基本不符合(　)　　完全不符合(　)

附录3　课堂话语互动实施调查问卷(针对学生)

亲爱的各位同学,该调查仅是为了研究,对你不会有任何影响,请客观公正回答。非常感谢你的支持与配合!

1. 教师会提出一个真实且开放性的问题来激发我们的交流。

   总是(　)　经常(　)　不确定(　)　偶尔(　)　从不(　)

2. 教师让我们对彼此的想法进行评价,以激发我们的交流。

   总是(　)　经常(　)　不确定(　)　偶尔(　)　从不(　)

3. 教师鼓励我们对彼此的想法进行质疑或挑战。

   总是(　)　经常(　)　不确定(　)　偶尔(　)　从不(　)

4. 针对我的回答,教师会继续提出具有挑战性的问题。

   总是(　)　经常(　)　不确定(　)　偶尔(　)　从不(　)

5. 我对课堂话语互动表现出极大的参与热情。

   总是(　)　经常(　)　不确定(　)　偶尔(　)　从不(　)

6. 我能够适应课堂话语互动模式。

   总是(　)　经常(　)　不确定(　)　偶尔(　)　从不(　)

7. 在课堂话语互动过程中我能流畅地进行表达。

   总是(　)　经常(　)　不确定(　)　偶尔(　)　从不(　)

8. 在课堂话语互动中我可以自由发言。

   总是(　)　经常(　)　不确定(　)　偶尔(　)　从不(　)

9. 在课堂话语互动中,教师会尊重我提出的各种观点。

   总是(　)　经常(　)　不确定(　)　偶尔(　)　从不(　)

10. 我在课堂话语互动中主动提问或发言。

    总是(　)　经常(　)　不确定(　)　偶尔(　)　从不(　)

11. 我在课堂话语互动中关注他人的想法。

    总是(　)　经常(　)　不确定(　)　偶尔(　)　从不(　)

12. 我在课堂话语互动中主动遵守课堂互动的规则,例如,认真倾听同学发言,轮流表达观点等。

    总是(　)　经常(　)　不确定(　)　偶尔(　)　从不(　)

13.我在评价观点时会给出详细的理由。

　　总是(　) 　经常(　) 　不确定(　) 　偶尔(　) 　从不(　)

　　14.我在陈述自己的观点时会给出详细的理由,例如,结合课内外经验进行举例。

　　总是(　) 　经常(　) 　不确定(　) 　偶尔(　) 　从不(　)

　　15.我会主动挑战或质疑课堂中的观点。

　　总是(　) 　经常(　) 　不确定(　) 　偶尔(　) 　从不(　)

　　16.通过课堂话语互动,我的思维能力有提升。

　　总是(　) 　经常(　) 　不确定(　) 　偶尔(　) 　从不(　)

　　17.通过课堂话语互动,我的沟通交流能力有提升。

　　总是(　) 　经常(　) 　不确定(　) 　偶尔(　) 　从不(　)

　　18.通过课堂话语互动,我的反思能力有提升。

　　总是(　) 　经常(　) 　不确定(　) 　偶尔(　) 　从不(　)

后 记

课堂话语互动非常重要,它是教与学的核心、课堂管理的核心、学习过程的核心、组织构成课堂实践的各种任务和活动的核心。语言不仅仅是交际和思维的工具,更为重要的是,高阶思维产生于话语互动之中。深度学习与话语互动辩证地联系在一起,通过考察人们在参与学习活动时的话语互动,就能够考察其思维进程。

我对课堂话语互动的研究持续近20年了,之所以对课堂话语互动感兴趣,一方面与我的学科背景有关,我有英语学科背景,虽然博士所读的是课程与教学论,但是对语言总有一种亲切感;另一方面,我深受新课程改革的影响,认为对话教育是有效去除我国传统教学弊端的一剂良药。在研究之初,我将平等性视为课堂话语互动的本质特征,将解释学作为研究课堂话语互动的主要理论基础,试图在我国的课堂教学实践中构建理想的课堂对话。十多年来,通过对课堂教学实践的调查、观察和反思,我意识到课堂中师生的平等性固然非常重要,但其并不是课堂话语互动的本质特征;以解释学作为研究课堂话语互动的主要理论基础虽然很美好,但是以解释学为理论基础的会话性课堂话语互动难以在教育实践中落实。这是因为会话性课堂话语互动的本质特征是无目的性,或者说话语互动本身就是目的,除此之外没有外在目的,这与课堂教学的目的性是相悖的。经过认真思考之后,我认为互惠性和合作性才是课堂话语互动的本质特征,而维果茨基的社会文化理论更容易被教师所接受,较之解释学理论更适合课堂教学实践。基于此,近年来,我对课堂话语互动的研究主要以社会文化理论为指导,当然也会积极吸收解释学理论中有价值的地方。

2019年我有幸承担了一项国家社科基金教育学项目"深度学习视角下课堂话语互动的分析与改进研究",这为我的研究提供了经济和学术上的支持,无疑大大增加了我的研究信心和决心。三年多来,我与课题组的成员以及研究生深入实验学校的一线课堂,既分析了课堂话语互动对学生深度学习的影响,又揭示出目前国内课堂话语互动中存在的诸多问题并通过行动研究提出改进对策。我非常感谢实验学校的领导和教师对我的研究所给予的大力支持,同时也感谢研究生童晓露、王心怡、谭丽、陈施佳、李娜、杜佳奇、王晓菲、何金珊、房莉、高超、阙思悦、范庆新、孙敏等积极参与研究,感谢他们为本次研究所提供的课例。

感谢我的导师张华教授不但将我引入学术之路,而且也一直关心我的学术成长,多年来他的教育理念一直深刻影响着我,将课堂话语互动研究作为我的研究课题也是深受其影响!感谢全国教育科学规划办为本课题所提供的经费支持和学术指导!感谢我的家人给予的支持与关心!湖州师范学院为本书的出版提供了大力支持,浙江大学出版社的吴伟伟老师和宁檬老师亦为本书的出版付出了大量心血,在此深表谢忱!

由于作者水平有限,书中难免有许多不足,还望各位读者批评指正!

张光陆
2022 年 12 月 20 日